草原法律法规和文件汇编
2021

国家林业和草原局草原管理司　编

中国林业出版社

图书在版编目（CIP）数据

草原法律法规和文件汇编.2021/国家林业和草原局草原管理司编.—北京：中国林业出版社，2021.2
　　ISBN 978-7-5219-1046-9

　　Ⅰ.①草… Ⅱ.①国… Ⅲ.①草原法–汇编–中国 Ⅳ.①D922.649

　　中国版本图书馆CIP数据核字（2021）第034434号

总 策 划：刘东黎　王佳会　刘开运
责任编辑：刘开运　张　健　郑雨馨
出版：中国林业出版社（100009　北京西城区刘海胡同7号）
E-mail：Lucky70021@sina.com　**电话**：010-83143520
发行：中国林业出版社总发行
印刷：河北京平诚乾印刷有限公司
版次：2021年5月第1版
印次：2021年5月第1次
开本：787mm×1092mm　1/16
印张：15.75
字数：290千字
定价：80.00元

前　言

草原是我国重要的生态系统和自然资源，在维护国家生态安全、边疆稳定、民族团结和促进草原地区经济社会可持续发展、农牧民增收等方面，具有基础性、战略性的重要作用。

党的十八大以来，国家不断加大草原生态保护投入和治理力度，草原总体退化的趋势得到初步遏制，部分草原生态状况明显好转。但当前我国草原生态系统依然脆弱，草原生态保护成效尚不稳固，正处于逆水行舟、不进则退的相持阶段和爬坡上坎的关键节点，稍有松懈就有可能出现反复，巩固草原生态保护成果的任务仍十分艰巨。新时代，草原生态保护工作既面临着新的历史性机遇，也面临着巨大的挑战。

2018年国务院机构改革，草原监管职责划转到新组建的国家林业和草原局，草原定位发生了重大变化，草原工作进入了新的历史发展阶段。草原管理职能划转，是贯彻落实习近平生态文明思想的具体实践，充分体现了中央对草原生态保护工作的高度重视和统筹山水林田湖草系统治理的战略意图。

在这样重要的历史性转折时期，国家林业和草原局认真履行草原管理核心职能，草原工作呈现了新气象、新变化。草原在生态文明建设中的作用和地位得到越来越广泛的认可，山水林田湖草沙系统治理成为国家战略。草原工作实现了从生产为主向生态为主的转变，实现了从林草矛盾到林草融合的转变，实现了从造林绿化向国土绿化的转变，实现了从各自为政向山水林田湖草沙系统治理、林业草原国家公园三位一体统筹推进的转变。草原地位空前提高，林草融合进一步加深，顶层设计初步完成，基础工作不断夯实，草原工作有了明显起色，新时代林草治理体系正在形成。

为方便广大林草工作者学习查阅草原法律法规政策,更好地服务草原管理工作,我们组织汇编了《草原法律法规和文件汇编》。本书收录了截至目前我国仍在施行的涉及草原方面的法律、行政法规、地方性法规规章以及党中央、国务院文件等。

由于编者水平有限,本书难免存在疏漏和不足,敬请读者指正。

编　者

2021 年 3 月

目 录

一、法律、行政法规、司法解释和规范性文件 ······ 1

- ◎ 中华人民共和国草原法 ······ 1
- ◎ 中华人民共和国农村土地承包法 ······ 12
- ◎ 草原防火条例 ······ 22
- ◎ 最高人民法院关于审理破坏草原资源刑事案件应用法律若干问题的解释 ······ 30
- ◎ 国家林业和草原局关于印发《草原征占用审核审批管理规范》的通知 ······ 32

二、地方性法规、规章 ······ 37

- ◎ 河北省人民代表大会常务委员会关于加强张家口承德地区草原生态建设和保护的决定 ······ 37
- ◎ 内蒙古自治区草原管理条例 ······ 43
- ◎ 内蒙古自治区森林草原防火条例 ······ 52
- ◎ 内蒙古自治区基本草原保护条例 ······ 62
- ◎ 内蒙古自治区草原管理条例实施细则 ······ 69
- ◎ 内蒙古自治区草原野生植物采集收购管理办法 ······ 78
- ◎ 辽宁省草原管理实施办法 ······ 81
- ◎ 吉林省草原管理条例 ······ 88
- ◎ 黑龙江省草原条例 ······ 95
- ◎ 四川省《中华人民共和国草原法》实施办法 ······ 106
- ◎ 四川省草原承包办法 ······ 110
- ◎ 西藏自治区实施《中华人民共和国草原法》办法 ······ 115
- ◎ 西藏自治区冬虫夏草采集管理暂行办法 ······ 123

- ◎ 西藏自治区冬虫夏草交易管理暂行办法 …… 128
- ◎ 陕西省实施《中华人民共和国草原法》办法 …… 133
- ◎ 甘肃省草原条例 …… 141
- ◎ 甘肃省草原禁牧办法 …… 149
- ◎ 甘肃省草畜平衡管理办法 …… 152
- ◎ 甘肃省草原防火办法 …… 155
- ◎ 青海省实施《中华人民共和国草原法》办法 …… 163
- ◎ 青海省草原承包办法 …… 173
- ◎ 青海省草原承包经营权流转办法 …… 177
- ◎ 宁夏回族自治区草原管理条例 …… 182
- ◎ 新疆维吾尔自治区实施《中华人民共和国草原法》办法 …… 190

三、涉及草原管理的部分法律摘编 …… 201

- ◎ 中华人民共和国宪法 …… 201
- ◎ 中华人民共和国土地管理法 …… 202
- ◎ 中华人民共和国农业法 …… 204
- ◎ 中华人民共和国畜牧法 …… 206
- ◎ 中华人民共和国土壤污染防治法 …… 207
- ◎ 中华人民共和国防沙治沙法 …… 211
- ◎ 中华人民共和国长江保护法 …… 213

四、党中央、国务院政策文件 …… 215

- ◎ 关于全面推行林长制的意见 …… 215
- ◎ 国务院关于加强草原保护与建设的若干意见 …… 219
- ◎ 国务院关于促进牧区又好又快发展的若干意见 …… 224
- ◎ 国务院办公厅关于加强草原保护修复的若干意见 …… 233

五、部门出台的草原政策文件 …… 239

- ◎ 国家林业和草原局关于进一步加强草原禁牧休牧工作的通知 …… 239
- ◎ 国家林业和草原局办公室关于进一步科学规范草原围栏建设的通知 …… 242

一、法律、行政法规、司法解释和规范性文件

中华人民共和国草原法

(2013年修正本)

(1985年6月18日第六届全国人民代表大会常务委员会第十一次会议通过

2002年12月28日第九届全国人民代表大会常务委员会第三十一次会议修订 2002年12月28日中华人民共和国主席令第八十二号公布

根据2009年8月27日第十一届全国人民代表大会常务委员会第十次会议《关于修改部分法律的决定》第一次修正

根据2013年6月29日第十二届全国人民代表大会常务委员会第三次会议《关于修改〈中华人民共和国文物保护法〉等十二部法律的决定》第二次修正)

第一章 总则

第一条 为了保护、建设和合理利用草原，改善生态环境，维护生物多样性，发展现代畜牧业，促进经济和社会的可持续发展，制定本法。

第二条 在中华人民共和国领域内从事草原规划、保护、建设、利用和管理活动，适用本法。

本法所称草原，是指天然草原和人工草地。

第三条 国家对草原实行科学规划、全面保护、重点建设、合理利用的方针，促进草原的可持续利用和生态、经济、社会的协调发展。

第四条 各级人民政府应当加强对草原保护、建设和利用的管理，将草原的保护、

建设和利用纳入国民经济和社会发展计划。

各级人民政府应当加强保护、建设和合理利用草原的宣传教育。

第五条 任何单位和个人都有遵守草原法律法规、保护草原的义务，同时享有对违反草原法律法规、破坏草原的行为进行监督、检举和控告的权利。

第六条 国家鼓励与支持开展草原保护、建设、利用和监测方面的科学研究，推广先进技术和先进成果，培养科学技术人才。

第七条 国家对在草原管理、保护、建设、合理利用和科学研究等工作中做出显著成绩的单位和个人，给予奖励。

第八条 国务院草原行政主管部门主管全国草原监督管理工作。

县级以上地方人民政府草原行政主管部门主管本行政区域内草原监督管理工作。

乡（镇）人民政府应当加强对本行政区域内草原保护、建设和利用情况的监督检查，根据需要可以设专职或者兼职人员负责具体监督检查工作。

第二章 草原权属

第九条 草原属于国家所有，由法律规定属于集体所有的除外。国家所有的草原，由国务院代表国家行使所有权。

任何单位或者个人不得侵占、买卖或者以其他形式非法转让草原。

第十条 国家所有的草原，可以依法确定给全民所有制单位、集体经济组织等使用。

使用草原的单位，应当履行保护、建设和合理利用草原的义务。

第十一条 依法确定给全民所有制单位、集体经济组织等使用的国家所有的草原，由县级以上人民政府登记，核发使用权证，确认草原使用权。

未确定使用权的国家所有的草原，由县级以上人民政府登记造册，并负责保护管理。

集体所有的草原，由县级人民政府登记，核发所有权证，确认草原所有权。

依法改变草原权属的，应当办理草原权属变更登记手续。

第十二条 依法登记的草原所有权和使用权受法律保护，任何单位或者个人不得侵犯。

第十三条 集体所有的草原或者依法确定给集体经济组织使用的国家所有的草原，可以由本集体经济组织内的家庭或者联户承包经营。

在草原承包经营期内，不得对承包经营者使用的草原进行调整；个别确需适当调整的，必须经本集体经济组织成员的村（牧）民会议三分之二以上成员或者三分之二以上村（牧）民代表的同意，并报乡（镇）人民政府和县级人民政府草原行政主管部门批准。

集体所有的草原或者依法确定给集体经济组织使用的国家所有的草原由本集体经济组织以外的单位或者个人承包经营的，必须经本集体经济组织成员的村（牧）民会议三分之二以上成员或者三分之二以上村（牧）民代表的同意，并报乡（镇）人民政府批准。

第十四条　承包经营草原，发包方和承包方应当签订书面合同。草原承包合同的内容应当包括双方的权利和义务、承包草原四至界限、面积和等级、承包期和起止日期、承包草原用途和违约责任等。承包期届满，原承包经营者在同等条件下享有优先承包权。

承包经营草原的单位和个人，应当履行保护、建设和按照承包合同约定的用途合理利用草原的义务。

第十五条　草原承包经营权受法律保护，可以按照自愿、有偿的原则依法转让。

草原承包经营权转让的受让方必须具有从事畜牧业生产的能力，并应当履行保护、建设和按照承包合同约定的用途合理利用草原的义务。

草原承包经营权转让应当经发包方同意。承包方与受让方在转让合同中约定的转让期限，不得超过原承包合同剩余的期限。

第十六条　草原所有权、使用权的争议，由当事人协商解决；协商不成的，由有关人民政府处理。

单位之间的争议，由县级以上人民政府处理；个人之间、个人与单位之间的争议，由乡（镇）人民政府或者县级以上人民政府处理。

当事人对有关人民政府的处理决定不服的，可以依法向人民法院起诉。

在草原权属争议解决前，任何一方不得改变草原利用现状，不得破坏草原和草原上的设施。

第三章　规划

第十七条　国家对草原保护、建设、利用实行统一规划制度。国务院草原行政主管部门会同国务院有关部门编制全国草原保护、建设、利用规划，报国务院批准后实施。

县级以上地方人民政府草原行政主管部门会同同级有关部门依据上一级草原保护、

建设、利用规划编制本行政区域的草原保护、建设、利用规划，报本级人民政府批准后实施。

经批准的草原保护、建设、利用规划确需调整或者修改时，须经原批准机关批准。

第十八条 编制草原保护、建设、利用规划，应当依据国民经济和社会发展规划并遵循下列原则：

（一）改善生态环境，维护生物多样性，促进草原的可持续利用；

（二）以现有草原为基础，因地制宜，统筹规划，分类指导；

（三）保护为主、加强建设、分批改良、合理利用；

（四）生态效益、经济效益、社会效益相结合。

第十九条 草原保护、建设、利用规划应当包括：草原保护、建设、利用的目标和措施，草原功能分区和各项建设的总体部署，各项专业规划等。

第二十条 草原保护、建设、利用规划应当与土地利用总体规划相衔接，与环境保护规划、水土保持规划、防沙治沙规划、水资源规划、林业长远规划、城市总体规划、村庄和集镇规划以及其他有关规划相协调。

第二十一条 草原保护、建设、利用规划一经批准，必须严格执行。

第二十二条 国家建立草原调查制度。

县级以上人民政府草原行政主管部门会同同级有关部门定期进行草原调查；草原所有者或者使用者应当支持、配合调查，并提供有关资料。

第二十三条 国务院草原行政主管部门会同国务院有关部门制定全国草原等级评定标准。

县级以上人民政府草原行政主管部门根据草原调查结果、草原的质量，依据草原等级评定标准，对草原进行评等定级。

第二十四条 国家建立草原统计制度。

县级以上人民政府草原行政主管部门和同级统计部门共同制定草原统计调查办法，依法对草原的面积、等级、产草量、载畜量等进行统计，定期发布草原统计资料。

草原统计资料是各级人民政府编制草原保护、建设、利用规划的依据。

第二十五条 国家建立草原生产、生态监测预警系统。

县级以上人民政府草原行政主管部门对草原的面积、等级、植被构成、生产能力、自然灾害、生物灾害等草原基本状况实行动态监测，及时为本级政府和有关部门提供动态监测和预警信息服务。

第四章 建设

第二十六条 县级以上人民政府应当增加草原建设的投入,支持草原建设。

国家鼓励单位和个人投资建设草原,按照谁投资、谁受益的原则保护草原投资建设者的合法权益。

第二十七条 国家鼓励与支持人工草地建设、天然草原改良和饲草饲料基地建设,稳定和提高草原生产能力。

第二十八条 县级以上人民政府应当支持、鼓励和引导农牧民开展草原围栏、饲草饲料储备、牲畜圈舍、牧民定居点等生产生活设施的建设。

县级以上地方人民政府应当支持草原水利设施建设,发展草原节水灌溉,改善人畜饮水条件。

第二十九条 县级以上人民政府应当按照草原保护、建设、利用规划加强草种基地建设,鼓励选育、引进、推广优良草品种。

新草品种必须经全国草品种审定委员会审定,由国务院草原行政主管部门公告后方可推广。从境外引进草种必须依法进行审批。

县级以上人民政府草原行政主管部门应当依法加强对草种生产、加工、检疫、检验的监督管理,保证草种质量。

第三十条 县级以上人民政府应当有计划地进行火情监测、防火物资储备、防火隔离带等草原防火设施的建设,确保防火需要。

第三十一条 对退化、沙化、盐碱化、石漠化和水土流失的草原,地方各级人民政府应当按照草原保护、建设、利用规划,划定治理区,组织专项治理。

大规模的草原综合治理,列入国家国土整治计划。

第三十二条 县级以上人民政府应当根据草原保护、建设、利用规划,在本级国民经济和社会发展计划中安排资金用于草原改良、人工种草和草种生产,任何单位或者个人不得截留、挪用;县级以上人民政府财政部门和审计部门应当加强监督管理。

第五章 利用

第三十三条 草原承包经营者应当合理利用草原,不得超过草原行政主管部门核定的载畜量;草原承包经营者应当采取种植和储备饲草饲料、增加饲草饲料供应量、调剂处理牲畜、优化畜群结构、提高出栏率等措施,保持草畜平衡。

草原载畜量标准和草畜平衡管理办法由国务院草原行政主管部门规定。

第三十四条 牧区的草原承包经营者应当实行划区轮牧,合理配置畜群,均衡利用草原。

第三十五条 国家提倡在农区、半农半牧区和有条件的牧区实行牲畜圈养。草原承包经营者应当按照饲养牲畜的种类和数量,调剂、储备饲草饲料,采用青贮和饲草饲料加工等新技术,逐步改变依赖天然草地放牧的生产方式。

在草原禁牧、休牧、轮牧区,国家对实行舍饲圈养的给予粮食和资金补助,具体办法由国务院或者国务院授权的有关部门规定。

第三十六条 县级以上地方人民政府草原行政主管部门对割草场和野生草种基地应当规定合理的割草期、采种期以及留茬高度和采割强度,实行轮割轮采。

第三十七条 遇到自然灾害等特殊情况,需要临时调剂使用草原的,按照自愿互利的原则,由双方协商解决;需要跨县临时调剂使用草原的,由有关县级人民政府或者共同的上级人民政府组织协商解决。

第三十八条 进行矿藏开采和工程建设,应当不占或者少占草原;确需征收、征用或者使用草原的,必须经省级以上人民政府草原行政主管部门审核同意后,依照有关土地管理的法律、行政法规办理建设用地审批手续。

第三十九条 因建设征收、征用集体所有的草原的,应当依照《中华人民共和国土地管理法》的规定给予补偿;因建设使用国家所有的草原的,应当依照国务院有关规定对草原承包经营者给予补偿。

因建设征用或者使用草原的,应当交纳草原植被恢复费。草原植被恢复费专款专用,由草原行政主管部门按照规定用于恢复草原植被,任何单位和个人不得截留、挪用。草原植被恢复费的征收、使用和管理办法,由国务院价格主管部门和国务院财政部门会同国务院草原行政主管部门制定。

第四十条 需要临时占用草原的,应当经县级以上地方人民政府草原行政主管部门审核同意。

临时占用草原的期限不得超过二年,并不得在临时占用的草原上修建永久性建筑物、构筑物;占用期满,用地单位必须恢复草原植被并及时退还。

第四十一条 在草原上修建直接为草原保护和畜牧业生产服务的工程设施,需要使用草原的,由县级以上人民政府草原行政主管部门批准;修筑其他工程,需要将草原转为非畜牧业生产用地的,必须依法办理建设用地审批手续。

前款所称直接为草原保护和畜牧业生产服务的工程设施,是指:

(一)生产、贮存草种和饲草饲料的设施;

（二）牲畜圈舍、配种点、剪毛点、药浴池、人畜饮水设施；

（三）科研、试验、示范基地；

（四）草原防火和灌溉设施。

第六章　保护

第四十二条　国家实行基本草原保护制度。下列草原应当划为基本草原，实施严格管理：

（一）重要放牧场；

（二）割草地；

（三）用于畜牧业生产的人工草地、退耕还草地以及改良草地、草种基地；

（四）对调节气候、涵养水源、保持水土、防风固沙具有特殊作用的草原；

（五）作为国家重点保护野生动植物生存环境的草原；

（六）草原科研、教学试验基地；

（七）国务院规定应当划为基本草原的其他草原。

基本草原的保护管理办法，由国务院制定。

第四十三条　国务院草原行政主管部门或者省、自治区、直辖市人民政府可以按照自然保护区管理的有关规定在下列地区建立草原自然保护区：

（一）具有代表性的草原类型；

（二）珍稀濒危野生动植物分布区；

（三）具有重要生态功能和经济科研价值的草原。

第四十四条　县级以上人民政府应当依法加强对草原珍稀濒危野生植物和种质资源的保护、管理。

第四十五条　国家对草原实行以草定畜、草畜平衡制度。县级以上地方人民政府草原行政主管部门应当按照国务院草原行政主管部门制定的草原载畜量标准，结合当地实际情况，定期核定草原载畜量。各级人民政府应当采取有效措施，防止超载过牧。

第四十六条　禁止开垦草原。对水土流失严重、有沙化趋势、需要改善生态环境的已垦草原，应当有计划、有步骤地退耕还草；已造成沙化、盐碱化、石漠化的，应当限期治理。

第四十七条　对严重退化、沙化、盐碱化、石漠化的草原和生态脆弱区的草原，实行禁牧、休牧制度。

第四十八条　国家支持依法实行退耕还草和禁牧、休牧。具体办法由国务院或者省、自治区、直辖市人民政府制定。

对在国务院批准规划范围内实施退耕还草的农牧民，按照国家规定给予粮食、现金、草种费补助。退耕还草完成后，由县级以上人民政府草原行政主管部门核实登记，依法履行土地用途变更手续，发放草原权属证书。

第四十九条　禁止在荒漠、半荒漠和严重退化、沙化、盐碱化、石漠化、水土流失的草原以及生态脆弱区的草原上采挖植物和从事破坏草原植被的其他活动。

第五十条　在草原上从事采土、采砂、采石等作业活动，应当报县级人民政府草原行政主管部门批准；开采矿产资源的，并应当依法办理有关手续。

经批准在草原上从事本条第一款所列活动的，应当在规定的时间、区域内，按照准许的采挖方式作业，并采取保护草原植被的措施。

在他人使用的草原上从事本条第一款所列活动的，还应当事先征得草原使用者的同意。

第五十一条　在草原上种植牧草或者饲料作物，应当符合草原保护、建设、利用规划；县级以上地方人民政府草原行政主管部门应当加强监督管理，防止草原沙化和水土流失。

第五十二条　在草原上开展经营性旅游活动，应当符合有关草原保护、建设、利用规划，并事先征得县级以上地方人民政府草原行政主管部门的同意，方可办理有关手续。

在草原上开展经营性旅游活动，不得侵犯草原所有者、使用者和承包经营者的合法权益，不得破坏草原植被。

第五十三条　草原防火工作贯彻预防为主、防消结合的方针。

各级人民政府应当建立草原防火责任制，规定草原防火期，制定草原防火扑火预案，切实做好草原火灾的预防和扑救工作。

第五十四条　县级以上地方人民政府应当做好草原鼠害、病虫害和毒害草防治的组织管理工作。县级以上地方人民政府草原行政主管部门应当采取措施，加强草原鼠害、病虫害和毒害草监测预警、调查以及防治工作，组织研究和推广综合防治的办法。

禁止在草原上使用剧毒、高残留以及可能导致二次中毒的农药。

第五十五条　除抢险救灾和牧民搬迁的机动车辆外，禁止机动车辆离开道路在草原上行驶，破坏草原植被；因从事地质勘探、科学考察等活动确需离开道路在草原上行驶的，应当事先向所在地县级人民政府草原行政主管部门报告行驶区域和行驶路线，并按照报告的行驶区域和行驶路线在草原上行驶。

第七章 监督检查

第五十六条 国务院草原行政主管部门和草原面积较大的省、自治区的县级以上地方人民政府草原行政主管部门设立草原监督管理机构，负责草原法律、法规执行情况的监督检查，对违反草原法律、法规的行为进行查处。

草原行政主管部门和草原监督管理机构应当加强执法队伍建设，提高草原监督检查人员的政治、业务素质。草原监督检查人员应当忠于职守，秉公执法。

第五十七条 草原监督检查人员履行监督检查职责时，有权采取下列措施：

（一）要求被检查单位或者个人提供有关草原权属的文件和资料，进行查阅或者复制；

（二）要求被检查单位或者个人对草原权属等问题作出说明；

（三）进入违法现场进行拍照、摄像和勘测；

（四）责令被检查单位或者个人停止违反草原法律、法规的行为，履行法定义务。

第五十八条 国务院草原行政主管部门和省、自治区、直辖市人民政府草原行政主管部门，应当加强对草原监督检查人员的培训和考核。

第五十九条 有关单位和个人对草原监督检查人员的监督检查工作应当给予支持、配合，不得拒绝或者阻碍草原监督检查人员依法执行职务。

草原监督检查人员在履行监督检查职责时，应当向被检查单位和个人出示执法证件。

第六十条 对违反草原法律、法规的行为，应当依法作出行政处理，有关草原行政主管部门不作出行政处理决定的，上级草原行政主管部门有权责令有关草原行政主管部门作出行政处理决定或者直接作出行政处理决定。

第八章 法律责任

第六十一条 草原行政主管部门工作人员及其他国家机关有关工作人员玩忽职守、滥用职权，不依法履行监督管理职责，或者发现违法行为不予查处，造成严重后果，构成犯罪的，依法追究刑事责任；尚不够刑事处罚的，依法给予行政处分。

第六十二条 截留、挪用草原改良、人工种草和草种生产资金或者草原植被恢复费，构成犯罪的，依法追究刑事责任；尚不够刑事处罚的，依法给予行政处分。

第六十三条 无权批准征收、征用、使用草原的单位或者个人非法批准征收、征用、使用草原的，超越批准权限非法批准征收、征用、使用草原的，或者违反法律规定的程序批准征收、征用、使用草原，构成犯罪的，依法追究刑事责任；尚不够刑事处罚的，依法给予行政处分。非法批准征收、征用、使用草原的文件无效。非法批准征收、征用、使用的草原应当收回，当事人拒不归还的，以非法使用草原论处。

非法批准征用、使用草原，给当事人造成损失的，依法承担赔偿责任。

第六十四条　买卖或者以其他形式非法转让草原，构成犯罪的，依法追究刑事责任；尚不够刑事处罚的，由县级以上人民政府草原行政主管部门依据职权责令限期改正，没收违法所得，并处违法所得一倍以上五倍以下的罚款。

第六十五条　未经批准或者采取欺骗手段骗取批准，非法使用草原，构成犯罪的，依法追究刑事责任；尚不够刑事处罚的，由县级以上人民政府草原行政主管部门依据职权责令退还非法使用的草原，对违反草原保护、建设、利用规划擅自将草原改为建设用地的，限期拆除在非法使用的草原上新建的建筑物和其他设施，恢复草原植被，并处草原被非法使用前三年平均产值六倍以上十二倍以下的罚款。

第六十六条　非法开垦草原，构成犯罪的，依法追究刑事责任；尚不够刑事处罚的，由县级以上人民政府草原行政主管部门依据职权责令停止违法行为，限期恢复植被，没收非法财物和违法所得，并处违法所得一倍以上五倍以下的罚款；没有违法所得的，并处五万元以下的罚款；给草原所有者或者使用者造成损失的，依法承担赔偿责任。

第六十七条　在荒漠、半荒漠和严重退化、沙化、盐碱化、石漠化、水土流失的草原，以及生态脆弱区的草原上采挖植物或者从事破坏草原植被的其他活动的，由县级以上地方人民政府草原行政主管部门依据职权责令停止违法行为，没收非法财物和违法所得，可以并处违法所得一倍以上五倍以下的罚款；没有违法所得的，可以并处五万元以下的罚款；给草原所有者或者使用者造成损失的，依法承担赔偿责任。

第六十八条　未经批准或者未按照规定的时间、区域和采挖方式在草原上进行采土、采砂、采石等活动的，由县级人民政府草原行政主管部门责令停止违法行为，限期恢复植被，没收非法财物和违法所得，可以并处违法所得一倍以上二倍以下的罚款；没有违法所得的，可以并处二万元以下的罚款；给草原所有者或者使用者造成损失的，依法承担赔偿责任。

第六十九条　违反本法第五十二条规定，擅自在草原上开展经营性旅游活动，破坏草原植被的，由县级以上地方人民政府草原行政主管部门依据职权责令停止违法行为，限期恢复植被，没收违法所得，可以并处违法所得一倍以上二倍以下的罚款；没有违法所得的，可以并处草原被破坏前三年平均产值六倍以上十二倍以下的罚款；给草原所有者或者使用者造成损失的,依法承担赔偿责任。

第七十条 非抢险救灾和牧民搬迁的机动车辆离开道路在草原上行驶,或者从事地质勘探、科学考察等活动,未事先向所在地县级人民政府草原行政主管部门报告或者未按照报告的行驶区域和行驶路线在草原上行驶,破坏草原植被的,由县级人民政府草原行政主管部门责令停止违法行为,限期恢复植被,可以并处草原被破坏前三年平均产值三倍以上九倍以下的罚款;给草原所有者或者使用者造成损失的,依法承担赔偿责任。

第七十一条 在临时占用的草原上修建永久性建筑物、构筑物的,由县级以上地方人民政府草原行政主管部门依据职权责令限期拆除;逾期不拆除的,依法强制拆除,所需费用由违法者承担。

临时占用草原,占用期届满,用地单位不予恢复草原植被的,由县级以上地方人民政府草原行政主管部门依据职权责令限期恢复;逾期不恢复的,由县级以上地方人民政府草原行政主管部门代为恢复,所需费用由违法者承担。

第七十二条 未经批准,擅自改变草原保护、建设、利用规划的,由县级以上人民政府责令限期改正;对直接负责的主管人员和其他直接责任人员,依法给予行政处分。

第七十三条 对违反本法有关草畜平衡制度的规定,牲畜饲养量超过县级以上地方人民政府草原行政主管部门核定的草原载畜量标准的纠正或者处罚措施,由省、自治区、直辖市人民代表大会或者其常务委员会规定。

第九章　附则

第七十四条 本法第二条第二款中所称的天然草原包括草地、草山和草坡,人工草地包括改良草地和退耕还草地,不包括城镇草地。

第七十五条 本法自2003年3月1日起施行。

中华人民共和国农村土地承包法

（2018 年修正本）

（2002 年 8 月 29 日第九届全国人民代表大会常务委员会第二十九次会议通过 2002 年 8 月 29 日中华人民共和国主席令第七十三号公布

根据 2009 年 8 月 27 日中华人民共和国主席令第十八号第十一届全国人民代表大会常务委员会第十次会议《关于修改部分法律的决定》第一次修正

根据 2018 年 12 月 29 日中华人民共和国主席令第十七号第十三届全国人民代表大会常务委员会第七次会议《全国人民代表大会常务委员会关于修改〈中华人民共和国农村土地承包法〉的决定》第二次修正）

第一章　总则

第一条　为了巩固和完善以家庭承包经营为基础、统分结合的双层经营体制，保持农村土地承包关系稳定并长久不变，维护农村土地承包经营当事人的合法权益，促进农业、农村经济发展和农村社会和谐稳定，根据宪法，制定本法。

第二条　本法所称农村土地，是指农民集体所有和国家所有依法由农民集体使用的耕地、林地、草地，以及其他依法用于农业的土地。

第三条　国家实行农村土地承包经营制度。

农村土地承包采取农村集体经济组织内部的家庭承包方式，不宜采取家庭承包方式的荒山、荒沟、荒丘、荒滩等农村土地，可以采取招标、拍卖、公开协商等方式承包。

第四条　农村土地承包后，土地的所有权性质不变。承包地不得买卖。

第五条　农村集体经济组织成员有权依法承包由本集体经济组织发包的农村土地。

任何组织和个人不得剥夺和非法限制农村集体经济组织成员承包土地的权利。

第六条　农村土地承包，妇女与男子享有平等的权利。承包中应当保护妇女的合法权益，任何组织和个人不得剥夺、侵害妇女应当享有的土地承包经营权。

第七条 农村土地承包应当坚持公开、公平、公正的原则，正确处理国家、集体、个人三者的利益关系。

第八条 国家保护集体土地所有者的合法权益，保护承包方的土地承包经营权，任何组织和个人不得侵犯。

第九条 承包方承包土地后，享有土地承包经营权，可以自己经营，也可以保留土地承包权，流转其承包地的土地经营权，由他人经营。

第十条 国家保护承包方依法、自愿、有偿流转土地经营权，保护土地经营权人的合法权益，任何组织和个人不得侵犯。

第十一条 农村土地承包经营应当遵守法律、法规，保护土地资源的合理开发和可持续利用。未经依法批准不得将承包地用于非农建设。

国家鼓励增加对土地的投入，培肥地力，提高农业生产能力。

第十二条 国务院农业农村、林业和草原主管部门分别依照国务院规定的职责负责全国农村土地承包经营及承包经营合同管理的指导。

县级以上地方人民政府农业农村、林业和草原等主管部门分别依照各自职责，负责本行政区域内农村土地承包经营及承包经营合同管理。

乡（镇）人民政府负责本行政区域内农村土地承包经营及承包经营合同管理。

第二章 家庭承包

第一节 发包方和承包方的权利和义务

第十三条 农民集体所有的土地依法属于村农民集体所有的，由村集体经济组织或者村民委员会发包；已经分别属于村内两个以上农村集体经济组织的农民集体所有的，由村内各该农村集体经济组织或者村民小组发包。村集体经济组织或者村民委员会发包的，不得改变村内各集体经济组织农民集体所有的土地的所有权。

国家所有依法由农民集体使用的农村土地，由使用该土地的农村集体经济组织、村民委员会或者村民小组发包。

第十四条 发包方享有下列权利：

（一）发包本集体所有的或者国家所有依法由本集体使用的农村土地；

（二）监督承包方依照承包合同约定的用途合理利用和保护土地；

（三）制止承包方损害承包地和农业资源的行为；

（四）法律、行政法规规定的其他权利。

第十五条 发包方承担下列义务：

（一）维护承包方的土地承包经营权，不得非法变更、解除承包合同；

（二）尊重承包方的生产经营自主权，不得干涉承包方依法进行正常的生产经营活动；

（三）依照承包合同约定为承包方提供生产、技术、信息等服务；

（四）执行县、乡（镇）土地利用总体规划，组织本集体经济组织内的农业基础设施建设；

（五）法律、行政法规规定的其他义务。

第十六条 家庭承包的承包方是本集体经济组织的农户。

农户内家庭成员依法平等享有承包土地的各项权益。

第十七条 承包方享有下列权利：

（一）依法享有承包地使用、收益的权利，有权自主组织生产经营和处置产品；

（二）依法互换、转让土地承包经营权；

（三）依法流转土地经营权；

（四）承包地被依法征收、征用、占用的，有权依法获得相应的补偿；

（五）法律、行政法规规定的其他权利。

第十八条 承包方承担下列义务：

（一）维持土地的农业用途，未经依法批准不得用于非农建设；

（二）依法保护和合理利用土地，不得给土地造成永久性损害；

（三）法律、行政法规规定的其他义务。

第二节 承包的原则和程序

第十九条 土地承包应当遵循以下原则：

（一）按照规定统一组织承包时，本集体经济组织成员依法平等地行使承包土地的权利，也可以自愿放弃承包土地的权利；

（二）民主协商，公平合理；

（三）承包方案应当按照本法第十二条的规定，依法经本集体经济组织成员的村民会议三分之二以上成员或者三分之二以上村民代表的同意；

（四）承包程序合法。

第二十条 土地承包应当按照以下程序进行：

（一）本集体经济组织成员的村民会议选举产生承包工作小组；

（二）承包工作小组依照法律、法规的规定拟订并公布承包方案；

（三）依法召开本集体经济组织成员的村民会议，讨论通过承包方案；

（四）公开组织实施承包方案；

（五）签订承包合同。

第三节　承包期限和承包合同

第二十一条　耕地的承包期为三十年。草地的承包期为三十年至五十年。林地的承包期为三十年至七十年。

前款规定的耕地承包期届满后再延长三十年，草地、林地承包期届满后依照前款规定相应延长。

第二十二条　发包方应当与承包方签订书面承包合同。

承包合同一般包括以下条款：

（一）发包方、承包方的名称，发包方负责人和承包方代表的姓名、住所；

（二）承包土地的名称、坐落、面积、质量等级；

（三）承包期限和起止日期；

（四）承包土地的用途；

（五）发包方和承包方的权利和义务；

（六）违约责任。

第二十三条　承包合同自成立之日起生效。承包方自承包合同生效时取得土地承包经营权。

第二十四条　国家对耕地、林地和草地等实行统一登记，登记机构应当向承包方颁发土地承包经营权证或者林权证等证书，并登记造册，确认土地承包经营权。

土地承包经营权证或者林权证等证书应当将具有土地承包经营权的全部家庭成员列入。

登记机构除按规定收取证书工本费外，不得收取其他费用。

第二十五条　承包合同生效后，发包方不得因承办人或者负责人的变动而变更或者解除，也不得因集体经济组织的分立或者合并而变更或者解除。

第二十六条　国家机关及其工作人员不得利用职权干涉农村土地承包或者变更、解除承包合同。

第四节 土地承包经营权的保护和互换、转让

第二十七条 承包期内，发包方不得收回承包地。

国家保护进城农户的土地承包经营权。不得以退出土地承包经营权作为农户进城落户的条件。

承包期内，承包农户进城落户的，引导支持其按照自愿有偿原则依法在本集体经济组织内转让土地承包经营权或者将承包地交回发包方，也可以鼓励其流转土地经营权。

承包期内，承包方交回承包地或者发包方依法收回承包地时，承包方对其在承包地上投入而提高土地生产能力的，有权获得相应的补偿。

第二十八条 承包期内，发包方不得调整承包地。

承包期内，因自然灾害严重毁损承包地等特殊情形对个别农户之间承包的耕地和草地需要适当调整的，必须经本集体经济组织成员的村民会议三分之二以上成员或者三分之二以上村民代表的同意，并报乡（镇）人民政府和县级人民政府农业农村、林业和草原等主管部门批准。承包合同中约定不得调整的，按照其约定。

第二十九条 下列土地应当用于调整承包土地或者承包给新增人口：

（一）集体经济组织依法预留的机动地；

（二）通过依法开垦等方式增加的；

（三）发包方依法收回和承包方依法、自愿交回的。

第三十条 承包期内，承包方可以自愿将承包地交回发包方。承包方自愿交回承包地的，可以获得合理补偿，但是应当提前半年以书面形式通知发包方。承包方在承包期内交回承包地的，在承包期内不得再要求承包土地。

第三十一条 承包期内，妇女结婚，在新居住地未取得承包地的，发包方不得收回其原承包地；妇女离婚或者丧偶，仍在原居住地生活或者不在原居住地生活但在新居住地未取得承包地的，发包方不得收回其原承包地。

第三十二条 承包人应得的承包收益，依照继承法的规定继承。

林地承包的承包人死亡，其继承人可以在承包期内继续承包。

第五节 土地经营权

第三十三条 承包方之间为方便耕种或者各自需要，可以对属于同一集体经济组织的土地的土地承包经营权进行互换，并向发包方备案。

第三十四条　经发包方同意，承包方可以将全部或者部分的土地承包经营权转让给本集体经济组织的其他农户，由该农户同发包方确立新的承包关系，原承包方与发包方在该土地上的承包关系即行终止。

第三十五条　土地承包经营权互换、转让的，当事人可以向登记机构申请登记。未经登记，不得对抗善意第三人。

第三十六条　承包方可以自主决定依法采取出租（转包）、入股或者其他方式向他人流转土地经营权，并向发包方备案。

第三十七条　土地经营权人有权在合同约定的期限内占有农村土地，自主开展农业生产经营并取得收益。

第三十八条　土地经营权流转应当遵循以下原则：

（一）依法、自愿、有偿，任何组织和个人不得强迫或者阻碍土地经营权流转；

（二）不得改变土地所有权的性质和土地的农业用途，不得破坏农业综合生产能力和农业生态环境；

（三）流转期限不得超过承包期的剩余期限；

（四）受让方须有农业经营能力或者资质；

（五）在同等条件下，本集体经济组织成员享有优先权。

第三十九条　土地经营权流转的价款，应当由当事人双方协商确定。流转的收益归承包方所有，任何组织和个人不得擅自截留、扣缴。

第四十条　土地经营权流转，当事人双方应当签订书面流转合同。

土地经营权流转合同一般包括以下条款：

（一）双方当事人的姓名、住所；

（二）流转土地的名称、坐落、面积、质量等级；

（三）流转期限和起止日期；

（四）流转土地的用途；

（五）双方当事人的权利和义务；

（六）流转价款及支付方式；

（七）土地被依法征收、征用、占用时有关补偿费的归属；

（八）违约责任。

承包方将土地交由他人代耕不超过一年的，可以不签订书面合同。

第四十一条　土地经营权流转期限为五年以上的，当事人可以向登记机构申请土地经营权登记。未经登记，不得对抗善意第三人。

第四十二条 承包方不得单方解除土地经营权流转合同,但受让方有下列情形之一的除外:

(一)擅自改变土地的农业用途;

(二)弃耕抛荒连续两年以上;

(三)给土地造成严重损害或者严重破坏土地生态环境;

(四)其他严重违约行为。

第四十三条 经承包方同意,受让方可以依法投资改良土壤,建设农业生产附属、配套设施,并按照合同约定对其投资部分获得合理补偿。

第四十四条 承包方流转土地经营权的,其与发包方的承包关系不变。

第四十五条 县级以上地方人民政府应当建立工商企业等社会资本通过流转取得土地经营权的资格审查、项目审核和风险防范制度。

工商企业等社会资本通过流转取得土地经营权的,本集体经济组织可以收取适量管理费用。

具体办法由国务院农业农村、林业和草原主管部门规定。

第四十六条 经承包方书面同意,并向本集体经济组织备案,受让方可以再流转土地经营权。

第四十七条 承包方可以用承包地的土地经营权向金融机构融资担保,并向发包方备案。受让方通过流转取得的土地经营权,经承包方书面同意并向发包方备案,可以向金融机构融资担保。

担保物权自融资担保合同生效时设立。当事人可以向登记机构申请登记;未经登记,不得对抗善意第三人。

实现担保物权时,担保物权人有权就土地经营权优先受偿。

土地经营权融资担保办法由国务院有关部门规定。

第三章 其他方式的承包

第四十八条 不宜采取家庭承包方式的荒山、荒沟、荒丘、荒滩等农村土地,通过招标、拍卖、公开协商等方式承包的,适用本章规定。

第四十九条 以其他方式承包农村土地的,应当签订承包合同,承包方取得土地经营权。当事人的权利和义务、承包期限等,由双方协商确定。以招标、拍卖方式承包的,承包费通过公开竞标、竞价确定;以公开协商等方式承包的,承包费由双方议定。

第五十条 荒山、荒沟、荒丘、荒滩等可以直接通过招标、拍卖、公开协商等方式实行承包经营，也可以将土地经营权折股分给本集体经济组织成员后，再实行承包经营或者股份合作经营。

承包荒山、荒沟、荒丘、荒滩的，应当遵守有关法律、行政法规的规定，防止水土流失，保护生态环境。

第五十一条 以其他方式承包农村土地，在同等条件下，本集体经济组织成员有权优先承包。

第五十二条 发包方将农村土地发包给本集体经济组织以外的单位或者个人承包，应当事先经本集体经济组织成员的村民会议三分之二以上成员或者三分之二以上村民代表的同意，并报乡（镇）人民政府批准。

由本集体经济组织以外的单位或者个人承包的，应当对承包方的资信情况和经营能力进行审查后，再签订承包合同。

第五十三条 通过招标、拍卖、公开协商等方式承包农村土地，经依法登记取得权属证书的，可以依法采取出租、入股、抵押或者其他方式流转土地经营权。

第五十四条 依照本章规定通过招标、拍卖、公开协商等方式取得土地经营权的，该承包人死亡，其应得的承包收益，依照继承法的规定继承；在承包期内，其继承人可以继续承包。

第四章　争议的解决和法律责任

第五十五条 因土地承包经营发生纠纷的，双方当事人可以通过协商解决，也可以请求村民委员会、乡（镇）人民政府等调解解决。

当事人不愿协商、调解或者协商、调解不成的，可以向农村土地承包仲裁机构申请仲裁，也可以直接向人民法院起诉。

第五十六条 任何组织和个人侵害土地承包经营权、土地经营权的，应当承担民事责任。

第五十七条 发包方有下列行为之一的，应当承担停止侵害、排除妨碍、消除危险、返还财产、恢复原状、赔偿损失等民事责任：

（一）干涉承包方依法享有的生产经营自主权；

（二）违反本法规定收回、调整承包地；

（三）强迫或者阻碍承包方进行土地承包经营权的互换、转让或者土地经营权流转；

（四）假借少数服从多数强迫承包方放弃或者变更土地承包经营权；

（五）以划分'口粮田'和'责任田'等为由收回承包地搞招标承包；

（六）将承包地收回抵顶欠款；

（七）剥夺、侵害妇女依法享有的土地承包经营权；

（八）其他侵害土地承包经营权的行为。

第五十八条　承包合同中违背承包方意愿或者违反法律、行政法规有关不得收回、调整承包地等强制性规定的约定无效。

第五十九条　当事人一方不履行合同义务或者履行义务不符合约定的，应当依法承担违约责任。

第六十条　任何组织和个人强迫进行土地承包经营权互换、转让或者土地经营权流转的，该互换、转让或者流转无效。

第六十一条　任何组织和个人擅自截留、扣缴土地承包经营权互换、转让或者土地经营权流转收益的，应当退还。

第六十二条　违反土地管理法规，非法征收、征用、占用土地或者贪污、挪用土地征收、征用补偿费用，构成犯罪的，依法追究刑事责任；造成他人损害的，应当承担损害赔偿等责任。

第六十三条　承包方、土地经营权人违法将承包地用于非农建设的，由县级以上地方人民政府有关主管部门依法予以处罚。

承包方给承包地造成永久性损害的，发包方有权制止，并有权要求赔偿由此造成的损失。

第六十四条　土地经营权人擅自改变土地的农业用途、弃耕抛荒连续两年以上、给土地造成严重损害或者严重破坏土地生态环境，承包方在合理期限内不解除土地经营权流转合同的，发包方有权要求终止土地经营权流转合同。土地经营权人对土地和土地生态环境造成的损害应当予以赔偿。

第六十五条　国家机关及其工作人员有利用职权干涉农村土地承包经营，变更、解除承包经营合同，干涉承包经营当事人依法享有的生产经营自主权，强迫、阻碍承包经营当事人进行土地承包经营权互换、转让或者土地经营权流转等侵害土地承包经营权、土地经营权的行为，给承包经营当事人造成损失的，应当承担损害赔偿等责任；情节严重的，由上级机关或者所在单位给予直接责任人员处分；构成犯罪的，依法追究刑事责任。

第五章　附则

第六十六条　本法实施前已经按照国家有关农村土地承包的规定承包，包括承包期限长于本法规定的，本法实施后继续有效，不得重新承包土地。未向承包方颁发土地承包经营权证或者林权证等证书的，应当补发证书。

第六十七条　本法实施前已经预留机动地的，机动地面积不得超过本集体经济组织耕地总面积的百分之五。不足百分之五的，不得再增加机动地。

本法实施前未留机动地的，本法实施后不得再留机动地。

第六十八条　各省、自治区、直辖市人民代表大会常务委员会可以根据本法，结合本行政区域的实际情况，制定实施办法。

第六十九条　确认农村集体经济组织成员身份的原则、程序等，由法律、法规规定。

第七十条　本法自2003年3月1日起施行。

草原防火条例

(2008 年修订本)

(1993 年 10 月 5 日中华人民共和国国务院令第 130 号公布　2008 年 11 月 19 日国务院第 36 次常务会议修订通过　2008 年 11 月 29 日中华人民共和国国务院令第 542 号公布　自 2009 年 1 月 1 日起施行)

第一章　总则

第一条　为了加强草原防火工作，积极预防和扑救草原火灾，保护草原，保障人民生命和财产安全，根据《中华人民共和国草原法》，制定本条例。

第二条　本条例适用于中华人民共和国境内草原火灾的预防和扑救。但是，林区和城市市区的除外。

第三条　草原防火工作实行预防为主、防消结合的方针。

第四条　县级以上人民政府应当加强草原防火工作的组织领导，将草原防火所需经费纳入本级财政预算，保障草原火灾预防和扑救工作的开展。

草原防火工作实行地方各级人民政府行政首长负责制和部门、单位领导负责制。

第五条　国务院草原行政主管部门主管全国草原防火工作。

县级以上地方人民政府确定的草原防火主管部门主管本行政区域内的草原防火工作。

县级以上人民政府其他有关部门在各自的职责范围内做好草原防火工作。

第六条　草原的经营使用单位和个人，在其经营使用范围内承担草原防火责任。

第七条　草原防火工作涉及两个以上行政区域或者涉及森林防火、城市消防的，有关地方人民政府及有关部门应当建立联防制度，确定联防区域，制定联防措施，加强信息沟通和监督检查。

第八条　各级人民政府或者有关部门应当加强草原防火宣传教育活动，提高公民的草原防火意识。

第九条 国家鼓励和支持草原火灾预防和扑救的科学技术研究，推广先进的草原火灾预防和扑救技术。

第十条 对在草原火灾预防和扑救工作中有突出贡献或者成绩显著的单位、个人，按照国家有关规定给予表彰和奖励。

第二章 草原火灾的预防

第十一条 国务院草原行政主管部门根据草原火灾发生的危险程度和影响范围等，将全国草原划分为极高、高、中、低四个等级的草原火险区。

第十二条 国务院草原行政主管部门根据草原火险区划和草原防火工作的实际需要，编制全国草原防火规划，报国务院或者国务院授权的部门批准后组织实施。

县级以上地方人民政府草原防火主管部门根据全国草原防火规划，结合本地实际，编制本行政区域的草原防火规划，报本级人民政府批准后组织实施。

第十三条 草原防火规划应当主要包括下列内容：

（一）草原防火规划制定的依据；

（二）草原防火组织体系建设；

（三）草原防火基础设施和装备建设；

（四）草原防火物资储备；

（五）保障措施。

第十四条 县级以上人民政府应当组织有关部门和单位，按照草原防火规划，加强草原火情瞭望和监测设施、防火隔离带、防火道路、防火物资储备库（站）等基础设施建设，配备草原防火交通工具、灭火器械、观察和通信器材等装备，储存必要的防火物资，建立和完善草原防火指挥信息系统。

第十五条 国务院草原行政主管部门负责制订全国草原火灾应急预案，报国务院批准后组织实施。

县级以上地方人民政府草原防火主管部门负责制订本行政区域的草原火灾应急预案，报本级人民政府批准后组织实施。

第十六条 草原火灾应急预案应当主要包括下列内容：

（一）草原火灾应急组织机构及其职责；

（二）草原火灾预警与预防机制；

（三）草原火灾报告程序；

（四）不同等级草原火灾的应急处置措施；

（五）扑救草原火灾所需物资、资金和队伍的应急保障；

（六）人员财产撤离、医疗救治、疾病控制等应急方案。

草原火灾根据受害草原面积、伤亡人数、受灾牲畜数量以及对城乡居民点、重要设施、名胜古迹、自然保护区的威胁程度等，分为特别重大、重大、较大、一般四个等级。具体划分标准由国务院草原行政主管部门制定。

第十七条　县级以上地方人民政府应当根据草原火灾发生规律，确定本行政区域的草原防火期，并向社会公布。

第十八条　在草原防火期内，因生产活动需要在草原上野外用火的，应当经县级人民政府草原防火主管部门批准。用火单位或者个人应当采取防火措施，防止失火。

在草原防火期内，因生活需要在草原上用火的，应当选择安全地点，采取防火措施，用火后彻底熄灭余火。

除本条第一款、第二款规定的情形外，在草原防火期内，禁止在草原上野外用火。

第十九条　在草原防火期内，禁止在草原上使用枪械狩猎。

在草原防火期内，在草原上进行爆破、勘察和施工等活动的，应当经县级以上地方人民政府草原防火主管部门批准，并采取防火措施，防止失火。

在草原防火期内，部队在草原上进行实弹演习、处置突发性事件和执行其他任务，应当采取必要的防火措施。

第二十条　在草原防火期内，在草原上作业或者行驶的机动车辆，应当安装防火装置，严防漏火、喷火和闸瓦脱落引起火灾。在草原上行驶的公共交通工具上的司机和乘务人员，应当对旅客进行草原防火宣传。司机、乘务人员和旅客不得丢弃火种。

在草原防火期内，对草原上从事野外作业的机械设备，应当采取防火措施；作业人员应当遵守防火安全操作规程，防止失火。

第二十一条　在草原防火期内，经本级人民政府批准，草原防火主管部门应当对进入草原、存在火灾隐患的车辆以及可能引发草原火灾的野外作业活动进行草原防火安全检查。发现存在火灾隐患的，应当告知有关责任人员采取措施消除火灾隐患；拒不采取措施消除火灾隐患的，禁止进入草原或者在草原上从事野外作业活动。

第二十二条　在草原防火期内，出现高温、干旱、大风等高火险天气时，县级以上地方人民政府应当将极高草原火险区、高草原火险区以及一旦发生草原火灾可能造成人身重大伤亡或者财产重大损失的区域划为草原防火管制区，规定管制期限，及时向社会公布，并报上一级人民政府备案。

在草原防火管制区内，禁止一切野外用火。对可能引起草原火灾的非野外用火，县级以上地方人民政府或者草原防火主管部门应当按照管制要求，严格管理。

进入草原防火管制区的车辆，应当取得县级以上地方人民政府草原防火主管部门颁发的草原防火通行证，并服从防火管制。

第二十三条 草原上的农（牧）场、工矿企业和其他生产经营单位，以及驻军单位、自然保护区管理单位和农村集体经济组织等，应当在县级以上地方人民政府的领导和草原防火主管部门的指导下，落实草原防火责任制，加强火源管理，消除火灾隐患，做好本单位的草原防火工作。

铁路、公路、电力和电信线路以及石油天然气管道等的经营单位，应当在其草原防火责任区内，落实防火措施，防止发生草原火灾。

承包经营草原的个人对其承包经营的草原，应当加强火源管理，消除火灾隐患，履行草原防火义务。

第二十四条 省、自治区、直辖市人民政府可以根据本地的实际情况划定重点草原防火区，报国务院草原行政主管部门备案。

重点草原防火区的县级以上地方人民政府和自然保护区管理单位，应当根据需要建立专业扑火队；有关乡（镇）、村应当建立群众扑火队。扑火队应当进行专业培训，并接受县级以上地方人民政府的指挥、调动。

第二十五条 县级以上人民政府草原防火主管部门和气象主管机构，应当联合建立草原火险预报预警制度。气象主管机构应当根据草原防火的实际需要，做好草原火险气象等级预报和发布工作；新闻媒体应当及时播报草原火险气象等级预报。

第三章 草原火灾的扑救

第二十六条 从事草原火情监测以及在草原上从事生产经营活动的单位和个人，发现草原火情的，应当采取必要措施，并及时向当地人民政府或者草原防火主管部门报告。其他发现草原火情的单位和个人，也应当及时向当地人民政府或者草原防火主管部门报告。

当地人民政府或者草原防火主管部门接到报告后，应当立即组织人员赶赴现场，核实火情，采取控制和扑救措施，防止草原火灾扩大。

第二十七条 当地人民政府或者草原防火主管部门应当及时将草原火灾发生时间、地点、估测过火面积、火情发展趋势等情况报上级人民政府及其草原防火主管部门；境外草原火灾威胁到我国草原安全的，还应当报告境外草原火灾距我国边境距离、沿边境蔓延长度以及对我国草原的威胁程度等情况。

禁止瞒报、谎报或者授意他人瞒报、谎报草原火灾。

第二十八条 县级以上地方人民政府应当根据草原火灾发生情况确定火灾等级，并及时启动草原火灾应急预案。特别重大、重大草原火灾以及境外草原火灾威胁到我国草原安全的，国务院草原行政主管部门应当及时启动草原火灾应急预案。

第二十九条 草原火灾应急预案启动后，有关地方人民政府应当按照草原火灾应急预案的要求，立即组织、指挥草原火灾的扑救工作。

扑救草原火灾应当首先保障人民群众的生命安全，有关地方人民政府应当及时动员受到草原火灾威胁的居民以及其他人员转移到安全地带，并予以妥善安置；情况紧急时，可以强行组织避灾疏散。

第三十条 县级以上人民政府有关部门应当按照草原火灾应急预案的分工，做好相应的草原火灾应急工作。

气象主管机构应当做好气象监测和预报工作，及时向当地人民政府提供气象信息，并根据天气条件适时实施人工增雨。

民政部门应当及时设置避难场所和救济物资供应点，开展受灾群众救助工作。

卫生主管部门应当做好医疗救护、卫生防疫工作。

铁路、交通、航空等部门应当优先运送救灾物资、设备、药物、食品。

通信主管部门应当组织提供应急通信保障。

公安部门应当及时查处草原火灾案件，做好社会治安维护工作。

第三十一条 扑救草原火灾应当组织和动员专业扑火队和受过专业培训的群众扑火队；接到扑救命令的单位和个人，必须迅速赶赴指定地点，投入扑救工作。

扑救草原火灾，不得动员残疾人、孕妇、未成年人和老年人参加。

需要中国人民解放军和中国人民武装警察部队参加草原火灾扑救的，依照《军队参加抢险救灾条例》的有关规定执行。

第三十二条 根据扑救草原火灾的需要，有关地方人民政府可以紧急征用物资、交通工具和相关的设施、设备；必要时，可以采取清除障碍物、建设隔离带、应急取水、局部交通管制等应急管理措施。

因救灾需要，紧急征用单位和个人的物资、交通工具、设施、设备或者占用其房屋、土地的，事后应当及时返还，并依照有关法律规定给予补偿。

第三十三条 发生特别重大、重大草原火灾的，国务院草原行政主管部门应当立即派员赶赴火灾现场，组织、协调、督导火灾扑救，并做好跨省、自治区、直辖市草原防火物资的调用工作。

发生威胁林区安全的草原火灾的,有关草原防火主管部门应当及时通知有关林业主管部门。

境外草原火灾威胁到我国草原安全的,国务院草原行政主管部门应当立即派员赶赴有关现场,组织、协调、督导火灾预防,并及时将有关情况通知外交部。

第三十四条 国家实行草原火灾信息统一发布制度。特别重大、重大草原火灾以及威胁到我国草原安全的境外草原火灾信息,由国务院草原行政主管部门发布;其他草原火灾信息,由省、自治区、直辖市人民政府草原防火主管部门发布。

第三十五条 重点草原防火区的县级以上地方人民政府可以根据草原火灾应急预案的规定,成立草原防火指挥部,行使本章规定的本级人民政府在草原火灾扑救中的职责。

第四章 灾后处置

第三十六条 草原火灾扑灭后,有关地方人民政府草原防火主管部门或者其指定的单位应当对火灾现场进行全面检查,清除余火,并留有足够的人员看守火场。经草原防火主管部门检查验收合格,看守人员方可撤出。

第三十七条 草原火灾扑灭后,有关地方人民政府应当组织有关部门及时做好灾民安置和救助工作,保障灾民的基本生活条件,做好卫生防疫工作,防止传染病的发生和传播。

第三十八条 草原火灾扑灭后,有关地方人民政府应当组织有关部门及时制定草原恢复计划,组织实施补播草籽和人工种草等技术措施,恢复草场植被,并做好畜禽检疫工作,防止动物疫病的发生。

第三十九条 草原火灾扑灭后,有关地方人民政府草原防火主管部门应当及时会同公安等有关部门,对火灾发生时间、地点、原因以及肇事人等进行调查并提出处理意见。

草原防火主管部门应当对受灾草原面积、受灾畜禽种类和数量、受灾珍稀野生动植物种类和数量、人员伤亡以及物资消耗和其他经济损失等情况进行统计,对草原火灾给城乡居民生活、工农业生产、生态环境造成的影响进行评估,并按照国务院草原行政主管部门的规定上报。

第四十条 有关地方人民政府草原防火主管部门应当严格按照草原火灾统计报表的要求,进行草原火灾统计,向上一级人民政府草原防火主管部门报告,并抄送同级公安部门、统计机构。草原火灾统计报表由国务院草原行政主管部门会同国务院公安部门制定，报国家统计部门备案。

第四十一条 对因参加草原火灾扑救受伤、致残或者死亡的人员，按照国家有关规定给予医疗、抚恤。

第五章 法律责任

第四十二条 违反本条例规定，县级以上人民政府草原防火主管部门或者其他有关部门及其工作人员，有下列行为之一的，由其上级行政机关或者监察机关责令改正；情节严重的，对直接负责的主管人员和其他直接责任人员依法给予处分；构成犯罪的，依法追究刑事责任：

（一）未按照规定制订草原火灾应急预案的；

（二）对不符合草原防火要求的野外用火或者爆破、勘察和施工等活动予以批准的；

（三）对不符合条件的车辆发放草原防火通行证的；

（四）瞒报、谎报或者授意他人瞒报、谎报草原火灾的；

（五）未及时采取草原火灾扑救措施的；

（六）不依法履行职责的其他行为。

第四十三条 截留、挪用草原防火资金或者侵占、挪用草原防火物资的，依照有关财政违法行为处罚处分的法律、法规进行处理；构成犯罪的，依法追究刑事责任。

第四十四条 违反本条例规定，有下列行为之一的，由县级以上地方人民政府草原防火主管部门责令停止违法行为，采取防火措施，并限期补办有关手续，对有关责任人员处2000元以上5000元以下罚款，对有关责任单位处5000元以上2万元以下罚款：

（一）未经批准在草原上野外用火或者进行爆破、勘察和施工等活动的；

（二）未取得草原防火通行证进入草原防火管制区的。

第四十五条 违反本条例规定，有下列行为之一的，由县级以上地方人民政府草原防火主管部门责令停止违法行为，采取防火措施，消除火灾隐患，并对有关责任人员处200元以上2000元以下罚款，对有关责任单位处2000元以上2万元以下罚款；拒不采取防火措施、消除火灾隐患的，由县级以上地方人民政府草原防火主管部门代为采取防火措施、消除火灾隐患，所需费用由违法单位或者个人承担：

（一）在草原防火期内，经批准的野外用火未采取防火措施的；

（二）在草原上作业和行驶的机动车辆未安装防火装置或者存在火灾隐患的；

（三）在草原上行驶的公共交通工具上的司机、乘务人员或者旅客丢弃火种的；

（四）在草原上从事野外作业的机械设备作业人员不遵守防火安全操作规程或者对野外作业的机械设备未采取防火措施的；

（五）在草原防火管制区内未按照规定用火的。

第四十六条 违反本条例规定，草原上的生产经营等单位未建立或者未落实草原防火责任制的，由县级以上地方人民政府草原防火主管部门责令改正，对有关责任单位处5000元以上2万元以下罚款。

第四十七条 违反本条例规定，故意或者过失引发草原火灾，构成犯罪的，依法追究刑事责任。

第六章 附则

第四十八条 草原消防车辆应当按照规定喷涂标志图案，安装警报器、标志灯具。

第四十九条 本条例自2009年1月1日起施行。

最高人民法院关于审理破坏草原资源刑事案件应用法律若干问题的解释

(2012年10月22日最高人民法院审判委员会第1558次会议通过 2012年11月2日公布 自2012年11月22日起施行 法释〔2012〕15号)

为依法惩处破坏草原资源犯罪活动,依照《中华人民共和国刑法》的有关规定,现就审理此类刑事案件应用法律的若干问题解释如下:

第一条 违反草原法等土地管理法规,非法占用草原,改变被占用草原用途,数量较大,造成草原大量毁坏的,依照刑法第三百四十二条的规定,以非法占用农用地罪定罪处罚。

第二条 非法占用草原,改变被占用草原用途,数量在二十亩以上的,或者曾因非法占用草原受过行政处罚,在三年内又非法占用草原,改变被占用草原用途,数量在十亩以上的,应当认定为刑法第三百四十二条规定的"数量较大"。

非法占用草原,改变被占用草原用途,数量较大,具有下列情形之一的,应当认定为刑法第三百四十二条规定的"造成耕地、林地等农用地大量毁坏":

(一)开垦草原种植粮食作物、经济作物、林木的;

(二)在草原上建窑、建房、修路、挖砂、采石、采矿、取土、剥取草皮的;

(三)在草原上堆放或者排放废弃物,造成草原的原有植被严重毁坏或者严重污染的;

(四)违反草原保护、建设、利用规划种植牧草和饲料作物,造成草原沙化或者水土严重流失的;

(五)其他造成草原严重毁坏的情形。

第三条 国家机关工作人员徇私舞弊,违反草原法等土地管理法规,具有下列情形之一的,应当认定为刑法第四百一十条规定的"情节严重":

(一)非法批准征收、征用、占用草原四十亩以上的;

(二)非法批准征收、征用、占用草原,造成二十亩以上草原被毁坏的;

（三）非法批准征收、征用、占用草原，造成直接经济损失三十万元以上，或者具有其他恶劣情节的。

具有下列情形之一，应当认定为刑法第四百一十条规定的"致使国家或者集体利益遭受特别重大损失"：

（一）非法批准征收、征用、占用草原八十亩以上的；

（二）非法批准征收、征用、占用草原，造成四十亩以上草原被毁坏的；

（三）非法批准征收、征用、占用草原，造成直接经济损失六十万元以上，或者具有其他特别恶劣情节的。

第四条　以暴力、威胁方法阻碍草原监督检查人员依法执行职务，构成犯罪的，依照刑法第二百七十七条的规定，以妨害公务罪追究刑事责任。

煽动群众暴力抗拒草原法律、行政法规实施，构成犯罪的，依照刑法第二百七十八条的规定，以煽动暴力抗拒法律实施罪追究刑事责任。

第五条　单位实施刑法第三百四十二条规定的行为，对单位判处罚金，并对其直接负责的主管人员和其他直接责任人员，依照本解释规定的定罪量刑标准定罪处罚。

第六条　多次实施破坏草原资源的违法犯罪行为，未经处理，应当依法追究刑事责任的，按照累计的数量、数额定罪处罚。

第七条　本解释所称"草原"，是指天然草原和人工草地，天然草原包括草地、草山和草坡，人工草地包括改良草地和退耕还草地，不包括城镇草地。

国家林业和草原局关于印发
《草原征占用审核审批管理规范》的通知

林草规〔2020〕2号

各省、自治区、直辖市林业和草原主管部门，内蒙古森工集团，新疆生产建设兵团林业和草原主管部门，国家林业和草原局各司局、各派出机构、各直属单位、大兴安岭林业集团：

为加强草原征占用的监督管理，规范草原征占用的审核审批，保护草原资源和生态环境，根据《中华人民共和国草原法》规定，我局研究制定了《草原征占用审核审批管理规范》（见附件）。现印发给你们，请遵照执行。

特此通知。

附件：草原征占用审核审批管理规范

国家林业和草原局
2020年6月19日

附件

草原征占用审核审批管理规范

第一条　为了加强草原征占用的监督管理，规范草原征占用的审核审批，保护草原资源和生态环境，维护农牧民的合法权益，根据《中华人民共和国草原法》的规定，制定本规范。

第二条　本规范适用于下列情形：

（一）矿藏开采和工程建设等需要征收、征用或者使用草原的审核；

（二）临时占用草原的审批；

（三）在草原上修建为草原保护和畜牧业生产服务的工程设施使用草原的审批。

第三条　县级以上林业和草原主管部门负责草原征占用的审核审批工作。

第四条　草原是重要的战略资源。国家保护草原资源，实行基本草原保护制度，严格控制草原转为其他用地。

第五条　矿藏开采、工程建设和修建工程设施应当不占或者少占草原。严格执行生态保护红线管理有关规定，原则上不得占用生态保护红线内的草原。

除国务院批准同意的建设项目，国务院有关部门、省级人民政府及其有关部门批准同意的基础设施、公共事业、民生建设项目和国防、外交建设项目外，不得占用基本草原。

第六条　矿藏开采和工程建设确需征收、征用或者使用草原的，依照下列规定的权限办理：

（一）征收、征用或者使用草原超过七十公顷的，由国家林业和草原局审核；

（二）征收、征用或者使用草原七十公顷及其以下的，由省级林业和草原主管部门审核。

第七条　工程建设、勘查、旅游等确需临时占用草原的，由县级以上地方林业和草原主管部门依据所在省、自治区、直辖市确定的权限分级审批。

临时占用草原的期限不得超过二年，并不得在临时占用的草原上修建永久性建筑物、构筑物；占用期满，使用草原的单位或者个人应当恢复草原植被并及时退还。

第八条 在草原上修建直接为草原保护和畜牧业生产服务的工程设施确需使用草原的，依照下列规定的权限办理：

（一）使用草原超过七十公顷的，由省级林业和草原主管部门审批；

（二）使用草原七十公顷及其以下的，由县级以上地方林业和草原主管部门依据所在省、自治区、直辖市确定的审批权限审批。修建其他工程，需要将草原转为非畜牧业生产用地的，应当依照本规范第六条的规定办理。

第一款所称直接为草原保护和畜牧业生产服务的工程设施，是指：

1. 生产、贮存草种和饲草饲料的设施；

2. 牲畜圈舍、配种点、剪毛点、药浴池、人畜饮水设施；

3. 科研、试验、示范基地；

4. 草原防火和灌溉设施等。

第九条 草原征占用应当符合下列条件：

（一）符合国家的产业政策，国家明令禁止的项目不得征占用草原；

（二）符合所在地县级草原保护建设利用规划，有明确的使用面积或者临时占用期限；

（三）对所在地生态环境、畜牧业生产和农牧民生活不会产生重大不利影响；

（四）征占用草原应当征得草原所有者或者使用者的同意；征占用已承包经营草原的，还应当与草原承包经营者达成补偿协议；

（五）临时占用草原的，应当具有恢复草原植被的方案；

（六）申请材料齐全、真实；

（七）法律、法规规定的其他条件。

第十条 草原征占用单位或者个人应当向具有审核审批权限的林业和草原主管部门提出草原征占用申请。

第十一条 征收、征用或者使用草原的单位或者个人，应当填写《草原征占用申请表》。

第十二条 林业和草原主管部门应当自受理申请之日起二十个工作日内完成审核或者审批工作。二十个工作日内不能完成的，经本部门负责人批准，可延长十个工作日，并告知申请人延长的理由。

第十三条 省级以上林业和草原主管部门可以根据需要组织开展现场查验工作。当地县级以上林业和草原主管部门应当将现场查验报告及时报送负责审核的林业和草原主管部门。

现场查验报告应当包括以下内容：拟征收、征用或者使用草原项目基本情况；拟征收、征用或者使用草原的权属、面积、类型、等级和相关草原所有权者、使用权者和承包经营权者数量和补偿情况；是否涉及生态保护红线、各类自然保护地内草原和未批先建等情况。

第十四条 矿藏开采和工程建设等确需征收、征用或者使用草原的单位或者个人应当一次申请。建设项目批准文件未明确分期或者分段建设的，严禁化整为零。

建设项目批准文件中明确分期或者分段建设的项目，可以根据分期或者分段实施安排，按照规定权限分次申请办理征收、征用或者使用草原审核手续。

采矿项目总体占地范围确定，采取滚动方式开发的，可以根据开发计划分阶段按照规定权限申请办理征收、征用或者使用草原审核手续。

国务院或者国务院有关部门批准的公路、铁路、油气管线、水利水电等建设项目中的桥梁、隧道、围堰、导流（渠）洞、进场道路和输电设施等控制性单体工程和配套工程，根据有关开展前期工作的批文，可以向省级林业和草原主管部门申请控制性单体工程和配套工程先行使用草原。整体项目申请时，应当附具单体工程和配套工程先行征收、征用或者使用草原的批文及其申请材料，按照规定权限一次申请办理征收、征用或者使用草原审核手续。

第十五条 组织开展矿藏开采和工程建设等征收、征用或者使用草原现场查验，人员应当不少于三人，其中应当包括两名以上具有中级以上职称的相关专业技术人员。被申请征收、征用或者使用草原的摄像或者照片资料和地上建筑、基础设施建设的视频资料，可以作为《征占用草原现场查验表》的附件。

第十六条 矿藏开采和工程建设等确需征收、征用或者使用草原的申请，经审核同意的，林业和草原主管部门应当按照《中华人民共和国草原法》的规定，向申请人收取草原植被恢复费，经审核不同意的，向申请人发放不予行政许可决定书，告知不予许可的理由。

申请人在获得准予行政许可决定书后，依法向自然资源主管部门申请办理建设用地审批手续。建设用地申请未获批准的，林业和草原主管部门退还申请人缴纳的草原植被恢复费。

第十七条 临时占用草原或者修建直接为草原保护和畜牧业生产服务的工程设施需要使用草原的申请，经审批同意的，林业和草原主管部门作出准予行政许可的书面决定。经审批不同意的，作出不予行政许可的书面决定。

第十八条 申请单位或者个人应当按照批准的面积征占用草原，不得擅自扩大面积。因建设项目设计变更确需扩大征占用草原面积的，应当依照规定权限办理征占用审核审批手续。减少征占用草原面积或者变更征占用位置的，向原审核审批机关申请办理变更手续。

第十九条 违反本规范规定，有下列情形之一的，依照《中华人民共和国草原法》的有关规定查处，构成犯罪的，依法追究刑事责任：

（一）无权批准征收、征用或者使用草原的单位或者个人非法批准征收、征用或者使用草原的；

（二）超越批准权限非法批准征收、征用或者使用草原的；

（三）违反规定程序批准征收、征用或者使用草原的；

（四）未经批准或者采取欺骗手段骗取批准，非法使用草原的；

（五）在临时占用的草原上修建永久性建筑物、构筑物的；

（六）临时占用草原，占用期届满，用地单位不予恢复草原植被的；

（七）其他违反法律法规规定征占用草原的。

第二十条 县级以上林业和草原主管部门应当建立征占用草原审核审批管理档案。

第二十一条 省、自治区、直辖市林业和草原主管部门应当在每年的第一季度将上年度本省、自治区、直辖市征占用草原的情况汇总报告国家林业和草原局。

第二十二条 《草原征占用申请表》《征占用草原现场查验表》式样由国家林业和草原局规定。

第二十三条 本规范自 2020 年 7 月 31 日起施行。

二、地方性法规、规章

河北省人民代表大会常务委员会
关于加强张家口承德地区草原生态建设和保护的决定

(2019年7月25日河北省第十三届人民代表大会常务委员会第十一次会议通过)

第一条　为了加强张家口、承德地区草原生态建设、保护和合理利用，推进首都水源涵养功能区和京津冀生态环境支撑区建设，维护草原生态平衡，打造良好生态环境，促进经济社会可持续发展，根据《中华人民共和国草原法》等法律法规，结合本省实际，作出本决定。

第二条　本决定所称草原是指具有草原生态功能或者适用于畜牧业生产的天然草原和人工草地。

第三条　在张家口、承德行政区域内从事草原规划、建设、保护、利用和监督管理等活动，适用本决定。

第四条　加强草原生态建设、保护和合理利用，应当坚持生态优先、统筹规划、综合施策、系统治理，科学利用、建管并重的原则，建设稳定的草原生态系统、优美的草原生态环境、先进的草原生态经济。

第五条　省人民政府应当依据国家草原建设、保护和利用规划，结合本省国土空间规划，编制全省草原建设、保护和利用规划，重点加强对张家口、承德地区草原工作指导；张家口市、承德市人民政府应当依据全省草原规划和本行政区域特点编制相应规划；各县（市、区）人民政府应当结合当地实际，编制专项规划并组织实施。

第六条　县级以上人民政府是草原生态建设和保护的责任主体。

县级以上人民政府草原行政主管部门负责本行政区域内草原规划、建设、保护、利用和监督管理工作。发展和改革、财政、自然资源、生态环境、农业农村、水利、科学技术、工业和信息化、公安、文化和旅游、应急管理等有关部门按照各自职责,共同做好草原规划、建设、保护、利用和监督管理相关工作。

乡(镇)人民政府应当履行本行政区域内草原建设、保护和利用职责,加强监督检查,根据需要可以设专职或者兼职人员负责具体监督检查工作。

第七条 县级人民政府应当强化草原监督管理职责,健全完善职能体系,探索建立综合监管、协调配合机制,整合执法力量和资源,加强执法队伍建设,保障工作经费,改善工作条件。鼓励通过政府购买服务方式设立草原管护公益岗位,负责草原看护工作。

第八条 县(市、区)和乡(镇)人民政府应当落实属地监管责任,综合利用科学监测手段,对草原基础设施、草原火情、违规放牧及其他破坏草原的行为实行全方位、全天候监控,并建立健全应急处置机制。

第九条 各级人民政府应当加强草原建设、保护和利用的宣传教育,广泛宣传普及草原法律法规和科技知识,树立绿水青山就是金山银山的发展理念,营造全社会关心支持参与草原建设保护的良好氛围。

第十条 省人民政府应当完善省对下转移支付制度,加大对国家及省级重点生态功能区的资金支持力度,有效保障生态功能区草原保护支出。市、县人民政府应当根据草原生态建设保护需要和财力状况,加大财政投入力度,统筹使用县级以上相关资金。坚持政府主导、市场运作,多渠道筹措资金,鼓励引导社会资金投入草原生态建设保护。

省人民政府应当探索建立草原生态保护补偿机制,加快推进受益地区与保护生态地区、流域下游与上游的横向生态补偿。

第十一条 县级以上人民政府应当加强草原管理、科学研究、技术推广专业人才的培养和使用,扩大与科研院所合作,支持科研单位、高等院校开展草原生态建设和保护的研究,加强退化草原改良与恢复重建、荒漠化防治、有害生物防控和优质抗逆牧草品种选育等关键技术研发,推进草原科研成果的转化和推广应用。

第十二条 省人民政府应当建立健全草原生态建设、保护和利用工作考核评价机制和工作奖惩制度,对草原生态建设、保护和利用情况进行考核。对考核优秀的县(市、区)人民政府给予通报表扬和物质奖励。对考核不合格的县(市、区)人民政府给予通报批评。

第十三条 依法确定给全民所有制单位、集体经济组织等使用的国家所有的草原,由县级以上人民政府登记造册，确认使用权，核发使用权证书。未确认使用权的草原，由县级以上人民政府登记造册，负责保护管理。

第十四条　依法确定给集体经济组织使用的国家所有的草原，可以由本集体经济组织内的家庭或者联户承包经营。依法确定给全民所有制单位使用的草原，由该单位自主承包经营。承包经营草原的单位和个人，应当按照承包合同约定的用途合理利用草原，承担建设保护义务。草原承包经营权的互换、转让及草原经营权的流转，应当依照有关法律、法规规定进行。

第十五条　县级人民政府应当根据草原建设、保护和利用规划，对符合国家退耕还草政策的耕地实施退耕还草。积极推进种植结构调整和草田轮作，鼓励和支持在弃耕地和生产条件差的耕地种植饲草饲料作物，积极发展现代草产业。探索建设以草原生态保护为重点的国家公园。

第十六条　县级以上人民政府应当根据草原建设、保护、利用规划，对退化、沙化、盐碱化和水土流失严重的草原，划定治理区，采取围栏封育、补播改良、切割松耙、沙障固沙等措施，组织专项治理。鼓励和支持已垦撂荒草原采取有效方式建设多年生人工草地，加快恢复草原植被。

第十七条　县级以上人民政府草原行政主管部门应当加强草种基地建设和保护，鼓励依法选育、引进、推广优良牧草品种。加强对草种生产经营的监督管理，草原建设用草种应当经有资质的质量检验检疫机构检验合格，保障草种质量。

第十八条　县级以上人民政府应当鼓励和支持单位或者个人开展草原围栏、牲畜圈舍、饲草饲料储备等基础设施建设，培育家庭牧场、专业合作社、龙头企业等新型经营主体。加强天然草原改良、人工草地和饲草饲料基地建设，稳定和提高草原生产能力。

第十九条　县级以上人民政府应当统筹草原生态建设和农牧民的生产生活，实行分类指导、科学施策，鼓励有序发展绿色能源、生态旅游、特色种养、康养产业等，多渠道增加农牧民收入。

第二十条　县级人民政府应当将生态红线范围内的草原划定为基本草原，建立基本草原保护制度，统一设立保护标志，并予以公告。任何单位和个人不得擅自改变基本草原的性质、功能和用途。

第二十一条　实行草原禁牧、休牧、轮牧制度。县级人民政府应当制定本行政区域内草原禁牧、休牧、轮牧实施意见，明确区域、期限、方式等内容，设置标志、界桩、围栏等设施，由草原行政主管部门会同乡（镇）人民政府组织实施。草原承包经营者或者使用者应当按照实施意见的要求，落实草原禁牧、休牧、轮牧和舍饲圈养等措施，合理均衡利用草原。

第二十二条　实行以草定畜、草畜平衡制度。县级人民政府草原行政主管部门应当定期组织开展草畜平衡核定，核定草原载畜量。草原发包方应当和承包经营者或者使用者签订草畜平衡责任书，并监督实施。

第二十三条　县级以上人民政府草原行政主管部门应当加强草原生物灾害监测、预警和防治工作。草原承包经营者或者使用者对其承包或者使用的草原负有灭鼠、防治病虫害、清除毒害草、防止污染等保护草原的义务。

第二十四条　草原防火工作贯彻预防为主、防消结合方针，各级人民政府应当落实草原防火责任制，制定草原防火灭火预案，加强草原防火设施及灭火队伍建设，做好草原火情监测、火灾预防和扑救工作。草原承包经营者或者使用者对其承包或者使用的草原负有火灾预防义务。

第二十五条　县级人民政府草原行政主管部门负责草原野生植物的管理工作。未经批准不得在草原上采集甘草、麻黄草、红景天、金莲花、二色补血草（干枝梅）等重点保护野生植物。草原野生动物保护工作按照《中华人民共和国野生动物保护法》等法律法规的有关规定执行。

第二十六条　严格落实水资源管理和用水总量控制制度。县级人民政府应当根据本地水资源承载能力，合理划定禁采区和限采区，加强地下水位动态监测，从严控制地下水开采。在人工草地推广耐旱品种和高效节水技术，发展节水农业和草原节水灌溉，积极推进雨水、再生水、微咸水等非常规水源利用。

第二十七条　矿藏开采、工程建设应当不占或者少占草原。确需占用或者使用的，必须经省级以上人民政府草原行政主管部门审核同意后，依照有关土地管理的法律、行政法规办理建设用地审批手续。占用或者使用草原的单位或者个人，应当依法缴纳草原植被恢复费。

第二十八条　在草原上修建直接为草原保护和畜牧业生产服务的工程设施，应当按照下列规定履行审批手续：

（一）使用草原不足三十公顷的，由县级人民政府草原行政主管部门审批；

（二）使用草原三十公顷以上不足七十公顷的，由设区的市人民政府草原行政主管部门审批；

（三）使用草原七十公顷以上的，由省人民政府草原行政主管部门审批。

第二十九条　因地质勘查、工程建设、开展经营性旅游活动以及其他需要临时占用草原的，应当编制植被恢复方案，经县级人民政府草原行政主管部门审核同意，并收取恢复植被保证金。恢复植被保证金管理办法由省级有关部门另行制定。

临时占用草原的单位或者个人应当按照批准的地点、面积和方式使用，并对草原承包经营者或者使用者给予补偿；占用期限不得超过二年，并不得在临时占用的草原上修建永久性建筑物、构筑物；占用期满，用地单位或者个人应当恢复草原植被并及时退还。

第三十条　严格控制在天然草原上建设人工饲草饲料基地，确需建设的，应当符合草原建设、保护、利用规划和技术规程。建设单位或者个人应当向县级人民政府草原行政主管部门提交实施方案，由县级人民政府草原行政主管部门批准同意后方可实施，并不得改变其用途。

第三十一条　未经批准，不得在草原上从事下列活动：

（一）建房、建窑、建窖等；

（二）采土、采砂、采石等；

（三）建设旅游服务设施。

第三十二条　禁止在草原上从事下列活动：

（一）开垦草原；

（二）毁坏围栏、防火防灾等草原设施；

（三）在禁牧、休牧期放牧和轮牧区超载过牧；

（四）使用剧毒、高残留以及可能导致二次中毒的农药；

（五）向草原排放污水，或者倾倒生活垃圾、废料、废渣等固体废弃物；

（六）非抢险救灾和农牧民搬迁的机动车辆离开道路在草原行驶或者从事地质勘探、科学考察、旅游等活动未按照确定的行驶区域和行驶路线在草原上行驶；

（七）在严重退化、沙化、盐碱化、水土流失的草原以及生态脆弱区的草原上采挖植物和从事破坏草原植被的其他活动；

（八）野外宿营、野炊；

（九）其他破坏草原的行为。

第三十三条　县级以上人民政府草原行政主管部门工作人员以及相关国家机关工作人员有下列行为之一的，对直接负责的主管人员和其他直接责任人员依法给予处分；构成犯罪的，依法追究刑事责任：

（一）发现违法行为或者接到对违法行为的举报不予查处的；

（二）不依法作出行政许可决定或者办理审批手续的；

（三）截留、挪用恢复植被保证金的；

（四）其他弄虚作假、滥用职权、徇私舞弊的。

第三十四条 在临时占用的草原上修建永久性建筑物、构筑物的，由县级人民政府草原行政主管部门依法责令限期拆除；逾期不拆除的，依法强制拆除，所需费用由违法者承担。

临时占用草原期满，应当及时恢复植被，验收合格后及时退还恢复植被保证金；对未恢复植被的，由县级人民政府草原行政主管部门依法责令限期恢复；逾期不恢复的，由县级人民政府草原行政主管部门用保证金代为恢复。

第三十五条 违反本决定第三十条规定，由县级人民政府草原行政主管部门责令停止违法行为，限期恢复植被，并处每亩一千元以上二千元以下罚款，罚款总额最高不得超过五万元；构成犯罪的，依法追究刑事责任。

第三十六条 违反本决定第二十七条、第二十八条、第三十一条，第三十二条第一项、第六项、第七项和第九项规定，依照《中华人民共和国草原法》的有关规定进行处罚。

第三十七条 违反本决定第三十二条第二项规定，由县级以上人民政府草原行政主管部门责令限期恢复原状，拒不恢复原状的，由县级人民政府草原行政主管部门代为恢复，所需费用由违法者承担；

违反本决定第三十二条第三项规定，由县级以上人民政府草原行政主管部门责令停止违法行为，拒不改正的，处以每只（头）牲畜三十元以上一百元以下罚款；

违反本决定第三十二条第四项规定，造成草原污染的，依照《中华人民共和国环境保护法》有关规定进行处罚；

违反本决定第三十二条第五项规定，由县级以上人民政府草原行政主管部门责令停止违法行为，限期恢复草原植被，并处每平方米五十元罚款。违反治安管理处罚有关规定的，由公安机关依法给予治安管理处罚，构成犯罪的，依法追究刑事责任；

违反本决定第三十二条第八项规定，由县级以上人民政府草原行政主管部门予以劝阻；破坏草原生态的，限期恢复草原植被，并处一千元以上三千元以下罚款。

第三十八条 阻挠、妨碍草原监管执法人员依法执行公务的，依法给予治安管理处罚；构成犯罪的，依法追究刑事责任。

第三十九条 本省其他地区草原生态建设和保护参照本决定执行。

第四十条 本决定自2019年8月1日起施行。

内蒙古自治区草原管理条例

（2004年修正本）

(1984年6月7日内蒙古自治区第六届人民代表大会第二次会议通过

根据1991年8月31日内蒙古自治区第七届人民代表大会常务委员会第二十二次会议通过 1991年9月12日公布实行的《内蒙古自治区人民代表大会常务委员会关于修改〈内蒙古自治区草原管理条例〉的决定》第一次修正

2004年11月26日内蒙古自治区第十届人民代表大会常务委员会第十二次会议修订 2004年11月26日内蒙古自治区人民代表大会常务委员会公告第20号公布 自2005年1月1日起施行的第二次修正)

第一章 总则

第一条 为了保护、建设和合理利用草原，改善生态环境，维护生物多样性，发展现代畜牧业，促进经济和社会的可持续发展，根据《中华人民共和国民族区域自治法》《中华人民共和国草原法》和国家有关法律、法规，结合自治区实际，制定本条例。

第二条 本条例所称草原是指具有草原生态功能和适用于畜牧业生产的天然草原和人工草地。

第三条 在自治区行政区域内从事草原规划、保护、建设、利用和管理活动，适用本条例。

第四条 各级人民政府应当将草原的保护、建设和利用纳入国民经济和社会发展计划。

各级人民政府应当对草原保护和建设实行目标管理责任制。

第五条 旗县级以上人民政府草原行政主管部门主管本行政区域内的草原监督管理工作。

旗县级以上人民政府草原行政主管部门的草原监督管理机构，依法负责草原监督管理具体工作。下级草原监督管理机构接受上级草原监督管理机构的工作监督和指导。

苏木乡级人民政府应当加强对本行政区域内草原保护、建设和利用情况的监督检查，根据需要可以设专职或者兼职人员负责具体监督检查工作。

第六条 林业、水利、公安、工商等部门按照各自职责，配合草原行政管理部门做好草原保护和建设的相关工作。

第七条 旗县级以上人民政府对在草原管理、保护、建设、合理利用、科学研究和技术推广等工作中做出显著成绩的单位和个人，应当给予表彰奖励。

第二章 草原权属

第八条 自治区行政区域内的草原，属于国家所有和集体所有：

（一）旗县级以上人民政府已经批准划拨给国有企业、事业单位和用于军事用地的草原属于国家所有；

（二）牧区、农村集体经济组织使用的草原属于集体所有，但依法使用国家所有的草原除外。

第九条 已经确认使用权的国家所有的草原，由旗县级以上人民政府登记，核发草原使用权证；未确认使用权的国家所有的草原，由旗县级以上人民政府登记造册，并负责保护管理。

集体所有的草原，由旗县级人民政府登记，核发草原所有权证，确认所有权。

依法改变草原权属的，应当办理草原权属变更登记手续。

第十条 集体所有的草原，由本集体经济组织内的家庭或者联户承包经营；国家所有的草原，可以由拥有使用权的单位承包给内部的成员经营。

在草原承包经营期内，不得对承包经营者使用的草原进行调整；个别确需适当调整的，必须经本集体经济组织成员的嘎查村民会议三分之二以上成员或者三分之二以上嘎查村民代表同意，并报苏木乡级人民政府和旗县级人民政府草原行政主管部门批准。

第十一条 草原承包经营权可以按照平等协商、自愿、有偿的原则依法流转。未实行承包经营的国有草原和集体所有草原不得流转。

草原承包经营权流转时应当符合以下条件：

（一）不改变草原所有权、使用权的性质和草原的用途；

（二）在同等条件下，本集体经济组织成员享有优先权；

（三）受让方应当依法履行保护、建设和合理利用草原的义务。

草原承包经营权流转的具体办法由自治区人民政府制定。

第十二条 依法登记的草原所有权、使用权和承包经营权受法律保护，任何单位和个人不得侵犯。

任何单位和个人不得侵占、买卖或者以其他形式非法转让草原。

第十三条 草原所有权、使用权的争议，由当事人协商解决；协商不成的，由有关人民政府处理；当事人对处理决定不服的，可以依法向人民法院起诉。

在草原权属争议解决前，不得在有争议的地区进行下列活动：

（一）迁入居民；

（二）破坏原有的生产生活设施，修建围栏、棚圈、放牧点等生产生活设施以及其他永久性建筑；

（三）改变草原利用现状；

（四）对有争议的草原发放权属证书。

第三章 草原规划

第十四条 自治区对草原保护、建设、利用实行规划制度。

旗县级以上人民政府草原行政主管部门会同同级有关部门，依据上一级草原保护、建设、利用规划，编制本行政区域的草原保护、建设、利用规划，报本级人民政府批准后实施，并逐级进行监督。

经批准的草原保护、建设、利用规划确需调整或者修改时，须经原批准机关批准。

第十五条 自治区建立草原调查制度。

旗县级以上人民政府草原行政主管部门会同同级有关部门每五年进行一次草原调查。草原所有者或者使用者应当支持、配合调查，并提供有关资料。

旗县级以上人民政府草原行政主管部门应当建立草原资源档案和数据库。

旗县级以上人民政府草原行政主管部门依据草原等级评定标准，对草原进行评等定级。

第十六条 自治区建立草原统计制度。

旗县级以上人民政府草原行政主管部门和同级统计部门共同制定草原统计调查办法，依法对草原的面积、等级、产草量、载畜量以及草原建设等进行统计，统计部门应当每年发布草原统计信息。

第十七条 自治区建立草原生产与生态监测预警系统。

旗县级以上人民政府草原行政主管部门对草原的面积、等级、植被构成、生产能力、自然灾害、生物灾害等草原基本状况，以及草原保护与建设效益实行动态监测，及时为本级政府和有关部门提供动态监测和预警信息服务。

旗县级以上人民政府接到预警信息后，应当及时采取相应的防止和控制措施。

第四章　草原建设

第十八条　旗县级以上人民政府应当增加草原建设的投入，支持草原建设。

各级人民政府鼓励单位和个人投资建设草原，按照谁投资、谁受益的原则，保护草原投资建设者的合法权益。

第十九条　各级人民政府鼓励、支持和引导单位和个人进行人工草地建设、天然草原改良、饲草饲料基地建设；开展牧民定居点、防灾基地、草原围栏、饲草饲料储备、牲畜棚圈等生活生产设施的建设。

各级人民政府鼓励和引导农牧民采用免耕补播、撒播或者飞播等不破坏草原原生植被的方式建设草原。

第二十条　旗县级以上人民政府草原行政主管部门应当按照草原保护、建设、利用规划加强草种基地建设，鼓励选育、引进、推广优良牧草品种。

草种生产、加工、检验、检疫应当执行国家、行业和自治区的质量管理办法和标准。国家投资的草原建设、生态建设用草种应当经有资质的质量检验、检疫机构检验合格，保证草种质量。

第二十一条　各级人民政府应当按照草原保护、建设、利用规划，对退化、沙化、盐碱化、荒漠化和水土流失的草原，划定治理区，组织专项治理。

牧区、半农半牧区的草原综合治理，列入自治区国土整治计划。

第二十二条　旗县级以上人民政府应当根据草原保护、建设、利用规划，在本级国民经济和社会发展计划中安排用于草原改良、人工种草和草种生产的资金，任何单位或者个人不得截留、挪用。旗县级以上人民政府财政部门和审计部门应当加强管理和监督。

第五章　草原利用

第二十三条　草原承包经营者应当履行合理利用草原的义务，不得超过草原行政主管部门核定的载畜量；草原承包经营者应当采取种植和储备饲草饲料、增加饲草饲料供应量、调剂处理牲畜、优化畜群结构、提高出栏率、进行草原流转等措施，保持草畜平衡。

第二十四条 在草原上采集甘草、麻黄草、苁蓉、防风、黄芩、柴胡等野生植物，应当遵守国家和自治区的有关规定。

第二十五条 国家和自治区为了公共利益的需要，依照法律征收或者征用草原的，应当支付草原补偿费、安置补助费和附着物补偿费。

草原补偿费按照该草原被征收或者征用前五年平均饲养牲畜价值和年产经济植物价值之和的十倍支付；安置补助费按照每亩被征收或者征用草原前五年平均饲养牲畜价值和年产经济植物价值之和的十至十五倍支付；附着物补偿费按照实际损失合理支付。

依照法律征收、征用或者使用草原的，应当交纳草原植被恢复费。草原植被恢复费专款专用，由草原行政主管部门按照规定用于草原植被恢复，任何单位和个人不得截留、挪用。

第二十六条 在草原上进行勘探、钻井、修筑地上地下工程等需要临时占用草原的，草原占用者应当根据草原权属，征得草原所有权或者使用权单位以及草原承包经营者的同意，报旗县级以上人民政府草原行政主管部门批准，按照规定的时间、区域和作业方式进行。占用期满，占用者应当恢复草原植被，并及时退还。

临时占用草原的单位，应当按照被占用草原前五年平均饲养牲畜价值和年产经济植物价值之和，并按占用时限给予草原承包经营者一次性补偿；未承包经营的草原给予拥有草原所有权或者使用权的单位补偿。

临时占用草原的期限不得超过两年，不得在临时占用的草原上修建永久性建筑物和构筑物。

第二十七条 在草原上修建直接为草原保护和畜牧业生产服务的工程设施，需要使用草原十亩以下的，由旗县级人民政府草原行政主管部门批准；十亩以上一百亩以下的，由盟行政公署、设区的市人民政府草原行政主管部门批准；一百亩以上的由自治区人民政府草原行政主管部门批准。

前款所称直接为草原保护和畜牧业生产服务的工程设施，是指：

（一）生产、贮存草种和饲草饲料的设施；

（二）牲畜圈舍、配种点、剪毛点、药浴池、人畜饮水设施；

（三）科研、试验、示范基地；

（四）草原防火和灌溉设施。

第六章 草原保护

第二十八条 自治区实行基本草原保护制度，对基本草原实施严格管理。

第二十九条 禁止开垦草原。

各级人民政府对水土流失严重、有沙化趋势、需要改善生态环境的已垦草原，应当有计划、有步骤地退耕还草；已造成退化、沙化、盐碱化、荒漠化的，应当限期治理。

第三十条 自治区对草原实行以草定畜、草畜平衡制度。

草畜平衡核定由旗县级人民政府草原行政主管部门每三年进行一次，并落实到草原所有者和使用者。

第三十一条 已经承包经营的国有草原和集体所有草原，依据核定的载畜量，由拥有草原使用权或者所有权的单位与草原承包经营者签定草畜平衡责任书。

未承包经营的国有草原，由草原使用者与旗县级以上人民政府签定草畜平衡责任书。

未承包经营的集体所有草原，由草原所有者与苏木乡级人民政府签定草畜平衡责任书。

第三十二条 自治区依法实行退耕、退牧还草和禁牧、休牧制度。

禁牧、休牧的地区和期限由旗县级人民政府确定并予以公告。

不得在禁牧、休牧的草原上放牧。

第三十三条 实施草原建设项目以及草原承包经营者建设小面积人工草地需要改变草原原生植被的，应当符合草原保护、建设、利用规划。旗县级以上人民政府草原行政主管部门应当加强监督检查。

第三十四条 不得在下列草原地区建设旱作人工草地：

（一）年平均降水量在250毫米以下的；

（二）坡度20度以上的；

（三）土质、土壤条件不适宜种植的。

第三十五条 禁止在荒漠、半荒漠和严重退化、沙化、盐碱化、荒漠化和水土流失的草原以及生态脆弱区的草原上采挖植物和从事破坏草原植被的其他活动。

第三十六条 禁止采集、加工、收购和销售发菜。

经自治区人民政府批准，旗县级以上人民政府可以组织有关部门在本行政区域内重点出入通道设置临时检查站，查堵外出或者进入草原地区采集发菜的人员。

第三十七条 自治区人民政府草原行政主管部门负责在草原上采集甘草、麻黄草、苁蓉、防风、黄芩、柴胡等野生植物的管理工作。

禁止采集和收购带根野生麻黄草。

草原野生植物的采集、收购管理办法由自治区人民政府制定。

第三十八条 严禁在草原上进行非法捕猎活动。

禁止在草原上买卖和运输鹰、雕、猫头鹰、百灵鸟、沙狐、狐狸和鼬科动物等草原鼠虫害天敌和草原珍稀野生动物。

第三十九条 因建设征收或者征用草原的，应当遵守国家和自治区有关环境保护管理法律法规的规定；在建设项目环境影响报告书中，应当有草原环境保护方案。

第四十条 在草原上从事采土、采砂、采石等作业活动，应当报旗县级人民政府草原行政主管部门批准。开采矿产资源的，并应当依法办理有关手续。

经批准在草原上从事本条第一款所列活动的，应当在规定的时间、区域内，按照准许的采挖方式作业，并采取保护草原植被的措施。

在他人使用的草原上从事本条第一款所列活动的，还应当事先征得草原使用者的同意。

第四十一条 各级人民政府应当加强草原生态环境的管理，防止废水、废气、废渣及其他污染源对草原的污染。

造成草原生态环境污染的，当事人应当接受调查处理，并立即采取补救措施。

第七章 草原监督管理

第四十二条 草原监督管理机构的主要职责：

（一）宣传贯彻草原法律、法规，监督检查草原法律、法规和政策的实施；

（二）对违反草原法律、法规的行为进行查处；

（三）负责草原所有权、使用权和承包经营权的审核、登记、管理的相关工作；

（四）负责草原权属争议的调解及办理调剂使用草原的相关工作；

（五）对征收或者征用草原和草原建设项目等进行现场勘验、监督检查，处理临时占用草原的有关事宜；

（六）协助有关部门做好草原防火的具体工作；

（七）受草原行政主管部门委托，开展草原监督管理有关工作。

第四十三条 草原监督管理人员履行监督检查职责时，有权采取以下措施：

（一）要求被检查单位或者个人提供相关的文件和资料，进行查阅或者复制；

（二）要求被检查单位或者个人对草原权属等问题作出说明；

（三）进入违法现场进行拍照、摄像和勘验；

（四）责令被检查单位或者个人停止违反草原法律、法规的行为，履行法定义务。

第四十四条 有关单位和个人对草原监督检查人员的监督检查工作应当给予支持、配合，不得拒绝或者阻碍草原监督检查人员依法执行职务。

草原监督检查人员在履行监督检查职责时，应当佩带明显标识，出示自治区人民政府统一核发的行政执法证。

第八章 法律责任

第四十五条 违反本条例规定，有下列行为之一的，依照《中华人民共和国草原法》的有关规定处罚：

（一）买卖或者以其他形式非法转让草原的；

（二）未经批准或者采取欺骗手段骗取批准，非法使用草原的；

（三）非法开垦草原的；

（四）在荒漠、半荒漠和严重退化、沙化、盐碱化、荒漠化、水土流失的草原，以及生态脆弱区的草原上采挖植物或者从事破坏草原植被的其他活动的；

（五）未经批准或者未按规定的时间、区域和采挖方式在草原上进行采土、采砂、采石等活动的；

（六）临时占用草原，占用期届满，用地单位不予恢复草原植被的；

（七）未经批准擅自改变草原保护、建设、利用规划的。

第四十六条 违反本条例第二十三条规定，超载放牧的，由草原监督管理机构给予警告，并限期改正；逾期未改正的，处以每个超载羊单位30元的罚款。

违反本条例第三十一条规定，不签订草畜平衡责任书的，由草原监督管理机构责令限期签订；逾期仍不签订的，对责任人处以500元以下的罚款。

第四十七条 违反本条例第三十二条第三款规定，在禁牧、休牧的草原上放牧的，由草原监督管理机构给予警告，并处以每个羊单位5元以上10元以下的罚款。

第四十八条 违反本条例第三十三条、第三十四条规定，实施草原建设项目、建设小面积人工草地及建设旱作人工草地的，由草原监督管理机构责令停止违法行为，限期恢复植被，可以并处每亩草原200元以上2000元以下的罚款，最高不得超过5万元；给草原所有者或者使用者造成损失的，依法承担赔偿责任。

第四十九条 违反本条例第三十六条第一款、第三十七条第二款规定，采集、收购、加工、销售发菜和采集、收购带根野生麻黄草的，由有关部门依据职权责令其停止违法行为，没收非法财物和违法所得，可以并处违法所得一倍以上五倍以下的罚款；没有违法所得的，可以并处 5 万元以下的罚款；给草原所有者或者使用者造成损失的，依法承担赔偿责任；构成犯罪的，依法追究刑事责任。

第五十条 违反本条例第三十八条规定，买卖和运输草原鼠虫害天敌和草原珍稀野生动物的，由草原监督管理机构配合有关行政主管部门依法进行处理。

第五十一条 国家机关工作人员和草原监督管理机构工作人员有下列行为之一的，由有关部门对直接负责的主管人员和其他直接责任人员依法给予行政处分；构成犯罪的，依法追究刑事责任：

（一）截留、挪用草原改良、人工种草和草种生产资金或者草原植被恢复费的；

（二）无权批准征收、征用和使用草原的单位或者个人非法批准征收、征用和使用草原的；

（三）超越批准权限非法批准征收、征用和使用草原的，或者违反法定程序批准征收、征用和使用草原的；

（四）擅自对草原承包经营期内的草原进行调整的；

（五）未及时提供草原生产与生态监测预警信息，或者接到预警信息后未及时采取相应防止和控制措施的；

（六）在国家投资的草原建设、生态建设中使用不合格草种的。

第九章　附则

第五十二条 本条例自 2005 年 1 月 1 日起施行。

内蒙古自治区森林草原防火条例

(2016年修订本)

(2004年3月26日内蒙古自治区第十届人民代表大会常务委员会第八次会议通过 根据2016年9月29日内蒙古自治区第十二届人民代表大会常务委员会第二十六次会议修订 自2016年12月1日起施行)

第一章 总则

第一条 为了有效预防和扑救森林草原火灾，保障人民生命财产安全，保护森林草原资源，维护生态安全，根据国务院《森林防火条例》和《草原防火条例》等国家有关法律、法规，结合自治区实际，制定本条例。

第二条 本条例适用于自治区行政区域内森林、林木、林地和天然草原、人工草地火灾的预防和扑救，但城市市区的除外。

第三条 森林草原防火工作坚持预防为主、积极消灭、科学扑救、以人为本、属地管理的原则。

第四条 预防森林草原火灾、保护森林草原资源是每个公民的义务。

第五条 旗县级以上人民政府应当将森林草原防火规划纳入国民经济与社会发展总体规划、年度计划以及林业、农牧业专项发展规划，并纳入当地防灾减灾体系建设，保障森林草原防火工作与经济社会发展相适应。

第六条 旗县级以上人民政府应当设立森林草原防火指挥机构，负责组织、协调和指导本行政区域的森林草原防火工作。

旗县级以上人民政府林业主管部门负责本行政区域森林草原防火的监督和管理工作。

旗县级以上人民政府其他有关部门按照职责分工，负责有关的森林草原防火工作。

第七条 森林草原防火工作实行各级人民政府行政首长负责制和部门、单位主要领导负责制。森林草原防火工作纳入各级人民政府年度考核体系。

第八条 森林、林木、林地和天然草原、人工草地的经营单位和个人应当在其经营范围内承担森林草原防火责任。

第九条 旗县级以上人民政府应当将森林草原防火专项经费纳入同级财政预算，保障森林草原防火工作的开展。森林草原防火专项经费主要用于宣传教育、基础设施建设和维护、扑救队伍训练和装备、巡查和值守、扑救和灾后处置等事项。

旗县级以上人民政府应当安排森林草原火灾预防和扑救储备金。

第十条 各级人民政府鼓励和支持森林、林木、林地和天然草原、人工草地的经营单位和个人参加森林草原火灾保险，提高防灾减灾能力和灾后自我救助能力。

第十一条 森林草原防火工作涉及两个以上行政区域的，有关地方人民政府应当建立森林草原防火联防机制，确定联防区域，建立联防组织和联防制度，实现信息共享。

第十二条 对在森林草原防火工作中成绩显著的单位和个人，按照国家和自治区有关规定，给予表彰和奖励。

对在扑救重大、特别重大森林草原火灾中表现突出的单位和个人，可以由森林草原防火指挥机构当场给予表彰和奖励。

第二章 森林草原防火组织

第十三条 旗县级以上人民政府森林草原防火指挥机构应当配备专职副指挥，办事机构设在同级人民政府林业主管部门，负责森林草原防火的日常工作。

有森林草原防火任务的苏木乡镇和街道办事处应当设立森林草原防火指挥机构，配备专职或者兼职工作人员，负责本行政区域的森林草原防火工作。

内蒙古大兴安岭国有林管理局及其所属国有林业局森林防火指挥机构，负责其经营管理范围内的防火工作。

第十四条 各级人民政府森林草原防火指挥机构应当履行下列职责：

（一）贯彻执行国家和自治区森林草原防火法律、法规、规章和政策；

（二）落实森林草原防火规划，制定工作计划和措施，完善火灾预防、扑救及其保障制度；

（三）组织森林草原防火安全检查，督促有关地区、部门和单位加强防火设施、设备以及扑火物资管理和火源管理；

（四）组织开展森林草原防火宣传教育、森林草原防火科学研究，推广使用先进技术和设备，培训森林草原防火专业人员；

（五）及时启动本级森林草原火灾应急预案，制定扑火方案，统一组织和指挥扑救森林草原火灾；

（六）负责火情监测、火险预测、预报和火灾调度、统计、建档工作，及时逐级上报和下传森林草原火情火灾信息以及有关事项；

（七）协调解决地区之间、部门之间有关森林草原防火的重大问题。

内蒙古大兴安岭国有林管理局及其所属国有林业局森林防火指挥机构依照前款规定执行。

旗县级以上人民政府森林草原防火指挥机构可以指挥调动武装警察森林部队和航空护林站开展防扑火工作。

第十五条　在森林草原防火区的林场、农场、牧场、铁路以及其他企业事业单位、部队、嘎查村等，应当建立相应的森林草原防火组织，负责防火责任区内的森林草原防火工作。

第十六条　旗县级人民政府应当建立专业森林草原消防队伍。

有森林草原防火任务的苏木乡镇和街道办事处应当组建半专业森林草原消防队伍或者群众扑火队伍。

嘎查村可以根据需要组建群众扑火队伍。

国有林业局和林场、农场、牧场、自然保护区、森林公园、旅游区、风景名胜区、工矿企业、野外施工企业等森林草原防火重点单位，应当组建专业、半专业森林草原消防队伍。

森林草原消防队伍的建设标准，由自治区人民政府制定。

第十七条　专业、半专业森林草原消防队伍和群众扑火队伍应当配备扑救工具和装备，并定期进行防扑火培训和演练。各级各类森林草原消防队伍应当接受当地森林草原防火指挥机构的指挥、调动和业务指导。

第十八条　森林草原防火巡护人员应当持有旗县级人民政府核发的防火巡护证件，管理野外用火，及时报告火情，宣传防火知识，协助有关部门调查森林草原火灾案件。

第三章　森林草原火灾的预防

第十九条　旗县级以上人民政府林业主管部门应当会同有关部门编制本行政区域森林草原防火规划，报本级人民政府批准后组织实施。

第二十条　自治区人民政府林业主管部门应当以旗县（市、区）为单位确定森林、草原火险区划等级。

旗县级人民政府林业主管部门应当划定本行政区域内的森林草原防火区。

内蒙古大兴安岭国有林管理局应当在其经营管理范围内划定防火区。

森林草原火险区划等级和森林草原防火区，应当向社会公布。

第二十一条 各级人民政府应当组织有关部门和单位按照森林草原防火规划的要求，进行下列森林草原防火基础建设：

（一）在森林草原防火区的国界内侧以及林牧区的集中居民点、工矿企业、仓库、学校、部队营房、重要设施、自然保护区、名胜古迹和革命纪念地周围，设置防火隔离带或者营造防火林带；

（二）配备防火交通运输工具、灭火装备器具、瞭望和通讯设施设备等；

（三）在森林草原防火区，建设防火瞭望塔（台）；

（四）在重点防火地区建设机械防火站，修筑防火道路，建立防火物资储备库，储备必要的防火物资；

（五）在森林草原重点防火区，建立火险监测预警系统和预报站点；

（六）建立森林草原防火信息网络和指挥系统；

（七）开通森林草原防火报警电话12119。

第二十二条 旗县级以上人民政府森林草原防火指挥机构应当编制森林草原火灾应急预案，经本级人民政府批准，报上一级人民政府森林草原防火指挥机构备案。

国有林业局和林场、农场、牧场、自然保护区、森林公园、旅游区、风景名胜区、工矿企业等森林草原防火重点单位应当制定森林草原火灾应急方案，报本级人民政府森林草原防火指挥机构备案。

旗县级人民政府应当组织有森林草原防火任务的苏木乡镇和街道办事处制定森林草原火灾应急处置办法。

嘎查村民委员会应当协助做好森林草原火灾应急处置工作。

旗县级以上人民政府及有关单位应当每年组织开展森林草原火灾应急预案演练。

第二十三条 各级人民政府应当划定本行政区域内的森林草原防火责任区，确定森林草原防火责任单位，签订森林草原防火责任书。

森林、林木、林地和天然草原、人工草地的经营单位和个人，应当落实森林草原防火责任制，确定森林草原防火责任人。

无民事行为能力人和限制民事行为能力人的监护人应当履行监护责任，防止被监护人引发火灾。

第二十四条 有森林草原防火任务的单位和嘎查村，应当履行下列森林草原防火安全职责：

（一）制定森林草原防火安全制度；

（二）履行森林草原防火安全责任和义务，确定防火责任人和责任区；

（三）开展森林草原防火安全宣传教育活动；

（四）定期进行森林草原防火安全检查，及时消除火灾隐患；

（五）定期检查维护森林草原防火基础设施、设备和宣传标志。

第二十五条 各级人民政府和有关部门应当开展森林草原防火宣传教育，普及森林草原防火知识，提高公民的森林草原防火意识和自我保护能力。

广播、电视、报纸、互联网等媒体和电信业务经营单位，应当开展森林草原防火公益宣传。

交通运输、铁路、民航管理部门应当将监测到的森林草原火情及时通报森林草原防火指挥机构。

学校应当加强森林草原防火安全教育。

第二十六条 在林区、草原依法开办工矿企业、设立旅游区或者新建开发区的，其森林草原防火设施应当与该建设项目同步规划、同步设计、同步施工、同步验收；在林区成片造林的，应当同时配套建设森林防火设施。

在林区、草原生产、储存、装卸易燃易爆危险物品的，其场所应当设置在防火安全地带内。

第二十七条 铁路、公路、电力、石油、燃气、化工管道的管理单位、工矿企业在野外施工作业，应当在易引发火灾的地段和地带，设置防火隔离带和防火警示宣传标志，并做好防扑火工作。

第二十八条 各级人民政府森林草原防火指挥机构应当定期组织有关部门开展森林草原防火安全检查；对检查中发现的火灾隐患应当及时下达火灾隐患整改通知书，责令限期整改，消除隐患。

被检查单位应当积极配合，不得阻挠、妨碍。

第二十九条 每年三月十五日至六月十五日、九月十五日至十一月十五日为自治区森林草原防火期。旗县级人民政府可以根据本行政区域内自然气候条件和火灾发生规律，决定提前进入或者延期结束防火期。

第三十条 防火期内，各级人民政府森林草原防火指挥机构应当实行二十四小时值班制度，保证信息畅通。

第三十一条 防火期内，旗县级以上人民政府森林草原防火指挥机构应当根据高温、干旱、大风等高火险天气划定森林草原高火险区，规定高火险期并发出高火险警报。必要时，旗县级以上人民政府可以发布命令，禁止一切野外用火，严格管理可能引发森林草原火灾的居民生活用火。

第三十二条　森林草原高火险期内，任何单位和个人不得擅自进入森林草原高火险区。因科研、抢险等确需进入的，应当依法报请批准。

经批准进入森林草原高火险区的，应当严格按照批准的时间、地点、范围活动，并接受当地森林草原防火指挥机构的监督管理。

第三十三条　防火期内，经自治区人民政府批准，可以设立临时森林草原防火检查站。执行森林草原防火检查任务的人员应当佩戴专用标志，对进入森林草原防火区的车辆、人员进行防火安全检查和防火知识宣传，纠正违反防火规定的行为，任何单位和个人不得阻挠、拒绝。

第三十四条　防火期内，禁止在森林草原防火区烧灰积肥、烧荒烧炭、焚烧垃圾，点烧田（埂）、牧草、秸秆，吸烟、烧纸、烧香、烤火、野炊和燃放烟花爆竹、孔明灯等野外用火。

第三十五条　防火期内，在森林草原防火区内，因生产、生活特殊情况确需野外用火的，应当严格遵守下列规定：

（一）需要点烧防火隔离带、生产性用火的，应当经旗县级人民政府林业主管部门批准，经批准进行生产性用火的，应当设置防火隔离带，安排扑火人员，准备扑火工具，有组织地在四级风以下的天气用火，并将用火时间通知毗邻地区；

（二）需要野外生活用火的，应当选择安全地点，设置防火隔离带或者采取隔火措施，用火后必须彻底熄灭余火。

第三十六条　各级人民政府森林草原防火指挥机构应当配备森林草原防火专用车辆、器材、通讯等设施设备，并定期进行检查、维护和更新。

森林草原防火专用车辆免交车辆购置税、车辆通行费，并配备森林草原防火专用牌照。为执行扑火任务临时抽调、征用的车辆，在扑火期间免交车辆通行费。

森林草原防火专用电台免收无线电通讯频率占用费。

第三十七条　任何单位和个人不得破坏、侵占森林草原防火设施设备、阻碍设置防火隔离带、挤占干扰森林草原防火专用电台频率。

第四章　森林草原火灾的扑救

第三十八条　森林草原火灾信息由旗县级以上人民政府森林草原防火指挥机构按

照国家和自治区规定的权限向社会发布，任何单位和个人不得擅自发布。

第三十九条 任何单位和个人发现森林草原火情，应当立即向所在地人民政府森林草原防火指挥机构报告。

所在地人民政府森林草原防火指挥机构接到火灾报警，应当立即调查核实，采取相应的扑救措施，并按照规定逐级上报。

跨行政区域或者跨国有林牧业经营单位交界处发生火灾，实行谁先发现、谁先报告、谁先扑救的原则，不受行政区域或者经营范围的限制。

第四十条 发生下列森林草原火灾，各级人民政府森林草原防火指挥机构应当立即逐级向自治区人民政府森林草原防火指挥机构报告：

（一）重大、特别重大森林草原火灾；

（二）造成一人以上死亡或者重伤的森林草原火灾；

（三）威胁居民区、重要设施、自然保护区、森林公园、旅游区等的森林草原火灾；

（四）国界附近发生的森林草原火灾；

（五）发生在与自治区交界地区危险性大的森林草原火灾；

（六）发生在未开发原始林区的森林火灾；

（七）十二小时尚未扑灭明火的森林草原火灾；

（八）需要国家和自治区支援扑救的森林草原火灾；

（九）其他需要报告的森林草原火灾。

第四十一条 发生森林草原火灾，旗县级以上人民政府森林草原防火指挥机构应当按照规定立即启动森林草原火灾应急预案。

森林草原火灾应急预案启动后，有关扑火指挥机构应当合理确定扑救方案，划分扑救地段，确定扑救责任人，并指定负责人到达火灾现场指挥扑救。

第四十二条 森林草原火灾的扑救应当由所在地人民政府森林草原防火指挥机构统一组织和指挥。接到扑火命令的单位和个人应当按照规定时间、地点和要求投入扑救，不得推诿、拒绝。

第四十三条 旗县级以上人民政府森林草原防火指挥机构根据扑救森林草原火灾需要，可以设立扑火前线指挥机构，负责扑火现场的统一调度指挥。

扑救跨行政区域的重大、特别重大森林草原火灾，由火灾发生地的共同上一级人民政府成立扑火前线指挥机构。

扑救大兴安岭重点国有林区重大、特别重大森林火灾，由内蒙古大兴安岭国有林管理局组织成立扑火前线指挥机构。

第四十四条 扑救森林草原火灾应当以专业森林草原消防队伍为主，半专业森林草原消防队伍为辅。群众扑火队伍扑救森林草原火灾的，应当组织参加过培训并具备一定防扑火知识、技能和自我避险能力的人员。

扑救森林草原火灾，不得动员残疾人员、孕妇、未成年人和其他不适宜参加森林草原火灾扑救的人员。

第四十五条 驻自治区武装警察森林部队在执行森林草原火灾扑救任务时，应当服从火灾发生地旗县级以上人民政府森林草原防火指挥机构的统一指挥；执行跨盟市森林草原火灾扑救任务的，应当服从自治区森林草原防火指挥机构的统一指挥和调动。

第四十六条 驻自治区人民解放军、武装警察部队、公安边防部队在执行森林草原火灾扑救任务时，所在地人民政府应当提供物资、设备、交通运输保障。

第四十七条 发生森林草原火灾，有关部门应当按照森林草原火灾应急预案和森林草原防火指挥机构的统一指挥，做好扑救森林草原火灾的相关工作。

气象主管机构应当及时提供火灾地区天气预报，并根据天气条件适时开展人工增雨作业。

交通运输、民航等部门应当优先提供运输工具和场站服务，优先组织运送火灾扑救人员和扑救物资。

通信主管部门应当组织提供应急通信保障。

民政部门应当及时设置避难场所和救灾物资供应点，紧急转移并妥善安置灾民，开展受灾群众救助工作。

财政部门应当及时拨付扑火应急资金。

公安机关应当维护治安秩序，加强治安管理。

商务、卫生等主管部门应当及时组织做好物资供应、医疗救护和卫生防疫等工作。

所在地人民政府指定的有关部门、单位应当及时做好人员、财产的疏散、转移等工作。

第四十八条 森林草原火灾扑灭后，所在地人民政府森林草原防火指挥机构应当组织火灾扑救队伍对火灾现场进行全面检查，清理余火，并留有足够人员看守火场，经检查验收合格后，方可撤出看守人员。

第五章 灾后处置

第四十九条 森林草原火灾发生后，旗县级以上人民政府林业主管部门应当及时会同有关部门和单位，对森林草原火灾发生的时间、地点、原因、肇事者和受害森林草原面积、蓄积、人员伤亡、受灾畜禽种类和数量、受灾珍稀野生动植物种类和数量，以及人力与物资消耗和其他经济损失、事故责任，进行调查和评估；当地人民政府应当根据调查和评估结果，确定森林草原火灾责任单位和责任人，并依法处理。

第五十条　国界附近的火灾和重大、特别重大火灾以及造成人身伤亡事故的火灾，所在地旗县级人民政府森林草原防火指挥机构应当建立专门档案。

第五十一条　因扑救森林草原火灾负伤、致残或者死亡的人员，旗县级以上人民政府应当按照国家和自治区有关规定给予医疗、抚恤。

符合烈士评定条件的，依照《烈士褒扬条例》《军人抚恤优待条例》等有关规定办理。

第五十二条　森林草原火灾扑救人员误工补贴和生活补助以及扑救森林草原火灾所发生的其他费用，应当按照自治区人民政府规定的标准，由火灾肇事单位或者个人支付；起火原因不清的，由起火单位支付；火灾肇事单位、个人或者起火单位确实无力支付的部分，由当地人民政府支付。误工补贴和生活补助费以及扑救森林草原火灾所发生的其他费用，可以由当地人民政府先行支付。

第五十三条　扑救跨行政区域火灾发生的费用，由火灾发生地旗县级人民政府协商解决；扑救跨大兴安岭重点国有林区范围火灾发生的费用，由旗县级人民政府和内蒙古大兴安岭国有林管理局协商解决。

第五十四条　森林草原火灾扑灭后，当地人民政府有关部门应当做好火烧迹地的有害生物防治和火灾地区人畜疫病的防治、检疫。

第五十五条　森林草原火灾扑灭后，当地人民政府应当组织有关部门及时制定并实施森林草原植被恢复方案。森林、林木、林地和天然草原、人工草地的经营单位和个人应当及时采取措施，恢复火烧迹地的森林草原植被；经营单位和个人确实无力承担的，由所在地旗县级人民政府负责恢复森林草原植被。

第六章　法律责任

第五十六条　违反本条例规定的行为，国务院《森林防火条例》和《草原防火条例》等国家有关法律、法规已经作出具体处罚规定的，由森林公安机关执行。

第五十七条　违反本条例第二十七条规定，铁路、公路、电力、石油、燃气、化工管道的管理单位和工矿企业在野外施工作业，未在易引发火灾的地段和地带设置防火隔离带和防火警示标志的，由旗县级以上森林公安机关责令改正，给予警告，对个人并处200元以上2000元以下罚款,对单位并处2000元以上5000元以下罚款。

第五十八条 违反本条例第三十四条规定,防火期内,在森林草原防火区烧灰积肥、烧荒烧炭、焚烧垃圾,点烧田(埂)、牧草、秸秆,吸烟、烧纸、烧香、烤火、野炊和燃放烟花爆竹、孔明灯等野外用火的,由旗县级以上森林公安机关责令停止违法行为,给予警告,对个人并处300元以上3000元以下罚款,对单位并处1万元以上5万元以下罚款;构成犯罪的,依法追究刑事责任。

第五十九条 违反本条例规定,各级人民政府和有关部门、森林草原防火指挥机构及其工作人员,有下列行为之一的,由其上级行政机关或者监察机关责令改正;情节严重的,对直接负责的主管人员和其他直接责任人员依法给予处分;构成犯罪的,依法追究刑事责任:

(一)未落实森林草原防火责任制,造成森林草原火灾的;

(二)未按照规定编制森林草原火灾应急预案,或者未按照规定启动、实施森林草原火灾应急预案的;

(三)发现森林草原火灾隐患未及时下达火灾隐患整改通知书的;

(四)瞒报、谎报或者故意拖延报告森林草原火灾的;

(五)发生森林草原火灾后,未按照规定及时组织扑救,或者拒绝、阻碍各级人民政府森林草原防火指挥机构统一指挥的;

(六)未按照规定检查、清理、看守火场,造成复燃的;

(七)贪污、挪用、截留防火资金、设施设备、物资的;

(八)其他玩忽职守、滥用职权、徇私舞弊的行为。

第七章 附则

第六十条 本条例所称森林草原火灾,分为一般火灾、较大火灾、重大火灾和特别重大火灾,具体划分标准按照国务院《森林防火条例》和国家有关规定执行。

第六十一条 本条例自2016年12月1日起施行。

内蒙古自治区基本草原保护条例

(2016年修正本)

(2011年9月28日内蒙古自治区第十一届人民代表大会常务委员会第二十四次会议通过

根据2016年3月30日内蒙古自治区第十二届人民代表大会常务委员会第二十一次会议通过 2016年3月30日内蒙古自治区第十二届人民代表大会常务委员会公告第19号公布的《内蒙古自治区人民代表大会常务委员会关于修改〈内蒙古自治区基本草原保护条例〉的决定》修正)

第一章 总则

第一条 为了对基本草原实行特殊保护,加强草原生态保护与建设,促进经济和社会的可持续发展,根据《中华人民共和国草原法》和国家有关法律、法规,结合自治区实际,制定本条例。

第二条 本条例所称基本草原,是指依法确定实行特殊保护的具有草原生态功能和适用于畜牧业生产的天然草原和人工草地。

第三条 在自治区行政区域内从事基本草原的规划、划定、保护、建设、利用和管理活动,适用本条例。

第四条 基本草原保护实行科学规划、保护优先、重点建设、合理利用、严格管理的原则。

第五条 旗县级以上人民政府应当将基本草原保护纳入国民经济和社会发展规划,保障基本草原保护工作所需经费。

第六条 旗县级以上人民政府草原行政主管部门主管本行政区域内基本草原保护监督管理工作。

旗县级以上人民政府草原行政主管部门的草原监督管理机构,负责本行政区域内基本草原保护监督管理的具体工作。

苏木乡镇人民政府应当加强对本行政区域内基本草原保护的监督检查。

第七条 任何单位和个人都有保护基本草原的义务，有权参与保护基本草原的社会监督，并有权检举和控告破坏基本草原的违法行为。

第八条 旗县级以上人民政府应当采取资金补助、技术扶持等措施，建立基本草原长效生态补偿机制和多渠道增加基本草原建设投入机制。

第九条 旗县级以上人民政府对在基本草原保护工作中做出显著成绩的单位和个人，给予表彰和奖励。

第二章 规划与划定

第十条 旗县级以上人民政府草原行政主管部门会同同级有关部门根据上一级基本草原保护规划，结合本地区实际，尊重自然规律、经济和社会发展规律，编制本行政区域基本草原保护规划，报本级人民政府批准后实施。

经批准的基本草原保护规划确需调整或者修改的，应当报原审批机关批准。

第十一条 旗县级人民政府负责基本草原划定工作。

旗县级人民政府草原行政主管部门会同同级有关部门负责基本草原划定的具体工作。

第十二条 下列草原应当划为基本草原：

（一）对调节气候、涵养水源、保持水土、防风固沙具有特殊生态功能的草原；

（二）重要放牧场；

（三）打草场；

（四）用于畜牧业生产的人工草地、饲草饲料地、退耕还草地以及改良草地、草种基地；

（五）国家和自治区重点保护野生动植物生存环境的草原；

（六）草原科研、教学试验基地；

（七）国家和自治区规定应当划为基本草原的其他草原。

第十三条 集体所有草原以嘎查村为单位划定，国家所有草原以使用权单位为单位划定。

划定的基本草原，由旗县级人民政府建立档案，绘制基本草原分布图，设立保护标志，予以公告，并报上一级人民政府备案。

第十四条 划定基本草原的技术规范，由自治区人民政府草原行政主管部门制定。

第三章 保护与利用

第十五条 禁止在基本草原上实施下列行为：

（一）开垦基本草原；

（二）擅自改变基本草原用途；

（三）毁坏围栏、人畜饮水设施等草原建设保护设施；

（四）擅自钻井提取工业用水；

（五）挖鱼塘、挖沟渠、铲草皮、挖草炭等破坏草原植被的行为；

（六）建造坟墓；

（七）违反环境保护法律、法规倾倒排放固体、液体、气体废物和生活垃圾或者造成环境噪声污染、粉尘污染、放射性污染、电磁波辐射污染；

（八）其他破坏基本草原的行为。

第十六条 除抢险救灾和牧民搬迁的机动车辆外，禁止机动车辆离开道路在基本草原上行驶，破坏草原植被；因从事地质勘探、科学考察等活动确需离开道路在基本草原上行驶的，应当事先向所在地旗县级人民政府草原行政主管部门报告行驶区域和行驶路线，并按照报告的行驶区域和行驶路线在基本草原上行驶。

第十七条 在基本草原上开展经营性旅游活动的，应当符合基本草原保护规划，经旗县级以上人民政府草原行政主管部门批准后，方可办理有关手续。

旗县级以上人民政府草原行政主管部门应当对旅游经营者落实基本草原保护责任的情况进行经常监督。

第十八条 进行矿藏开采和工程建设确需征收、征用或者使用基本草原的，必须经自治区以上人民政府草原行政主管部门审核同意后，依照有关土地管理的法律、行政法规办理建设用地审批手续。

征收、征用或者使用基本草原的查验工作，由自治区草原监督管理机构负责组织实施。

第十九条 在基本草原上进行勘探、钻井、修筑地上地下工程、采土、采砂、采石、开采矿产资源等作业活动临时占用基本草原不足 2 公顷的，由旗县级人民政府草原行政主管部门审核同意；2 公顷以上不足 30 公顷的，由盟行政公署、设区的市人民政府草原行政主管部门审核同意；30 公顷以上的，由自治区人民政府草原行政主管部门审核同意。

临时占用基本草原的期限不得超过二年，并不得在临时占用的基本草原上修建永久性建筑物、构筑物。

第二十条 经批准征收、征用基本草原的,应当支付草原补偿费、安置补助费和附着物补偿费。

草原补偿费、安置补助费标准按照国家和自治区有关规定执行,附着物补偿费按照实际损失合理支付。

第二十一条 征收、征用、使用基本草原或者临时占用基本草原未履行恢复义务的,应当依法交纳草原植被恢复费,并采取相应预防措施,保障草原植被恢复。草原植被恢复费专款专用,由草原行政主管部门按照规定用于恢复草原植被,任何单位和个人不得截留、挪用。

第二十二条 自治区依法实行草畜平衡制度和禁牧休牧轮牧制度,并按照国家和自治区有关规定对落实制度的农牧民给予奖励补助。

第二十三条 饲草饲料基地建设应当符合基本草原保护规划。饲草饲料种植的种类由旗县级人民政府草原行政主管部门作出具体规定。

第二十四条 在基本草原上从事采集、收购国家二级保护和自治区确定重点保护草原野生植物的,应当依法办理草原野生植物采集、收购许可。

取得草原野生植物采集、收购许可证的,应当按照采集、收购许可证规定的植物种类、区域、期限、数量和方法进行采集、收购。

第二十五条 征收、征用、使用或者临时占用基本草原的,应当遵守有关建设项目环境保护法律、法规的规定,在建设项目环境影响报告书中,应当有基本草原环境保护方案。建设项目批准后,基本草原环境保护方案应当与建设项目同时实施。

第二十六条 旗县级以上人民政府草原行政主管部门应当会同同级环境保护行政主管部门对基本草原环境质量和污染状况进行跟踪监测,定期向本级人民政府提出环境质量与变化趋势的报告。

第二十七条 因发生事故或者突发性事件,造成或者可能造成基本草原生态破坏或者环境污染事故的,当事人应当立即采取措施,并向所在地环境保护行政主管部门和草原行政主管部门报告,接受调查处理。

第四章 监督管理

第二十八条 自治区实行基本草原保护管理目标责任制度。

旗县级人民政府应当将基本草原保护管理工作纳入年度目标责任考核,并与苏木乡镇人民政府签订基本草原保护责任书。旗县级人民政府应当与草原使用权单位签订基本草原保护责任书。苏木乡镇人民政府应当与草原所有权单位签订基本草原保护责任书。

第二十九条　旗县级以上人民政府应当建立基本草原保护监督检查制度，定期组织有关部门对受理检举控告和查处破坏基本草原违法行为的情况，实行草畜平衡、禁牧休牧轮牧、草原生态保护奖励补助的情况，草原重点建设的情况以及征收、征用、使用或者临时占用基本草原等情况进行检查，并向上一级人民政府报告。

第三十条　草原监督管理人员依法履行职责时，应当佩戴统一明显标识，出示自治区人民政府核发的行政执法证件。有关单位和个人应当给予支持和配合，不得拒绝或者阻碍。

第五章　法律责任

第三十一条　未按照本条例第十一条、第十二条、第十三条规定划定基本草原的，由上一级人民政府责令限期改正，对直接负责的主管人员和其他直接责任人员依法给予行政处分。

第三十二条　违反本条例第十五条规定，有下列行为之一的，由旗县级以上草原监督管理机构责令停止违法行为，限期恢复植被，没收非法财物和违法所得，并按下列规定处罚；给草原所有者或者使用者造成损失的，依法承担赔偿责任；构成犯罪的，依法追究刑事责任：

（一）开垦基本草原的，处以违法所得三倍以上五倍以下的罚款；没有违法所得的，处以5000元以上5万元以下的罚款；

（二）擅自改变基本草原用途的，处以每亩1000元以上5000元以下的罚款；

（三）毁坏围栏、人畜饮水设施等草原建设保护设施的，责令限期修复，并处以实际损失三倍以下的罚款；

（四）挖鱼塘、挖沟渠、铲草皮、挖草炭的，处以每亩5000元以上1万元以下的罚款；

（五）建造坟墓的，责令限期迁出，并处以1000元以上2000元以下的罚款。

第三十三条　违反本条例第十五条第四项、第七项规定，擅自钻井提取工业用水、向基本草原倾倒排放固体、液体、气体废物和生活垃圾以及造成环境噪声污染、粉尘污染、放射性污染、电磁波辐射污染的，由草原监督管理机构配合有关部门依照相关法律、法规规定处罚；给草原所有者或者使用者造成损失的，依法承担赔偿责任。

第三十四条　违反本条例第十六条规定，非抢险救灾和牧民搬迁的机动车辆离开道路在基本草原上行驶，或者从事地质勘探、科学考察等活动，未事先向所在地旗县级人民政府草原行政主管部门报告或者未按照报告的行驶区域和行驶路线在基本草原上行驶，破坏草原植被的，由旗县级草原监督管理机构责令停止违法行为，限期恢复植被，可以并处草原被破坏前三年平均产值三倍以上九倍以下的罚款；给草原所有者或者使用者造成损失的，依法承担赔偿责任。

第三十五条　违反本条例规定，对正在使用机械和设备开垦和破坏基本草原的，旗县级以上草原监督管理机构应当责令其立即停止违法行为，并按照《中华人民共和国行政处罚法》第三十七条有关规定予以处理。

第三十六条　违反本条例规定，未经批准或者采取欺骗手段骗取批准，非法使用基本草原的，由旗县级以上草原监督管理机构责令退还非法使用的基本草原，限期拆除在非法使用基本草原上新建的建筑物和其他设施，恢复草原植被，并处以该基本草原被非法使用前三年平均产值九倍以上十二倍以下的罚款；构成犯罪的，依法追究刑事责任。

第三十七条　违反本条例第十九条第二款规定，在临时占用的基本草原上修建永久性建筑物、构筑物或者临时占用期满未拆除临时性建筑物、构筑物的，由旗县级以上草原监督管理机构责令限期拆除；逾期不拆除的，依法强制拆除，所需费用由违法者承担。

第三十八条　违反本条例第二十二条规定，有下列行为之一的，由旗县级以上草原监督管理机构给予警告，并按照下列规定处罚：

（一）在基本草原上超过核定的载畜量放牧的，责令限期改正；逾期未改正的，处以每个超载羊单位100元的罚款；

（二）在实行禁牧休牧的基本草原上放牧的，处以每个羊单位30元的罚款。

第三十九条　违反本条例第二十三条规定，饲草饲料基地建设不符合基本草原规划或者饲草饲料种植种类不符合规定的，由旗县级以上草原监督管理机构责令停止违法行为，限期改正；逾期未改正的，处以每亩200元以上500元以下的罚款。

第四十条　违反本条例第二十四条规定，未取得草原野生植物采集、收购许可证或者未按照采集、收购许可证的规定采集、收购草原野生植物的，由旗县级以上草原监督管理机构责令停止违法行为，没收非法财物和违法所得，并处以违法所得三倍以上五倍以下的罚款；有草原野生植物采集、收购许可证的，吊销草原野生植物采集、收购许可证；给草原所有者或者使用者造成损失的，依法承担赔偿责任。

第四十一条　草原行政主管部门、草原监督管理机构以及其他国家机关工作人员有下列行为之一的，由其所在单位或者上级主管部门对直接负责的主管人员和其他直接责任人员依法给予行政处分；构成犯罪的，依法追究刑事责任：

（一）截留、挪用草原补偿费、安置补助费、附着物补偿费、植被恢复费和草原生态保护奖励补助费的；

（二）无权批准或者超越批准权限批准征收、征用、使用和临时占用基本草原的；

（三）违反法定程序批准征收、征用、使用和临时占用基本草原的；

（四）未依法履行监督管理职责的；

（五）对检举和控告破坏基本草原的违法行为不予受理或者发现违法行为不予查处，造成严重后果的；

（六）有其他玩忽职守、滥用职权、徇私舞弊行为的。

第六章　附则

第四十二条　本条例第三十八条所称"羊单位"是指牲畜的计算单位。一只羊等于一个羊单位，一头牛等于五个羊单位，一匹马等于六个羊单位，一头驴等于三个羊单位，一匹骡等于五个羊单位，一峰驼等于七个羊单位。

第四十三条　本条例自 2011 年 12 月 1 日起施行。1998 年 11 月 27 日内蒙古自治区第九届人民代表大会常务委员会第六次会议通过的《内蒙古自治区基本草牧场保护条例》同时废止。

内蒙古自治区草原管理条例实施细则

(2006 年修订本)

(1998 年 6 月 17 日内蒙古自治区人民政府第 5 次常务会议通过　1998 年 8 月 4 日内蒙古自治区人民政府令第 86 号发布　自发布之日起施行

2006 年 1 月 12 日内蒙古自治区人民政府第 2 次常务会议修订　2006 年 3 月 21 日内蒙古自治区人民政府令第 145 号发布　自 2006 年 5 月 1 日起施行)

第一章　总则

第一条　根据《中华人民共和国草原法》《内蒙古自治区草原管理条例》和有关法律法规，结合自治区实际，制定本细则。

第二条　在自治区行政区域内从事草原规划、保护、建设、利用和管理活动，适用本细则。

第三条　旗县级以上人民政府草原行政主管部门主管本行政区域内的草原监督管理工作。

旗县级以上人民政府草原行政主管部门的草原监督管理机构，依法负责草原监督管理具体工作。下级草原监督管理机构接受上级草原监督管理机构的工作监督和指导。

苏木乡级人民政府应当加强对本行政区域内草原保护、建设和利用情况的监督检查，根据需要可以设专职或者兼职人员负责具体监督检查工作。

第四条　公安、工商、环境保护、国土资源、林业、水利等相关部门按照各自职责，配合草原监督管理部门做好草原保护的相关工作。

第二章　承包经营

第五条　在草原承包经营期内，发包方不得收回承包的草原。

承包期内，承包方全家迁入小城镇落户的，应当按照承包方的意愿，保留其草原承包经营权，允许其依法进行草原承包经营权流转。

承包期内，承包方全家迁入设区的市，转为非农业户口的，应当将承包的草原交回发包方。承包方不交回的，发包方可以依法收回承包的草原。

承包期内，承包方交回承包草原或者发包方依法收回承包草原时，承包方在承包草原上投资，建设畜牧业生产设施、提高草原生产能力的，有权获得相应的补偿。

第六条　承包期内，发包方不得调整承包草原。因自然灾害严重毁损承包草原等特殊情形确需对个别农牧户承包的草原进行适当调整的，必须经本集体经济组织成员的嘎查村民会议三分之二以上成员或者三分之二以上嘎查村民代表的同意，并报苏木乡级人民政府和旗县级人民政府草原行政主管部门批准。承包合同中约定不得调整的，按照其约定。

下列草原可以用于调整：

（一）集体经济组织预留的机动草原；

（二）发包方依法收回的草原；

（三）承包方自愿交回的草原；

（四）通过治理增加或者自然变化形成，并依法办理变更手续的草原。

第七条　按规定已经预留的机动草原，应当用于：

（一）修建直接为草原保护和畜牧业生产服务的工程设施；

（二）救灾、扶贫；

（三）发展壮大集体经济；

（四）本细则第六条规定的调整承包草原；

（五）本集体经济组织公共利益的其他用途。

第八条　承包期内，发包方不得单方面解除承包合同，不得假借少数服从多数强迫承包方放弃或者变更草原承包经营权，不得将承包草原收回抵顶欠款。

第九条　承包期内，承包方可以自愿将承包草原交回发包方。承包方自愿交回承包草原的，应当提前半年以书面形式通知发包方。承包方在承包期内交回承包草原的，在承包期内不得再要求承包草原。

第十条　承包期内，妇女结婚，在新居住地未取得承包草原或者承包地的，发包方不得收回其原承包草原；妇女离婚或者丧偶，仍在原居住地生活或者不在原居住地生活但在新居住地未取得承包草原或者承包地的，发包方不得收回其原承包草原。

第十一条　非集体经济组织成员的单位和个人，未经法定程序，不得承包经营草原。

各级人民政府应当依法对非法承包经营的草原进行清退。

第三章　草原承包经营权流转

第十二条 草原承包经营权流转的方式包括转包、出租、互换、转让或者其他方式。

草原承包经营权流转的主体是承包方。承包方有权依法自主决定草原承包经营权是否流转和流转的方式。

不得以草原承包经营权作抵押或者抵顶债款。

第十三条 承包方将草原承包经营权转包或者出租给第三方，承包方与发包方的承包关系不变。

第十四条 承包方之间为了方便生产和生活，可以对属于同一集体经济组织内的草原承包经营权进行互换。

第十五条 承包方有稳定的非农牧职业或者有稳定的收入来源的，经发包方同意，可以将全部或者部分草原承包经营权转让给本集体经济组织内的其他成员，由该成员同发包方确立新的承包关系，原承包方与发包方的承包关系即行终止。

第十六条 承包方之间为发展畜牧业经济，可以自愿联合将草原承包经营权入股，从事畜牧业生产。

第十七条 草原承包经营权流转的转包费、租金、转让费等，应当由当事人双方协商确定。流转的收益归承包方所有，任何组织和个人不得擅自截留、扣缴。

第十八条 旗县级人民政府草原行政主管部门应当依据当地草原的生产能力和利用方式每年发布草原有偿流转的信息。

第十九条 承包方有下列情形之一的，提倡草原承包经营权流转：

（一）无牲畜或者牲畜较少的；

（二）已不从事畜牧业生产的；

（三）已不在当地经常居住的。

第二十条 草原承包经营权采取转包、出租、互换、转让或者其他方式流转，当事人双方应当签定书面流转合同。采取转让方式流转的，应当经发包方同意；采取转包、出租、互换或者其他方式流转的，当事人双方应当报发包方备案。

流转合同的内容应当包括：

（一）当事人双方的基本情况；

（二）草原的名称、面积、四至界限、等级；

（三）草原用途；

（四）附属生产设施；

（五）当事人双方的权利和义务；

（六）流转的形式、价款及其支付方式；

（七）流转的期限和起止日期；

（八）违约责任。

第二十一条 草原承包经营权依法进行流转的，发包方应当在流转合同签定后，到旗县级人民政府草原行政主管部门的草原监督管理机构备案。

第四章 草畜平衡

第二十二条 自治区实行草畜平衡制度。

旗县级人民政府草原行政主管部门依据国家、自治区的有关规定和标准，对草畜平衡核定每三年进行一次，向草原使用者和所有者公布。

自治区人民政府草原行政主管部门应当根据国家规定的草原载畜量标准制定并公布不同草原类型的具体载畜量标准。

第二十三条 草畜平衡应当核定下列事项：

（一）天然草原的类型、等级、面积、产草量；

（二）人工草地、饲草料地的面积、饲草料产量；

（三）有稳定来源的其他饲草饲料量；

（四）根据可食饲草饲料总量计算的适宜载畜量；

（五）实际饲养牲畜的种类和数量；

（六）天然草原保护、建设、利用情况和沙化、退化现状。

第二十四条 草原使用者、所有者或者承包经营者对核定的草原载畜量有异议的，可以自收到核定通知之日起30日内向旗县级人民政府草原行政主管部门申请复核一次，旗县级人民政府草原行政主管部门应当在30日内作出复核决定。

第二十五条 国有草原由旗县级以上人民政府草原行政主管部门组织草原使用者，依据核定的适宜载畜量，与草原承包经营者签定草畜平衡责任书。

集体所有草原由苏木乡级人民政府组织草原所有者，依据核定的适宜载畜量，与草原承包经营者签定草畜平衡责任书。

未承包经营的国有草原，由草原使用者与旗县级以上人民政府签定草畜平衡责任书。

未承包经营的集体所有草原，由草原所有者与苏木乡级人民政府签定草畜平衡责任书。

草原使用权和所有权单位应当将适宜载畜量的具体情况予以公示。

第二十六条 草畜平衡责任书应当载明以下事项：

（一）草原的四至界限、面积、类型、等级；

（二）可食饲草饲料总量及适宜载畜量；

（三）实有牲畜种类和数量；

（四）达到草畜平衡的措施；

（五）草原使用者或者草原承包经营者的责任；

（六）有效期限；

（七）其他有关事项。

草畜平衡责任书文本样式由自治区人民政府草原行政主管部门统一制定，报农业部备案。

第二十七条 旗县级人民政府草原行政主管部门的草原监督管理机构、苏木乡级人民政府应当建立草畜平衡管理档案。

第五章 规划建设

第二十八条 旗县级以上人民政府草原行政主管部门会同同级有关部门依据上一级草原保护、建设、利用规划编制本行政区域的草原保护、建设、利用规划，每五年修订一次，报本级人民政府批准后实施。

第二十九条 自治区人民政府草原行政主管部门应当引进、驯化、繁育、推广优良牧草品种，以草籽原种场、草种扩繁基地为骨干，形成自治区牧草种子繁育体系。

第三十条 旗县级以上人民政府草原行政主管部门在草原建设中应当开展人工草地建设、牧草良种培育、飞播牧草、免耕技术、鼠虫害防治等工作，提高草原建设的科技含量。

第六章 利用

第三十一条 进行矿藏开采和工程建设，应当不占或者少占草原；为了公共利益的需要，依照法律规定征收征用或者使用草原的，应当向自治区人民政府草原行政主管部门申请，并提供以下材料：

（一）项目批准文件；

（二）被征收征用或者使用草原的权属证明材料；

(三) 有资质的设计单位做出的项目使用草原可行性报告；

(四) 草原补偿、安置补助协议。

自治区人民政府草原行政主管部门对申请人提供的材料进行审核，属于自治区批准权限的，经审核同意后，依照有关土地管理的法律、行政法规办理建设用地审批手续。

自治区人民政府草原行政主管部门审核同意前，应当指派旗县级以上人民政府草原行政主管部门的草原监督管理机构进行实地查验。

第三十二条 《内蒙古自治区草原管理条例》第二十五条所称饲养牲畜价值，指该草原上饲养的牲畜按其品种、数量、用途等，依据当地物价部门提供的价格折算的总值。

《内蒙古自治区草原管理条例》第二十五条所称经济植物价值，指该草原上生长的具有食用、药用、种用以及其他利用价值的植物，依据当地物价部门提供的价格折算的总值。

第三十三条 《内蒙古自治区草原管理条例》第二十五条规定的草原补偿费、安置补助费由旗县级人民政府草原行政主管部门的草原监督管理机构，按照前五年饲养牲畜量、草原监测数据和当地物价部门提供的价格数据为依据进行测算。

第三十四条 在草原上开展经营性旅游活动的，应当向旗县级以上人民政府草原行政主管部门提出申请，提供开发利用草原开展旅游活动的资料，经旗县级以上人民政府草原行政主管部门审核同意，办理草原经营性旅游活动许可证后，有关行政管理部门方可办理其他手续。

在草原上开展经营性旅游活动的，不得侵犯草原使用者、所有者和承包经营者的合法权益，不得破坏草原植被。

第三十五条 在草原上从事采土、采砂、采石、开采矿产资源等作业活动的，应当向旗县级人民政府草原行政主管部门提出申请，提供相关作业活动的资料，经审核同意后，办理草原采土、采砂、采石、开采矿产资源作业活动许可证；开采矿产资源的，并应当依法办理有关手续。

在他人使用的草原上从事采土、采砂、采石、开采矿产资源等作业活动的，还应当事先征得使用者的同意，并给予合理的补偿。

第三十六条 在草原上进行勘探、钻井、修筑地上地下工程等需要临时占用草原的，应当向旗县级以上人民政府草原行政主管部门提出申请，并提供相关作业活动的资料，依法办理草原临时作业许可证。

第三十七条　在草原上开展经营性旅游活动，从事采土、采砂、采石、开采矿产资源等作业活动，在草原上进行勘探、钻井、修筑地上地下工程等临时占用草原需要办理的许可证文本，由自治区人民政府草原行政主管部门统一印制。

第三十八条　临时占用草原不足30亩的，由旗县级人民政府草原行政主管部门批准；临时占用草原30亩以上不足500亩的，由盟行政公署、设区的市人民政府草原行政主管部门批准；临时占用草原500亩以上的，由自治区人民政府草原行政主管部门批准。

第七章　保护

第三十九条　旗县级以上人民政府草原行政主管部门应当加强对草原珍稀濒危野生植物和种质资源的保护与管理。

自治区人民政府草原行政主管部门应当组织草原珍稀濒危野生植物调查，建立草原珍稀濒危野生植物档案，制定草原珍稀濒危野生植物名录，并根据需要设立草原珍稀濒危野生植物保护区。

第四十条　自治区对严重退化、沙化、盐碱化、石漠化的草原和生态脆弱区的草原，实行禁牧、休牧制度。

禁牧、休牧的地区和时限由旗县级人民政府确定，并予以公告。

禁牧区草原的采集草籽、刈割等利用方式由旗县级人民政府规定。

第四十一条　苏木乡镇、国有农牧场所在地等居民聚集区周边未承包的草原，因滥牧等原因造成退化、沙化的，草原使用权和所有权单位应当加强管理，恢复草原植被。

第四十二条　禁止采集、加工、运输、收购和销售发菜。不得为采集、加工、经营发菜的活动提供场所。

旗县级以上人民政府应当组织草原监理、公安、环境保护、工商、交通、林业等部门，依据职权对采集、加工、运输、收购和销售发菜的活动进行检查，采取以下措施：

（一）制止采集发菜的违法活动；

（二）查堵采集发菜人员；

（三）取缔发菜交易；

（四）对经营、加工发菜及发菜食品的场所进行检查。

第四十三条　自治区对甘草、麻黄草、苁蓉、防风、黄芩、柴胡等草原野生植物的采集活动实行采集证管理制度。采集甘草、麻黄草、苁蓉、防风、黄芩、柴胡等草原野生植物的，必须经采集地的旗县级人民政府草原行政主管部门签署意见后，向自治区人民政府草原行政主管部门申请办理草原野生植物采集证。

第四十四条 禁止开垦草原。

实施草原建设项目，建设旱作人工草地以及草原承包经营者建设小面积人工草地需要改变草原原生植被的，应当符合草原保护、建设、利用规划。

建设小面积人工草地，应当具有灌溉条件，种植多年生牧草，防止草原风蚀沙化。

第四十五条 草原围栏建设中应当保持草原主要通行道路畅通，避免因阻断道路对草原造成碾压破坏。

第四十六条 旗县级以上人民政府应当建立草原防火责任制，规定草原防火期，制定草原防火扑火预案，切实做好草原火灾的预防和扑救工作。

旗县级以上人民政府草原行政主管部门应当加强草原防火基础设施建设，做好草原防火各项制度的落实工作。

第四十七条 在草原上从事建设活动的，应当进行环境影响评价，其环境保护措施、生态恢复工程应当与主体工程同时设计、同时施工、同时投入使用。

在草原上从事其他作业活动的，应当采取有效保护措施，不得污染和破坏草原。

旗县级以上人民政府环境保护行政主管部门应当对在草原上从事的建设活动和其他作业活动，在建设前进行环境状况调查，在建设中进行跟踪监测，在建设活动完成后进行环境评估。

第八章 法律责任

第四十八条 违反本细则规定，《中华人民共和国草原法》《内蒙古自治区草原管理条例》等法律法规已经做出行政处罚的，从其规定。

第四十九条 违反本细则规定，有下列情形之一的，由旗县级以上人民政府草原行政主管部门的草原监督管理机构责令改正；给草原承包经营者造成损失的，依法承担民事责任。

（一）收回、调整承包草原；

（二）假借少数服从多数强迫承包方放弃或者变更草原承包经营权；

（三）将承包草原收回抵顶欠款；

（四）剥夺、侵害妇女依法享有的草原承包经营权；

（五）其他侵害草原承包经营权的行为。

第五十条 违反本细则第二十条、第二十一条规定的,由旗县级以上人民政府草原行政主管部门的草原监督管理机构责令改正。

第五十一条 违反本细则规定,为采集、加工、经营发菜活动提供场所的,由有关部门依据职权责令其停止违法行为,并依法进行处理;造成草原破坏的,依法承担赔偿责任。

第五十二条 违反本细则第四十五条规定的,由旗县级以上人民政府草原行政主管部门的草原监督管理机构责令改正,并处以 100 元至 500 元罚款。

第五十三条 国家机关工作人员和草原监督管理机构工作人员玩忽职守、滥用职权,不依法履行监督管理职责,或者发现违法行为不予查处,造成严重后果,构成犯罪的,依法追究刑事责任;尚不够刑事处罚的,依法给予行政处分。

第九章 附则

第五十四条 《内蒙古自治区草原承包经营权流转办法》《内蒙古自治区草畜平衡暂行规定》自本细则施行之日起废止。

第五十五条 本细则自 2006 年 5 月 1 日起施行。

内蒙古自治区草原野生植物采集收购管理办法

(2018 年修正本)

(2008 年 12 月 19 日内蒙古自治区人民政府第 14 次常务会议通过 2008 年 12 月 31 日内蒙古自治区人民政府令第 163 号公布 自 2009 年 3 月 1 日起施行

根据 2017 年 11 月 29 日内蒙古自治区人民政府第 18 次常务会议通过 2018 年 1 月 16 日内蒙古自治区人民政府令第 230 号公布的《内蒙古自治区人民政府关于修改部分政府规章的决定》修正)

第一条 为规范草原野生植物采集、收购活动,保护草原生态环境,根据《中华人民共和国草原法》《中华人民共和国野生植物保护条例》和《内蒙古自治区草原管理条例》的规定,结合自治区实际,制定本办法。

第二条 在自治区行政区域内从事草原野生植物采集、收购活动,应当遵守本办法。

第三条 采集草原野生植物应当遵循合理采集、可持续利用的原则。

第四条 旗县级以上人民政府草原行政主管部门负责本行政区域内草原野生植物采集、收购的监督管理工作。

旗县级以上人民政府草原行政主管部门的草原监督管理机构依法负责草原野生植物采集、收购的具体监督管理工作。

第五条 公安、工商、环保、交通、食品药品监督等部门按照各自职责,做好草原野生植物采集、收购的相关管理工作。

第六条 自治区保护草原野生植物及其生长环境。禁止任何单位和个人非法采集草原野生植物或者破坏其生长环境。

自治区人民政府草原行政主管部门根据草原保护的需要编制自治区重点保护草原野生植物名录,报自治区人民政府批准后公布。

第七条 旗县级人民政府草原行政主管部门应当根据本级草原保护、建设、利用规划,编制本行政区域下一年度草原野生植物采集计划,并于每年十二月三十一日前逐级上报自治区人民政府草原行政主管部门。

自治区人民政府草原行政主管部门根据自治区草原保护、建设、利用规划和各旗县级人民政府草原行政主管部门逐级上报的采集计划，编制本年度自治区草原野生植物采集与收购计划，报自治区人民政府批准后公布实施。

第八条 旗县级以上人民政府草原行政主管部门应当根据草原野生植物生物学特性和资源消长情况，确定本行政区域内草原野生植物禁采期和禁采区，经本级人民政府批准后，向社会公告。

禁止在禁采期和禁采区内采集草原野生植物。

第九条 禁止在荒漠、半荒漠和严重退化、沙化、盐碱化、荒漠化和水土流失的草原以及生态脆弱区的草原上采集草原野生植物。

第十条 在他人承包或者使用的草原上采集草原野生植物的，应当征得草原承包经营者或者草原使用者的同意。

第十一条 草原野生植物的采集者应当及时回填其采挖的草原。

采集草原野生植物应当依法交纳草原植被恢复费。

第十二条 禁止采集、收购国家一级保护草原野生植物。

采集、收购国家二级保护草原野生植物的，实行采集和收购许可制度。

第十三条 申请采集、收购国家二级保护草原野生植物的种类和数量应当符合本年度自治区草原野生植物采集与收购计划。

第十四条 申请采集国家二级保护草原野生植物的，应当填写草原野生植物采集申请表，将申请材料报采集地的旗县级人民政府草原行政主管部门。旗县级人民政府草原行政主管部门应当自受理申请之日起二十日内作出审核意见，报送自治区人民政府草原行政主管部门审批。

自治区人民政府草原行政主管部门应当自收到审核材料之日起二十日内，对符合条件的，颁发采集证；对不符合条件的，应当书面说明理由。

第十五条 申请收购国家二级保护草原野生植物的，应当填写草原野生植物收购申请表，于每年三月三十一日前将申请材料报其所在地的旗县级人民政府草原行政主管部门。旗县级人民政府草原行政主管部门应当在收到申请材料之日起七个工作日内，向盟行政公署、设区的市人民政府草原行政主管部门转送。

盟行政公署、设区的市人民政府草原行政主管部门应当自受理申请之日起二十日内，对符合条件的，予以批准；对不符合条件的，应当书面说明理由。

第十六条 草原野生植物采集证和收购批准决定的有效期为一年。

第十七条 草原野生植物采集申请表、收购申请表和草原野生植物采集证，由自治区人民政府草原行政主管部门统一印制。

第十八条 不得伪造、涂改、转让、倒卖、出租、出借草原野生植物采集证和草原野生植物收购批准决定。

第十九条 取得草原野生植物采集证、草原野生植物收购批准决定的，应当按照采集证、收购批准决定规定的植物种类、区域、期限、数量和方法进行采集、收购。

第二十条 经自治区人民政府批准，旗县级以上人民政府可以组织有关部门在本行政区域内重点出入通道设置临时检查站，查堵进入或者外出草原地区非法采集、收购草原野生植物的人员。

第二十一条 违反本办法规定，有下列行为之一的，依照《中华人民共和国草原法》《中华人民共和国野生植物保护条例》和《内蒙古自治区草原管理条例》的有关规定处罚：

（一）在禁采期或者禁采区内采集草原野生植物的；

（二）在荒漠、半荒漠和严重退化、沙化、盐碱化、荒漠化和水土流失的草原以及生态脆弱区的草原上采集草原野生植物的；

（三）非法进入他人享有承包经营权或者使用权的草原上采集草原野生植物的；

（四）采集草原野生植物没有及时回填其采挖的草原的；

（五）采集、收购国家一级保护草原野生植物的；

（六）未取得草原野生植物采集证或者未按照采集证的规定进行采集的；

（七）未取得草原野生植物收购批准决定或者未按照收购批准决定的规定进行收购的；

（八）伪造、涂改、转让、倒卖、出租、出借草原野生植物采集证或者草原野生植物收购批准决定的。

第二十二条 草原行政主管部门工作人员和草原监督管理机构工作人员违反本办法规定，有下列行为之一的，依法给予行政处分；构成犯罪的，依法追究刑事责任：

（一）未按法定条件和程序颁发草原野生植物采集证或者草原野生植物收购批准决定的；

（二）不依法履行监督管理职责或者发现违法行为不予查处，造成严重后果的；

（三）监督管理工作中其他玩忽职守、滥用职权、徇私舞弊的行为。

第二十三条 对自治区重点保护的草原野生植物的采集、收购管理，参照本办法的规定执行。

第二十四条 本办法自2009年3月1日起施行。

辽宁省草原管理实施办法

(2017年修正本)

(2009年3月27日辽宁省人民政府令第231号公布

根据2011年1月13日辽宁省人民政府令第247号《辽宁省人民政府关于修改和废止〈辽宁省小煤矿安全生产管理规定〉等89件省政府规章的决定》第一次修正

根据2014年8月6日辽宁省人民政府令第292号《辽宁省人民政府关于废止和修改部分省政府规章的决定》第二次修正

根据2016年11月29日辽宁省人民政府令第305号《辽宁省人民政府关于废止和修改部分省政府规章的决定》第三次修正

根据2017年11月29日辽宁省人民政府令第311号《辽宁省人民政府关于废止和修改部分省政府规章的决定》第四次修正)

第一章 总则

第一条 为了保护、建设和合理利用草原，改善生态环境，发展现代畜牧业，促进经济和社会的可持续发展，根据《中华人民共和国草原法》（以下简称《草原法》），结合我省实际，制定本办法。

第二条 在本省行政区域内从事草原规划、保护、建设、利用和管理活动，适用本办法。

第三条 省、市、县（含县级市、区，下同）草原行政主管部门主管本行政区域内的草原监督管理工作。草原行政主管部门所属的草原监理机构，负责本办法执行情况的监督检查。

乡（镇）人民政府应当加强对本行政区域内草原保护、建设和利用情况的监督检查，根据需要可以设专职或者兼职人员负责具体监督检查工作。

第二章 承包经营

第四条 集体所有的草原或者依法确定给集体经济组织使用的国家所有的草原，可以由本集体经济组织内的家庭或者联户承包经营；不宜采取家庭或者联户承包方式承包的，可以通过招标、拍卖、公开协商等方式承包经营。

第五条 家庭、联户承包经营草原，按照下列程序进行：

（一）本集体经济组织成员的村民会议以不计名投票方式选举产生承包工作小组，工作小组成员为 7 人以上单数；

（二）承包工作小组依照法律、法规的规定拟定并公布承包方案，公布日期不得少于 7 日；

（三）依法召开本集体经济组织成员的村民会议，讨论通过承包方案，并自通过之日起 10 日内报乡（镇）人民政府、县草原行政主管部门备案；

（四）公开组织实施承包方案；

（五）发包方自承包方案通过之日起 60 日内与承包方签订承包合同。

草原承包合同内容应当符合《草原法》有关规定。

第六条 家庭、联户承包经营草原期限为 30 年至 50 年。承包期内发包方对承包人使用的草原不得进行调整；个别确需调整的，必须经本集体经济组织成员的村民会议 2/3 以上成员或者 2/3 以上村民代表的同意，并报乡（镇）人民政府和县人民政府草原行政主管部门批准。

第七条 通过招标、拍卖、公开协商等方式承包草原，按照下列程序进行：

（一）发包方拟定包括坐落、面积、用途、承包方式、承包主体、承包期限、起止日期、承包底价、承包费支付方式、双方权利义务和违约责任等事项的承包方案；

（二）公示拟定的承包方案，公示时间不得少于 15 日；

（三）集体经济组织成员对承包方案异议较大时，由发包方召开本集体经济组织成员的村民会议修改承包方案并讨论通过；

（四）集体经济组织成员要求听证的，发包方应当组织听证。

第八条 本集体经济组织以外的单位或者个人承包经营草原的，必须经本集体经济组织成员的村民会议 2/3 以上成员或者 2/3 以上村民代表的同意，并报乡（镇）人民政府批准。

同等条件下，本集体经济组织成员享有优先承包权。

第九条 承包方可以在承包合同约定的期限内依法转让草原承包经营权，但应当经发包方同意。发包方应当自收到转让合同之日起 30 日内签署意见。

第十条 承包方应当履行保护、建设和按照承包合同约定的用途合理利用草原的义务。

第十一条 县人民政府应当向承包方颁发草原承包经营权证，并登记造册，确认草原承包经营权。

颁发草原承包经营权证的具体工作，由县草原行政主管部门负责。

第三章 规划与建设

第十二条 草原所在地人民政府应当将草原保护和建设纳入国民经济发展计划，合理配置资源，优化产业结构。

第十三条 省草原行政主管部门会同省发展改革、财政等有关部门，依据国务院批准的全国草原保护、建设、利用规划，编制全省草原保护、建设、利用规划，报省人民政府批准后实施。

市、县草原行政主管部门会同有关部门，依据上一级草原保护、建设、利用规划，编制本行政区域草原保护、建设、利用规划，报本级人民政府批准后实施。

第十四条 草原行政主管部门应当会同国土资源、统计等有关部门，对草原权属、草原类型、草原面积、土壤类型、植被状况、牧草产量、利用现状和灾害情况等定期进行调查，根据全国草原等级评定标准和调查结果，对本行政区域内的草原进行评等定级，并建立草原资源档案。

第十五条 省草原行政主管部门应当确定草原经营管理统计调查项目，报省统计部门批准。市、县草原行政主管部门依据省统计部门批准的调查项目，对本行政区域内的草原面积、等级、产草量、载畜量等进行统计调查，并将调查结果逐级报上一级草原行政主管部门和抄送同级统计部门。

第十六条 省财政部门和市、县人民政府应当根据草原保护、建设、利用规划，在本级国民经济和社会发展计划中安排资金用于草原改良、人工种草、草种生产和生态建设，增加国土治理资金、财政支农资金、农业开发资金等对草原保护与建设的投入，支持草原建设。

任何单位或者个人不得截留、挪用第一款规定的各项资金；财政部门和审计部门应当加强监督管理。

第十七条 市、县人民政府应当组织科研部门开展草原退化机理、生态演替规律等研究工作，开发草原生态系统恢复、优质草种选育等项目，为草原建设提供技术保障。

第十八条　草原行政主管部门应当加强草种生产、加工、检疫、检验的监督管理工作。

生产、经营草种的单位和个人（不含农民个人自繁、自用和将剩余的常规草种在集贸市场上出售、串换），应当依法取得生产许可证或者经营许可证。生产主要商品草种或者经营主要草种杂交种子及其亲本种子、常规原种种子的，应当依法取得省草原行政主管部门核发的草种生产许可证或者经营许可证；生产经营其他草种的，应当依法取得县草原行政主管部门核发的草种生产许可证或营许可证。

第四章　利用与保护

第十九条　草原使用者、承包者应当依法保护和合理利用草原，不得进行掠夺式经营和改变草原用途。生产青（干）草、草种的，必须按照规定的割草期、采种期和留茬高度、采割强度作业；放牧的，必须按照轮牧周期和载畜量进行。

载畜量由县草原行政主管部门根据国家规定的草原载畜量标准及生产、生态状况核定。

第二十条　提倡养畜户实行种草养畜、舍饲圈养。

草原行政主管部门应当编制不同畜种的舍饲技术规程，指导养畜户调整畜群品种、结构。

第二十一条　生产、经营草种的单位和个人，应当遵守有关植物检疫法律、法规、规章，防止植物病、虫、杂草及其他有害生物的传播和蔓延。

第二十二条　进行矿藏开采和工程建设，应当不占或者少占草原。确需征收、征用或者使用草原的，应当向省草原行政主管部门提出申请，经审核同意后，方可依法办理建设用地审批手续。其中，征收、征用、使用草原面积超过70公顷（含本数，下同）的，报国务院草原行政主管部门审核同意。

申请征收、征用或者使用草原，应当持下列资料：

（一）项目批准文件；

（二）草原权属证明；

（三）草原补偿费、安置补助费等补偿协议。

第二十三条　因矿藏开采和工程建设征收、征用或者使用草原的，应当按照国家规定标准向草原行政主管部门缴纳草原植被恢复费。

第二十四条　需要临时占用草原的，应当按照下列权限向草原行政主管部门提出申请，经审核同意后方可占用：

（一）10 公顷以上的，由市草原行政主管部门审核同意；

（二）10 公顷以下的，由县草原行政主管部门审核同意。

申请临时占用草原，应当持草原权属证明资料。

占用期限不得超过 2 年，期满后必须恢复草原植被并及时退还占用的草原。

第二十五条 在草原上修建直接为草原保护和畜牧业生产服务的工程设施，需要使用草原的，应当按照下列权限向草原行政主管部门提出申请，经审核批准后方可使用：

（一）5 公顷以上的，由省草原行政主管部门审核批准；

（二）5 公顷以下 1 公顷以上的，由市草原行政主管部门审核批准；

（三）1 公顷以下的，由县草原行政主管部门审核批准。

申请使用草原，应当持下列资料：

（一）项目批准文件；

（二）草原权属证明；

（三）草原补偿费、安置补助费等补偿协议。

第二十六条 在草原上采土、采砂、采石，应当向县草原行政主管部门提出申请，提交包括下列内容的申请书，经其批准后方可进行；完成作业后应当及时恢复草原植被：

（一）采挖时间和区域；

（二）采挖涉及的草原面积；

（三）采挖作业方式和保护草原植被的措施。

开采矿产资源的，还应当依法办理采矿审批手续。

第二十七条 在草原上采集野生草种、采挖药材等植物，应当向乡（镇）人民政府备案。采集野生草种，应当在采收期内进行；采挖药材等植物造成的坑沟，应当立即填埋。

采收期由县草原行政主管部门根据当地气候和牧草生长情况确定并公布。

第二十八条 禁止在草原上实施下列行为：

（一）在禁牧、休牧期间放牧；

（二）毁坏禁牧、休牧标志和围栏；

（三）在临时占用的草原上修建永久性建筑物、构筑物；

（四）在荒漠、半荒漠和严重退化、沙化、盐碱化、水土流失的草原，以及生态脆弱区的草原上采挖药材等植物；

（五）在行洪区、蓄洪区、滞洪区以外的区域排水、截水，浸淹草原；

（六）在草种生产基地从事病虫害接种试验；

（七）挖草皮、烧生灰、建坟墓和非法开垦草原；

（八）倾倒生活垃圾、工程废料、残土、废渣等废物或者排放污水；

（九）使用剧毒、高残留以及可能导致二次中毒的农药；

（十）其他破坏草原的行为。

第二十九条　县人民政府应当组织有关部门，按照《草原法》规定的范围划定基本草原，设立保护标志，建立保护档案，报省、市草原行政主管部门备案。

第三十条　对水土流失严重、有沙化趋势、需要改善生态环境的已垦草原和不易改造的低产农田、低洼耕地、坡耕地以及严重沙化、碱化的耕地，按照政策引导、农民自愿、谁退耕、谁造草、谁经营、谁受益的原则，实行退耕还草。

市、县人民政府应当因地制宜制定退耕还草计划，有步骤地组织实施，并对退耕还草的农民予以补贴。

第三十一条　县人民政府对退耕还草的土地，予以变更登记，换发所有权证或者使用权证和草原承包经营权证。

退耕还草后的承包地，延长承包期50年。

第三十二条　对已经严重退化、沙化、碱化的草原，实行禁牧；对中、轻度退化的草原，实行季节性休牧。

县草原行政主管部门应当根据草原生产和生态状况制定禁牧和季节性休牧计划，确定休牧区，报县人民政府批准后组织实施。

第三十三条　对禁牧区草原植被覆盖度达到80%以上、可利用牧草占禁牧草原草量50%以上的，可以解除禁牧限制。禁牧解除令由县人民政府做出并公布。

解除禁牧的区域，应当实行休牧或者划区轮牧。

第三十四条　草原行政主管部门应当建立鼠害、病虫害和毒害草预测网络，监测鼠害、病虫害和毒害草的发生及蔓延，查清种类、密度、危害程度，及时发布相关预报，采取有效措施，指导鼠害、病虫害和毒害草的防治工作。

第三十五条　县人民政府应当在禁牧、轮牧区域设置标志，建立围栏，并以适当方式公布禁牧区域、轮牧区域、休牧期和轮牧周期。

第三十六条　市、县人民政府应当建立草原防火责任制，明确草原防火责任区和重点草原防火区。县以上草原行政主管部门应当建立完善草原防火专用设施，贮备草原防火专用设备及物质。

每年3月15日至6月15日为春季草原防火期,9月15日至11月15日为秋季草原防火期。省草原行政主管部门可以根据气候变化决定提前进入或者延长防火期。

第五章 法律责任

第三十七条 违反本办法,有下列行为之一的,由草原行政主管部门或者草原监理机构责令改正,并按照下列规定处罚:

(一)未取得草种生产、经营许可证生产、经营草种的,没收草种和违法所得,并处违法所得1倍以上3倍以下罚款;没有违法所得的,处以1000元以上3万元以下罚款;

(二)非法开垦草原的,限期恢复植被,没收非法财物和违法所得,并处违法所得1倍以上5倍以下罚款,没有违法所得的,按开垦面积每公顷(含不足1公顷)处5000元以上1万元以下、最高不超过5万元罚款;

(三)采挖药材等植物未报备案的,处500元以上1000元以下罚款;

(四)毁坏禁牧、休牧标志和围栏等设施的,限期修复,处500元以上1000元以下罚款。

对违反本办法的其他行为,按照《草原法》和《中华人民共和国农村土地承包法》等有关法律、法规规定处罚。

第三十八条 违反本办法,给草原所有者或者使用者造成损失的,依法予以赔偿;构成犯罪的,依法追究刑事责任。

第三十九条 草原行政主管部门及其所属的草原监理机构和其他有关部门的工作人员有下列行为之一的,由其主管机关依法给予行政处分;构成犯罪的,依法追究刑事责任;给当事人造成损失的,依法承担赔偿责任:

(一)不依法履行监督管理职责、或者发现违法行为不予查处,造成严重后果的;

(二)截留、挪用草原植被恢复费或者草原生产建设资金的;

(三)非法批准征用、使用草原的;

(四)其他玩忽职守、滥用职权、徇私舞弊的。

第六章 附则

第四十条 本办法自2009年5月10日起施行。

吉林省草原管理条例

（1997 年修正本）

(1987 年 2 月 9 日吉林省第六届人民代表大会常务委员会第二十三次会议通过 根据 1997 年 9 月 26 日吉林省第八届人民代表大会常务委员会第三十三次会议《关于修改〈吉林省草原管理条例〉的决定》修正)

第一章 总则

第一条 为了保护、管理、建设和合理利用草原，改善生态环境，保护草原所有者和使用者的合法权益，促进畜牧业的发展，根据《中华人民共和国草原法》，结合我省实际情况，制定本条例。

第二条 本条例适用于全省境内的一切草原，包括天然和人工的草地（城镇草坪除外）、草坡、草山以及国家规划的宜牧地。

第三条 各级人民政府要加强草原保护和建设，组织本行政区域内的草原资源普查，制定草原畜牧业发展总体规划；加强科学研究，实行科学管理；培养草原技术人才；治理沙化、碱化和严重退化的草原；发展人工草场，建立牧草基地，提高草原经济效益。

第四条 县级以上人民政府的畜牧业行政部门为草原主管部门，负责贯彻执行有关法律、法规和政策，以及本行政区域内的草原管理工作，对草原使用者进行指导和监督。

根据草原管理任务的需要，乡（镇）人民政府设专职或兼职人员负责草原管理工作。

第二章 草原所有权和使用权

第五条 草原属国家所有，即全民所有。由法律规定属于集体所有和县级以上人民政府根据国家、省有关规定已划归集体经济组织的村屯附近和插花在耕地中间的零星草地、草坡、草山除外。

全民所有的草原，可以固定给集体长期使用。

全民所有制单位使用的草原，由县级人民政府登记造册，核发证书，确认使用权。集体所有的草原和集体长期固定使用的全民所有的草原，由县级人民政府登记造册，核发证书，确认所有权或使用权。

第六条 草原使用者有利用草原的权利和保护、建设草原的义务。草原使用者不履行应尽的义务，草原所有者有权收回其草原使用权。

第七条 遇有自然灾害等特殊情况，需要临时调剂使用草原时，应按自愿互利原则，通过双方协商，签订使用合同或协议书，报县级草原主管部门备案；需要跨县临时调剂使用草原的，由有关县人民政府组织协商解决，报市、州（地）草原主管部门备案。

第八条 草原的所有权和使用权受法律保护。禁止任何单位和个人未经批准或超过批准的面积占用草原，以及其他侵犯草原所有权、使用权的行为。

第九条 严禁买卖、出租、抵押或者以其他形式非法转让草原。

第十条 草原所有权和使用权的争议，由当事人本着互谅互让的精神协商解决；协商不成的，由人民政府按照尊重历史、照顾现实、有利于团结、有利于草原保护和建设的原则进行处理。草原争议的处理权限：

（一）属于村之间的草原争议，由乡（镇）人民政府处理；

（二）属于乡（镇）之间、乡（镇）与县（市）属单位之间的草原争议，由县（市）人民政府处理；

（三）属于县（市）之间的草原争议，由市、州（地）人民政府处理；

（四）属于市、州（地）之间，县（市）与省、市（地、州）属单位之间的草原争议，由省人民政府处理；

（五）属于省与省（自治区）之间、地方与部队之间、地方与中央直属单位之间的草原争议，由双方协商解决。

当事人对草原争议处理决定不服的，可在接到通知之日起一个月内，向上一级人民政府申请复议或向人民法院起诉。

第十一条 有争议的草原界线，凡经县级以上人民政府划定或确定的，以划定或确定的界线为准；未作过划定或确定的，按本条例第十条的规定，由县级以上人民政府划定或确定。

第十二条 对有争议的草原，在草原权属争议解决以前，争议双方必须停止使用，任何一方不得破坏草原及其建筑设施，不得拆除、移动草原现有的边界标记。

第十三条 国家建设征用集体所有的草原，按照国家和省征用土地的有关法律、法规和规定办理。

国家建设使用集体长期固定使用的全民所有的草原，参照国家和省征用土地的有关法律、法规的规定给予补偿，并妥善安置农牧民的生产和生活。

第十四条 在草原上进行地质勘探、架设地上线路、铺设地下管道以及其他建设工程等活动，需要临时使用草原的，由当地县级人民政府批准，规定使用期限和范围，发给使用许可证，并参照国家和省的有关规定，使用单位要给予补偿，使用期满应恢复草原植被。

在临时使用的草原上，不得修建永久性建筑。

第三章 草原经营管理

第十五条 各级人民政府要统筹安排，合理配置农、林、牧业用地，充分利用草原资源，发展草原畜牧业。提倡利用退耕地、轮休耕地种植优良牧草。

第十六条 草原的经营管理要实行经济责任制。采取承包、合作经营和利用外资等多种形式，管理、建设草原。

第十七条 从事草原合作经营或承包经营活动，必须依照法律签订合同。

草原的合作经营权，经合作各方同意，可以转让。

草原的承包经营期，不少于十五年。个人承包经营的草原，在合同规定的承包期限内，允许继承人承包，个人承包应得的收益，允许继承。草原的承包经营权，经发包方同意，可以转让。

第十八条 使用国有草原的单位和个人，每年要定期向草原主管部门或其委托的单位交纳草原使用管理费。收费标准和收取、使用办法，由省人民政府制定。

草原使用管理费，要用于草原管理和建设，不准挪作他用。

第十九条 各级人民政府要把治理沙化、碱化和严重退化的草原，纳入国土整治规划，并认真组织实施。对治理上述草原的单位和个人，经县级人民政府批准，十年内免收草原使用管理费，免征五年牧业收入所得税。

第二十条 草原经营者应采取人工种草、草地改良、草地围栏、建设草原水利工程、营造防护林带等多种措施，加快草原建设。草原使用单位和承包者要积极开发饲草资源，推广青贮和饲料加工新技术，实行牲畜舍饲或半舍饲。

第二十一条 草原经营者要合理使用草原，根据草原状况，划分采草区、放牧区和休闲区，实行利用、建设、休闲轮换制度。

第二十二条　合理开发和利用山区草场资源，促进山区畜牧业生产发展。要充分利用林间、林下草场进行放牧和采草。进行林木更新和封山育林时，当地人民政府和林业主管部门应确定放牧采草办法，为山区畜牧业发展提供便利条件。

利用林间、林下草场放牧和采草，要严格遵守森林法律、法规，严禁破坏森林资源。

第二十三条　各级草原主管部门要因地制宜办好各种优良牧草种子基地，为建设草原提供牧草种子。

第二十四条　各级草原主管部门要组织研究和推广草原畜牧业的先进科学技术，加强草原畜牧业的综合标准化管理工作。

第四章　草原保护

第二十五条　禁止开垦草原、挖草皮和其他破坏草原植被的活动。已经开垦并造成草原沙化或严重水土流失的，县级以上人民政府应当限期封闭、责令退耕恢复植被。

第二十六条　在草原上割灌木、割芦苇、挖药材、挖野生植物、刮碱土、挖肥土、挖沙土、淘砂金等，必须征得草原使用者同意，报乡级或县级人民政府批准，在指定的时间和区域内进行，随挖随填，保留部分植物母株，并交纳草原培育费，用于恢复草原植被，收费标准和收取办法，由省人民政府制定。

未经县级以上人民政府批准，不得采集、砍挖草原上的珍稀野生植物。

禁止在干旱草原、沙化草原砍挖灌木、药材和固沙植物。

第二十七条　县级以上草原主管部门要根据当地具体情况，规定不同草场单位面积的载畜量。禁止过度放牧。

第二十八条　在草原上收割牧草，应严格按照县级以上人民政府规定的时间、地点、留茬高度、保留植物母株范围及收割强度进行。

第二十九条　各级人民政府要做好草原病虫鼠害的预报、防治工作。发生病虫鼠害时，应及时组织除治，防止蔓延。

调运饲草和牧草种子，应按植物检疫部门的有关规定办理

第三十条　各级人民政府应当采取措施，防治草原牲畜疫病和人畜共患疾病。

猎捕草原野生动物，应遵守当地人民政府关于防止疫病流行的规定。在发生动物疫情时，严禁行猎。

第三十一条　保护草原珍稀野生动物和益鸟、益兽、益虫。在草原上猎捕野生动

物，必须遵守野生动物保护管理的法律、法规。

第三十二条 保护草原的生态环境，防止污染。任何单位和个人排放污染草原的废液、废渣、废气，必须按照《中华人民共和国环境保护法》的有关规定执行。

第三十三条 机动车辆在草原上行驶，不得离开固定的道路随意改道。

收购的牲畜应按当地草原主管部门指定的路线赶运和放牧，不得与牧民争用牧场和水源。

第三十四条 加强草原防火工作，贯彻"预防为主，防消结合"的方针，建立防火责任制，制定草原防火制度和公约。并按下列规定做好防火工作：

（一）每年十月一日至翌年四月三十日为全省草原防火期，在草原防火期内，禁止在草原野外用火；因特殊情况需要用火时，必须经县以上人民政府批准。

（二）不准随意在草原放火烧荒，因特殊情况确需烧荒时，必须采取有效的安全措施，并报县级以上人民政府批准。

（三）发生草原火灾时，当地人民政府应立即组织军民扑救，并查明火灾原因和损失情况，及时处理。

第三十五条 草原的围栏、水井、水利工程等基本建设设施，任何单位和个人不得侵占或毁坏。

第三十六条 加强草原生态环境的保护和科学研究。在有代表性的不同类型的草原，经批准可以建立草地类型自然保护区。

第五章 奖励与处罚

第三十七条 有下列先进事迹之一的单位和个人，由人民政府或草原主管部门给予表扬或者奖励：

（一）积极建设草原，促进畜牧业发展成绩显著的；

（二）模范执行草原法规，在草原保护、管理工作中作出突出贡献的；

（三）治理草原沙化、碱化、退化、水土流失，改善草原生态环境成绩显著的；

（四）在培育和生产优良牧草种子工作中成绩显著的；

（五）在草原科学研究、资源勘察、规划和新技术推广工作中作出突出贡献的；

（六）在组织和参加草原防病、治虫、灭鼠、除毒草、扑灭火灾等工作中成绩显著的；

（七）合理利用草原，实行以草定畜、草畜结合成绩显著的。

第三十八条 对违反第八条、第十二条、第三十五条规定，以及其他侵犯草原所有权和使用权的行为，草原主管部门有权责令侵权人停止侵犯，返还非法占用的草原和其他财产，赔偿损失或恢复建设设施。被侵权人也可以请求县级以上草原主管部门处理，或直接向人民法院起诉。

第三十九条　有下列违反本条例行为的，由县级以上草原主管部门按下列规定处罚：

（一）违反第九条规定的，按《中华人民共和国土地管理法》第四十七条规定执行。其中，罚款处以非法所得额的百分之十至百分之五十。

（二）违反第十四条第一款规定的，责令限期恢复草原植被，逾期不恢复的，收取恢复草原植被所需的费用。

违反第十四条第二款规定的，责令限期拆除，逾期不拆除的，没收其建筑物，并收取恢复草原植被所需的费用。

（三）违反第十八条第一款规定的，责令其限期交纳应交费用，拒不交纳的，收回草原使用权。

（四）违反第二十五条规定的，责令其停止开垦，恢复植被；情节严重的，每开垦一亩处五十元以上一百元以下的罚款。

（五）违反第二十六条第一款规定的，责令恢复植被，赔偿损失；情节严重的，每破坏一亩草原处五十元以上一百元以下的罚款。

（六）违反第二十七条规定过度放牧的，给予批评教育；屡教不改的，超载的牲畜数量，按羊单位一元至二元计收草原使用管理费，用于草原建设。

（七）违反第二十八条规定的，给予批评教育；造成草原植被破坏的，没收所得牧草，并处相当于牧草价值百分之十至百分之五十的罚款。

（八）违反第三十条第二款规定，处五十元以上一百元以下的罚款。

（九）违反第三十四条规定，草原防火期内未经批准在野外用火的，处十元至五十元的罚款；引起火灾的，责令其赔偿经济损失，并处五十元至五百元的罚款。

第四十条　对违反第二十二条、第二十六条第二款、第二十九条第二款、第三十一条、第三十二条规定的，分别按照有关的法律、法规的规定处理。

第四十一条　草原管理部门所收取的恢复草原植被费用，十个月没有用于恢复植被的，由同级财政部门收缴，并对主要责任者给予行政处分。

所收取的赔偿损失款，应全额给予受损失者；罚没收入全额上缴同级财政。

第四十二条　草原管理部门的工作人员违反草原法规或利用职权徇私舞弊、欺压群众的行为，由各级人民政府或者上级主管部门从重处罚。

第四十三条 对阻碍草原管理人员执行公务，冒充、殴打草原管理人员以及其他违反本条例的行为，情节严重的，由公安机关处罚；构成犯罪的，由司法机关依法追究刑事责任。

第四十四条 当事人对罚款和赔偿损失的处罚决定不服的，可在接到处理通知之日起一个月内，向作出处理决定的上一级机关申请复议或向人民法院起诉；逾期不申请复议、不起诉又不履行的，作出处罚决定的机关，可申请人民法院强制执行。

第六章 附则

第四十五条 本条例自一九八七年四月一日起施行。过去省内有关规定与本条例有抵触的，按本条例执行；本条例与国家规定有抵触的，按国家规定执行。

黑龙江省草原条例

(2018年修正本)

(2005年8月19日黑龙江省第十届人民代表大会常务委员会第十六次会议通过 2005年8月19日黑龙江省第十届人民代表大会常务委员会公告第434号公布 自2006年1月1日起施行

根据2016年12月16日黑龙江省第十二届人民代表大会常务委员会第三十次会议通过 2016年12月16日黑龙江省第十二届人民代表大会常务委员会公告第44号公布的《黑龙江省人民代表大会常务委员会关于废止和修改〈黑龙江省特种设备安全监察条例〉等44部地方性法规的决定》第一次修正

根据2018年4月26日黑龙江省第十三届人民代表大会常务委员会第三次会议通过 2018年4月26日黑龙江省人民代表大会常务委员会公告第1号公布的《黑龙江省人民代表大会常务委员会关于废止和修改〈黑龙江省统计监督处罚条例〉等72部地方性法规的决定》第二次修正

根据2018年6月28日黑龙江省第十三届人民代表大会常务委员会第四次会议通过 2018年6月28日黑龙江省第十三届人民代表大会常务委员会公告第7号公布的《黑龙江省人民代表大会常务委员会关于废止和修改〈黑龙江省农作物种子管理条例〉等63部地方性法规的决定》第三次修正)

第一章 总则

第一条 为了保护和合理利用草原，发展现代畜牧业，维护生态平衡，推进经济和社会的可持续发展，根据《中华人民共和国草原法》，结合本省实际，制定本条例。

第二条 在本省行政区域内从事草原保护、管理、建设和利用以及承包经营等活动，适用本条例。

本条例所称草原，是指具有草原生态功能或者适用于畜牧业生产的天然草原和人工草地。天然草原包括草地、草山和草坡，人工草地包括改良草地和退耕还草地。

第三条 省草原行政主管部门主管全省草原监督管理工作，并负责组织实施本条例。

市（行署，下同）、县（市，下同）草原行政主管部门主管本行政区域内的草原监督管理工作。县以上草原行政主管部门根据《中华人民共和国草原法》的规定设立草原监理机构，负责草原法律、法规执行情况的监督检查，对违反草原法律、法规的行为进行查处。

第四条 县以上人民政府应当将草原保护、管理和建设纳入国土整治和国民经济发展总体规划，并实行各级人民政府领导负责制和责任追究制，确保全省草原资源总量不减少。

第二章　保护与利用

第五条 县以上草原行政主管部门会同有关部门定期对草原权属、土壤类型、草原类型、植被状况、牧草产量、利用现状、灾害发生等情况进行调查，绘制草原现状图，为编制草原规划提供依据。

第六条 县以上人民政府应当依法组织划定基本草原，建立档案，绘制基本草原分布图，由市以上草原行政主管部门组织验收后，设立保护标志、予以公告，并报省草原行政主管部门备案。

基本草原面积不得少于草原面积的百分之八十。

第七条 禁止在草原上实施下列行为：

（一）开垦草原，进行非草原建设；

（二）种植一年生牧草和饲料作物；

（三）毁坏围栏等草原建设设施；

（四）挖草皮、挖草炭、挖草垡、烧生石灰；

（五）建造坟墓；

（六）向草原倾倒生活垃圾、工程废料、残土、废渣等废物；

（七）向草原排放污水；

（八）以排水、截水等方式浸淹草原；

（九）在割草地放牧牲畜；

（十）在基本草原上以推挖土、采砂、采挖野生植物等方式破坏草原植被；

（十一）使用剧毒、高残留以及可能导致二次中毒的农药；

（十二）其他破坏草原的行为。

第八条 在草原上从事采土、采砂、采石等作业活动,应当报县级草原行政主管部门批准;开采矿产资源的,并应当依法办理有关手续。

经批准在草原上从事本条第一款所列活动的,应当在规定的时间、区域内,按照准许的采挖方式作业,并采取保护草原植被的措施。

在他人使用的草原上从事本条第一款所列活动的,还应当事先征得草原使用者的同意。

建设单位在草原上修建道路和渠道时,应当修建足够的排水设施。

第九条 县以上草原行政主管部门应当对违法开垦的草原进行清理,责令违法开垦草原的单位和个人限期退耕还草。

第十条 松嫩平原的草原和其他已经严重退化、沙化、碱化的草原禁止放牧;松嫩平原以外中、轻度退化的草原实行季节性休牧。

松嫩平原草原的禁牧计划由省人民政府制定,由县以上人民政府组织实施。其他草原休牧、禁牧的区域,由县以上人民政府确定,提前一年予以公告,并向上级草原行政主管部门备案实行休牧、禁牧的草原,草原使用权单位应当设立休牧、禁牧标志。

第十一条 松嫩平原以外的禁牧草原,植被达到盖度不低于百分之八十、可利用牧草所占比例不低于百分之五十时,草原使用权单位可以提出申请,经市、县草原行政主管部门核定后,由市、县人民政府发布解禁令解除禁牧。

解除禁牧的草原,草原使用单位应当严格按照本条例规定实行休牧或者划区轮牧。

第十二条 每年三月十五日至六月十五日为春季草原防火期,九月十五日至十一月十五日为秋季草原防火期。县以上人民政府可以根据气候变化决定提前进入或者延长防火期。

第十三条 县以上人民政府应当加强鼠、虫灾害监测与防治工作,注重对鼠、虫天敌的保护和利用。草原面积较大的县草原行政主管部门应当建立鼠、虫害预测预报站点,监测鼠、虫发生发展动态,及时发布鼠、虫害预报,指导防治。

第十四条 县以上草原行政主管部门应当根据草原类型,确定割草场的割草期和留茬高度;依据放牧场牧草产量、单位时间内牧草生长量、国家颁布的草原载畜量标准,定期核定放牧草原的放牧强度、载畜量,确定轮牧周期和放牧天数。严禁超过核定的载畜量和放牧强度放牧牲畜。

县以上草原行政主管部门或者草原监理机构应当定期对草原保护利用情况进行监督检查,及时制止破坏草原植被和掠夺性利用的行为。

第十五条 各级人民政府应当根据当地的草食牲畜饲养量,确定饲草饲料年需要量，通过调剂牧草供给、扩大青贮和饲草饲料种植面积，发展草业生产，实现草畜平衡。

第十六条　各级人民政府应当组织有关部门做好草食牲畜舍饲圈养规划。

草原行政主管部门应当引导养畜户舍饲圈养、编制不同畜种的舍饲圈养技术规程，指导养畜户调整畜群品种和结构。

第十七条　矿藏开采和工程建设，确需征用或者使用草原的，应当经省草原行政主管部门审核同意后，按照国家土地管理法律、法规的规定办理用地审批手续，在工程实施前由用地单位依法支付补偿费、植被恢复费、附着物补偿费和当年草原应有收益以及承包者进行草原建设和改良的实际投入。

补偿费按照草原年产值的三十倍支付，植被恢复费按照国家规定支付；附着物补偿费和当年草原应有收益以及承包者进行草原建设和改良的实际投入按照实际损失合理支付。

征用集体所有的草原的补偿费归农村集体经济组织所有；植被恢复费由草原行政主管部门收取，用于恢复草原植被；其他补偿费应当支付给草原承包经营者。

国家所有确定给全民所有制单位、集体经济组织使用的草原补偿费的百分之五十上交同级财政，专户管理，由市、县草原行政主管部门制定使用计划，全额用于草原保护和建设；其余百分之五十留给全民所有制单位或者集体经济组织使用。

第十八条　未经批准，任何单位和个人不得将草原改为其他农用地。因项目建设确需将草原转为其他农用地的，应当经省草原行政主管部门审核同意报省人民政府批准，并由项目建设单位支付补偿费、附着物补偿费和当年草原应有收益以及承包经营者进行草原建设和改良的实际投入；占用基本草原的，项目建设单位还应当支付植被恢复费。

第十九条　因地质普查、勘探、工程建设以及其他需要临时使用草原的，应当经县以上草原行政主管部门审核同意，并收取恢复植被保证金。

临时使用草原单位应当按照批准的地点、面积、使用方式使用，并给予草原使用权单位补偿。在使用期满后，应当恢复草原植被。县以上草原行政主管部门对恢复植被的，应当及时退还恢复植被保证金；对未恢复植被的，用保证金代为恢复。恢复植被保证金的标准由草原行政主管部门根据恢复草原植被所需费用确定。

第二十条　占用草原修建直接为草原保护和畜牧业生产服务的工程设施，面积在一千平方米以下的由县草原行政主管部门批准；面积在一千平方米以上五千平方米以下的由市草原行政主管部门批准；面积在五千平方米以上的由省草原行政主管部门批准。

第二十一条 申请本条例第八条、第十七条、第十八条、第十九条、第二十条规定的行政许可的,应当具备以下条件:

(一) 该行为必须在拟使用的草原上进行,有明确的使用面积和期限;

(二) 实施该行为对周边草原环境无影响或者虽有一定影响,经申请单位采取措施后,可消除影响;

(三) 该行为已经征得草原使用权单位或者承包经营者同意;

(四) 本条例第十七条、第十八条规定的行为具有审批部门的批准意见;

(五) 本条例第八条、第十九条规定的行为完成后,通过采取措施能够立即恢复原有植被;

(六) 法律、法规规定的其他条件。

草原行政主管部门受理申请后,经对上述条件进行评估和审查,在二十日内作出是否许可的决定。二十日内不能作出决定的,经受理单位负责人批准,可以延长十日。在延长期后仍未做出决定的,视为同意。

第三章 承包经营

第二十二条 依法确定给集体经济组织使用的国家所有草原和集体所有草原,实行承包经营制度。

国家所有草原使用权的转让应当经过县以上人民政府批准,收回原草原使用权证,重新核发草原使用权证。

第二十三条 集体所有的草原或者依法确定给集体经济组织使用的国家所有的草原,可以由本集体经济组织内的家庭或者联户承包经营。其承包期限为三十年至五十年。

第二十四条 集体经济组织内部无人承包的草原,经过集体经济组织成员的村民会议三分之二以上成员或者三分之二以上村民代表的同意,并报乡(镇)人民政府批准,可以采取公开竞价招标等方式承包。其承包合同应当约定双方的权利义务、承包期限和违约责任等。

在承包期内,承包方违反法律、法规规定使用草原或者不履行合同规定义务的,发包方可以终止或者解除合同。

第二十五条 集体所有的草原和依法确定给集体经济组织使用的国家所有的草原由使用该草原的集体经济组织发包。

承包经营草原，发包方和承包方应当签订草原承包合同。草原承包合同样式应当统一，由省草原行政主管部门公示。

第二十六条 草原承包经营应当实行有偿使用和生态效益优先的原则，鼓励适度规模经营。

本集体经济组织成员可以依法行使承包或者放弃承包草原的权利。

承包方案应当经集体经济组织成员的村民会议三分之二以上成员或者三分之二以上村民代表的同意。

第二十七条 草原承包应当按照以下程序进行：

（一）本集体经济组织成员的村民会议选举产生承包工作小组；

（二）承包工作小组依照法律、法规规定拟订承包方案；

（三）召开集体经济组织成员的村民会议或者村民代表会议，讨论通过承包方案，并将承包方案公示七日；

（四）拟定草原承包合同；

（五）依照承包方案公开组织实施草原承包，并签订承包合同。

发包方负责在十五日内将签订的承包合同报市、县草原行政主管部门备案，草原行政主管部门发现承包合同有违法或者违反本条例规定的，应当修订。

第二十八条 承包方向发包方交纳草原承包费。草原承包费应当根据草原前三年的平均产量、质量、位置等因素合理确定，并经集体经济组织成员的村民会议三分之二以上成员或者三分之二以上村民代表同意。

依法确定给集体经济组织使用的国家所有草原的承包费，按市、县百分之二十、乡百分之二十、村百分之六十的比例分别使用，全额用于草原保护和建设。

第二十九条 草原承包经营权通过竞价招标等方式取得的，该承包人死亡，其应得的承包收益，依照继承法的规定继承；在承包期内，其继承人可以继续承包。

第三十条 草原承包经营权受法律保护。

承包方可以依法按照自愿、有偿的原则，采取转包、出租、互换、转让方式流转，并由双方当事人依法签订书面合同。采取转让方式流转的，应当经发包方同意；采取转包、出租、互换方式流转的，应当书面通知发包方。

第三十一条 承包方应当按照法律、法规的规定保护和使用草原，严格履行承包合同约定的义务并承担相应的违约责任。

第三十二条 县以上草原行政主管部门应当对草原承包活动进行监督指导，对承包活动违反本条例规定或者合同内容不完善、不符合法律法规规定的，应当提出限期整改意见。

第三十三条 全民所有制单位使用的国家所有的草原，可以实行承包经营。

未确定使用权的国家所有的草原，市、县人民政府应当登记造册，由县草原行政主管部门负责保护、管理、建设和利用，并可以直接组织发包，所得收益上缴同级财政、专户管理，全额用于草原保护和建设。

第四章 建设责任与草种管理

第三十四条 县以上人民政府应当根据草原保护、建设、利用规划，在本级国民经济和社会发展计划中安排资金用于草原保护建设。草原退化、沙化、盐碱化和水土流失严重的，应当划定治理区，组织专项治理。

由政府投资进行的草原建设项目，应当符合草原保护、建设、利用总体规划，并报上级草原行政主管部门备案。

第三十五条 草原承包方应当采取补播、松土、灌溉、施肥等不翻耕草地的措施，开展草原建设；因草原建设确需翻耕草地的，应当选择适合当地气候、土壤、水肥条件的牧草品种，事前将整地时间、地点、面积、播种日期以及所播品种报市、县草原监理机构备案。

草原使用权单位应当监督承包方履行改良建设草原义务，保证草原牧草产量稳步提高。年亩产干草量低于二十五千克的草原，县以上草原行政主管部门应当责令草原使用权单位采取具体措施改良建设。

第三十六条 县以上人民政府应当加强草原管理专业技术人才的培养和使用，组织科研部门结合本地区实际情况，开展草原退化机理、生态演替规律等基础性研究，加强草原生态系统恢复与重建的宏观调控技术、优质抗逆牧草品种选育等关键技术的研究和开发，积极推广草原科研成果。

第三十七条 县级以上草原行政主管部门负责草种的管理工作。

主要草种的商品生产和草种经营实行许可制度。草种生产和经营许可证由所在市、县草原行政主管部门核发。

草原行政主管部门受理生产或者经营草种申请后，应当在二十日内作出是否许可的决定。

第三十八条 申请领取草种生产许可的单位和个人，应当具备下列条件：

（一）具有繁殖草种的隔离和培育条件；

（二）具有无检疫性病虫害的草种生产地点；

（三）具有与草种生产相适应的资金、生产、筛选、检验设施；

（四）具有草原生产和检验的技术人员；

（五）法律、法规规定的其他条件。

申请领取具有种权的草种生产许可证的，应当征得草种权人的书面同意。

第三十九条 申请领取草种经营许可的单位和个人，应当具备下列条件：

（一）具有与经营草种种类和数量相适应的资金以及独立承担民事责任的能力；

（二）具有能够正确识别所经营的草种、检验草种质量、掌握草种贮藏、保管技术的人员；

（三）具有与经营草种的种类、数量相适应的营业场所以及加工、包装、贮藏保管设施和检验草种质量的仪器设备；

（四）法律、法规规定的其他条件。

第四十条 采集野生草种的应当在采收期内进行。野生草种的采收期由县以上草原行政主管部门根据当地气候和牧草生长情况确定并公布。

经营省外不同生态适宜区的草种作为多年生草种使用的，应当进行两年以上引种试验，由省草原行政主管部门对其牧草产量、质量、越冬、病害等生态适宜性定期进行审查，并根据需要组织论证，应当在审查结束后二十日内作出是否批准的决定。

第四十一条 禁止生产、经营假、劣和未经审定的草种。

下列草种为假草种：

（一）以非草种冒充草种或者以此品种冒充他品种的；

（二）草种种类、品种、产地与标签标注的内容不符的。

下列草种为劣草种：

（一）质量低于国家规定的种用标准的；

（二）质量低于标签标注指标的；

（三）因变质不能作种子使用的；

（四）杂草种子的比率超过规定的；

（五）带有国家和省规定检疫对象的有害生物的。

县以上草原行政主管部门可以委托草种检验机构对生产、经营的草种进行质量检验。

第五章　法律责任

第四十二条 县以上草原行政主管部门和草原监理机构工作人员有下列行为之一

的，由其所在单位或者有关主管部门依法给予行政处分：

（一）对违法开垦草原或者破坏草原不依法查处的；

（二）对承包活动存在违反法律规定行为予以包庇或者不依法处理，造成严重后果的；

（三）办理草原权属证书或者许可过程中徇私舞弊的；

（四）挪用草原承包费、草原补偿费、草原植被恢复费的；

（五）其他违反本条例规定职责的行为。

第四十三条 违反本条例规定，有下列行为之一的，由县以上草原监理机构责令停止违法行为，限期恢复草原植被，没收非法财物和违法所得，并按下列规定处罚：

（一）开垦草原或者在草原种植一年生牧草和饲料作物的，处以违法所得一倍以上五倍以下的罚款；没有违法所得的，处以每平方米二元以上三元以下的罚款，罚款总额最高不得超过五万元；

（二）毁坏草原建设设施的，责令限期修复，处以一万元以下的罚款；

（三）在草原上挖草皮、挖草炭、挖草垡、烧生石灰的，处以每平方米五十元的罚款；

（四）在草原上建造坟墓的，责令限期迁出，处以每平方米一百元的罚款；

（五）向草原倾倒生活垃圾、工程废料、残土、废渣等废物的，责令限期清除，处以每平方米五十元的罚款；

（六）向草原排放污水的，处以每平方米三十元的罚款；

（七）以排水、截水等方式浸淹草原的，处以每平方米二十元的罚款；

（八）未经批准或者未按照规定的时间、区域和采挖方式在草原上进行采土、采砂、采石等活动的，可以并处违法所得一倍以上二倍以下的罚款；没有违法所得的，可以并处二万元以下的罚款；给草原所有者或者使用者造成损失的，依法承担赔偿责任；

（九）在基本草原上采挖野生植物破坏草原植被的，或者未经批准、未在指定的非基本草原上采挖野生植物破坏草原植被的，处以违法所得一倍以上五倍以下的罚款；没有违法所得的，处以每千克鲜物质五十元以上一百元以下的罚款，罚款总额最高不得超过五万元。

第四十四条 违反本条例规定，有下列行为之一的，由县以上草原监理机构责令停止放牧，处以每次每羊单位十元的罚款：

（一）在割草地放牧牲畜的；

（二）在休牧、禁牧的草原上进行放牧牲畜的；

（三）超过核定的载畜量和放牧强度放牧牲畜的。

第四十五条 违反本条例规定，有下列行为之一的，由县以上草原监理机构责令停止违法行为，退还草原，限期恢复草原植被，处以草原被非法使用前三年平均产值六倍以上十二倍以下的罚款：

（一）未经批准占用或者使用草原的；

（二）非法将草原改为其他农用地或者项目建设未经省人民政府批准，将草原转为其他农用地的；

（三）未按批准的地点、面积、使用方式和使用期限使用草原的。

第四十六条 违反本条例规定对正在使用机械和设备开垦和破坏草原的，县以上草原行政主管部门可以暂扣其使用机械和设备，并处五千元以下的罚款。对开垦和破坏草原行为处罚后，应当及时返还其机械和设备。

第四十七条 县以上草原监理机构责令限期恢复草原植被，当事人拒不执行的，县以上草原监理机构应当采取措施强行恢复植被，恢复植被所发生的实际费用由当事人承担。当事人拒不承担其费用的，县以上草原监理机构可以向人民法院提起诉讼。

第四十八条 违反本条例规定，有下列行为之一的，由县以上草原行政主管部门责令停止违法行为，没收种子和违法所得，可以并处违法所得一倍以上五倍以下罚款；没有违法所得的，处二千元以上五万元以下罚款；情节严重的，可以报发证机关批准，吊销其种子生产许可证或者种子经营许可证：

（一）生产、经营假、劣草种的；

（二）未取得种子生产许可证或者伪造、变造、买卖、租借种子生产许可证以及未按照种子生产许可证的规定生产种子的；

（三）未取得种子经营许可证或者伪造、变造、买卖、租借种子经营许可证以及未按照种子经营许可证的规定经营种子的。

第四十九条 违反本条例规定，有下列行为之一的，由县以上草原行政主管部门责令停止违法行为，没收种子和违法所得，并按下列规定处罚：

（一）在非草种采收期采收野生草种的，可以暂扣采种机械或者工具，并处每千克种子十元的罚款；

（二）经营省外不同生态适宜区的草种作为多年生草种使用，未经两年以上引种试验或者未经省草原行政主管部门批准，或者生产、经营未经审定通过的种子的，可以处以一万元以上五万元以下罚款。

第五十条　违反本条例规定，有下列行为之一的，县以上人民政府可以收回其国有草原使用权：

（一）草原保护工作不利，发生严重开垦草原或者破坏草原植被行为的；

（二）应当实施禁牧而不组织实施的；

（三）两年内未组织承包经营的；

（四）发现承包活动违反本条例规定，经县以上草原行政主管部门提出整改意见，拒不整改的；

（五）年亩产干草量低于二十五千克的草原，县以上草原行政主管部门责令进行改良建设而拒不改良建设的。

第六章　附则

第五十一条　法律、行政法规另有规定的，从其规定。

第五十二条　本条例第四十四条的"羊单位"是指牲畜的计算单位。一只羊等于一个羊单位，一头牛等于五个羊单位，一匹马、驴、骡各等于五个羊单位，十只鹅等于一个羊单位。

第五十三条　本条例自2006年1月1日起施行。1994年1月21日黑龙江省第八届人民代表大会常务委员会第七次会议通过的《黑龙江省实施〈中华人民共和国草原法〉条例》同时废止。

四川省《中华人民共和国草原法》实施办法

(2005年9月23日四川省第十届人民代表大会常务委员会第十七次会议通过 2005年7月23日四川省人民代表大会常务委员会公告第70号公布 自2006年1月1日起施行)

第一条 根据《中华人民共和国草原法》,结合四川省实际,制定本实施办法。

第二条 在四川省行政区域内从事草原的规划、保护、建设、利用和管理活动,必须遵守《中华人民共和国草原法》和本实施办法。

第三条 省人民政府草原行政主管部门主管全省草原监督管理工作。

州(市)和县人民政府草原行政主管部门主管本行政区域内草原监督管理工作。

乡(镇)人民政府应当加强对草原保护、建设和利用情况的监督检查,根据需要设专职或者兼职人员负责具体监督检查工作。

第四条 县级以上人民政府应当加强对草原保护、建设和利用的管理,将草原的保护、建设和利用纳入国民经济和社会发展规划,安排资金用于草原改良、人工种草和草种生产等。

第五条 实行草原承包经营制度。

依法确定给集体经济组织使用的国家所有的草原或者集体所有的草原,可以由本集体经济组织内的家庭或者联户承包经营。国家所有的草原由乡(镇)人民政府作为发包方;集体所有的草原由本集体经济组织作为发包方。

第六条 草原承包应当有利于实行定居放牧和开展综合建设,方便农牧民的生产生活。各户承包的草原应相对集中成片,留出牧道、饮水点、配种点等公共用地。

第七条 在承包期限内,草原承包经营权可以按照自愿、有偿的原则依法流转。流转的方式包括转包、出租、互换、转让等。流转应当经发包方同意,双方当事人签订书面合同,草原承包经营的有关权利、义务随之转移。

第八条 乡(镇)人民政府应当将草原承包、调整、流转等情况及时报县级人民政府草原行政主管部门备案。

第九条 草原承包方或者使用方应当合理利用和保护草原,保护草原公共设施,并接受草原行政主管部门及其监督管理机构的监督检查。

第十条 实行基本草原保护制度。

各级人民政府应当按照国务院制定的基本草原保护管理办法严格保护和管理基本草原。

第十一条 实行草畜平衡制度。

省、州（市）人民政府及其草原行政主管部门应当加强草畜平衡的指导、监督检查；县级人民政府应当制定草畜平衡方案并负责组织实施。

县级人民政府草原行政主管部门应当根据国家制定的草原载畜量标准和草畜平衡管理办法定期核定载畜量。

第十二条 县级以上人民政府草原行政主管部门应当推广先进实用技术，指导草原承包方通过采取改良牲畜和牧草品种、优化畜群结构、提高出栏率、增加饲草饲料供应等措施，调整载畜量，实现草畜平衡。

第十三条 实行轮牧、休牧、禁牧制度。

县级人民政府应当制定草原轮牧方案，乡（镇）人民政府负责轮牧方案的组织实施。草原承包方或者使用方应当按轮牧方案的要求，在季节放牧场内建立轮牧区，加强围栏建设，实行划区轮牧。

对严重退化、沙化、石漠化、鼠虫危害严重的草原和生态脆弱的草原，应当有计划、有步骤地实施休牧、禁牧。具体办法由省人民政府制定。

第十四条 各级人民政府应当将草原综合治理列入国土整治规划和计划。

对严重退化、沙化、石漠化、鼠虫危害及水土流失严重的草原和生态脆弱的草原，县级以上人民政府应当加大投入，组织专项治理，恢复草原植被。

鼓励单位和个人对沙化草地、鼠虫害草地及其他严重退化的草地进行科学治理；成绩显著的，由县级以上人民政府给予表彰奖励。

第十五条 各级人民政府应当支持开展草原调查。县级以上人民政府草原行政主管部门会同同级有关部门定期进行草原调查。草原承包方或者使用方应当配合调查，并提供真实信息。

第十六条 县级以上人民政府草原行政主管部门应当建立健全草原生产、生态监测预警体系，对本行政区域内草原的面积、等级、类型、植被构成、生产能力、载畜量、灾害等实行动态监测，及时向社会提供动态监测和预警信息服务。

第十七条 省人民政府草原行政主管部门应当会同统计部门制定草原统计办法。县级人民政府草原行政主管部门和统计部门应当对草原的面积、生产能力、载畜量和草原保护、建设、利用、灾害情况等进行统计,并逐级上报到省人民政府草原行政主管部门和统计部门。

第十八条 县级以上人民政府草原行政主管部门应当加强草种基地建设。禁止侵占、破坏草种种质资源。

第十九条 遇到自然灾害等特殊情况需要临时调剂使用草原的,应当按照自愿、互利的原则,由双方协商解决。达成一致意见的,应当签订合同,约定临时使用期限、范围、费用等;协商不成的,由有关人民政府组织协商解决。

第二十条 因生产经营需要临时占用草原的,应当经县级人民政府草原行政主管部门审核同意。临时占用者应当按照所占草原前3年牧草平均产值的1—3倍向草原承包方进行补偿,并向草原行政主管部门交纳草原植被恢复保证金。草原植被恢复保证金的收取和管理办法,由省财政部门会同省草原行政主管部门制定。

临时占用者按规定恢复了草原植被的,保证金应当及时退还;未按规定恢复的,由草原行政主管部门用草原植被恢复保证金进行恢复。县级人民政府负责监督。

第二十一条 禁止经营性采挖天然草皮。确需在草原上采挖天然草皮的,应当报县级人民政府草原行政主管部门批准,并交纳草原植被恢复保证金。

在草原上采挖虫草、贝母、大黄、黄芪、秦艽等中药材,采集野生草种等活动的,应当保护和恢复草原植被。

在他人承包或者使用的草原上从事本条第一款、第二款所列活动的,还应当事先征得草原承包方或者使用方的同意。

第二十二条 各级人民政府应当加强草原防火工作,建立草原防火责任制,制定草原防火、灭火预案。

县级以上人民政府应当加强草原防火、灭火基础设施建设,所需经费由同级人民政府予以保障。

每年3月15日至6月15日为春季防火期,9月15日至11月15日为秋季防火期,各州(市)人民政府可以根据本地区的实际情况适当延长。

第二十三条 在草原上开矿、筑路和进行其他建设,应当按照环境保护的有关规定处理废水、废气、废渣和其他废弃物,保护植被和水源。

第二十四条 提倡对草原鼠虫害实行生物防治,采取有效措施保护猛禽、狐狸、蛇等草原鼠虫天敌类野生动物。

禁止用剧毒、高残留以及可能导致二次中毒的药物治理草原。

第二十五条 省和甘孜、阿坝、凉山州及纯牧业县的人民政府草原行政主管部门应当设立草原监督管理机构；其他草原面积较大的市、县的人民政府草原行政主管部门根据需要可以设立草原监督管理机构。草原监督管理机构负责草原法律、法规、规章执行情况的监督检查，对违反草原法律、法规、规章的行为进行查处。

第二十六条　损坏草原围栏、牲畜棚圈等设施的，或者破坏人工草地、牧草种子基地和试验示范基地的，应予赔偿。

第二十七条　违反草畜平衡规定，牲畜饲养量超过县级人民政府草原行政主管部门核定的草原载畜量的，县级人民政府草原行政主管部门或者乡（镇）人民政府有权责令其1年内出栏超载的牲畜；逾期未出栏的，由县级以上人民政府草原行政主管部门按照下列规定进行处罚，并限期出栏：

（一）超载10%—30%的，每个超载羊单位罚款10元；

（二）超载31%—50%的，每个超载羊单位罚款15元；

（三）超载50%以上的，每个超载羊单位罚款30元。

第二十八条　违反本实施办法第二十一条第一款规定的，由县级人民政府草原行政主管部门责令停止违法行为，限期恢复植被，没收非法财物和违法所得，可并处违法所得1倍以上2倍以下的罚款；没有违法所得的，可处以2万元以下的罚款；给草原承包方或者使用方造成损失的，依法承担赔偿责任。

第二十九条　阻碍草原执法人员执行公务的，依法给予治安处罚；构成犯罪的，依法追究刑事责任。

第三十条　截留、挪用草原建设、保护资金或者草原植被恢复费、保证金的，对有关责任人依法给予行政处分；构成犯罪的，依法追究刑事责任。

第三十一条　违反本实施办法的其他行为，按照《中华人民共和国草原法》的规定追究法律责任。

第三十二条　本实施办法自2006年1月1日起施行，1990年11月7日由省第七届人大常委会公布的《四川省〈中华人民共和国草原法〉实施细则》同时废止。

四川省草原承包办法

(2003年修正本)

(1995年9月12日四川省人民政府第43次常务会议通过 1995年9月12日四川省人民政府令第70号发布 自公布之日起施行

根据2002年12月26日四川省人民政府第86次常务会议通过 四川省人民政府令第70-1号发布 自2003年3月1日起施行的《四川省人民政府关于修改〈四川省草原承包办法〉的决定》修正)

第一章 总则

第一条 为稳定和完善草原承包经营责任制,维护草原生态平衡,促进畜牧业发展,根据《中华人民共和国草原法》和《四川省〈中华人民共和国草原法〉实施细则》等法律、法规,制定本办法。

第二条 四川省行政区域内全民所有的草原和集体长期固定使用的全民所有草原(以下简称草原),按照本办法规定实行承包经营责任制。

已划归部队、学校、寺院使用的草原和自然保护区、风景名胜区、国有林场、国有森工企业的草原不适用本办法。

第三条 草原承包经营责任制长期不变。

第四条 各级人民政府应当加强对草原承包工作的领导。县级以上牧业行政主管部门负责本行政区域内的草原承包管理工作,乡(镇)人民政府负责管理本辖区的草原承包合同。

第五条 依法属于国家所有的地表、地下资源和其他地下埋藏物,不因草原承包而改变其国家所有权。

第二章 草原承包的一般规定

第六条 草原承包应当兼顾经济效益、社会效益和生态效益,合理规划、以草定畜，促进草原的建设、保护和合理利用。

第七条 草原承包应当有利于实行定居放牧和开展畜牧业综合建设，方便农牧民的生产、生活。各户承包的草原应相对集中成片，并留出牧道、饮水点、配种点等公用场地。

第八条 草原承包实行以户承包为主，以联户或自然村承包为辅。草原的割草基地、冬春草场可以承包到户；夏秋草场可以承包到户或联户，也可以根据当地实际情况承包到自然村。

第九条 实行草原承包时，发包方可以为乡级事业单位和乡村寄宿制学校划出适当数量的草原供其经营管理，也可以留出1%—3%*的草原由发包方统一经营或者作为调剂使用。

第十条 划定承包户承包草原面积的原则，应当以人口为主，牲畜为辅；以牲畜折价归户时的人口和牲畜数量为主，现有人口和牲畜数量为辅。现役军人中的义务兵、各类在校学生、劳改劳教羁押人员、寺庙宗教人员等，均应计入承包草原的人口。

第十一条 实行草原承包时，应当确定县、乡（镇）、村、社（组）的草原使用范围，逐户划定草原使用界线，并勾绘上图，登记造册。

第十二条 对沙化、退化、碱化、鼠荒、滩涂草原，未开发的草原，盆周山区的远山草原，鼓励进行开发性承包或者以拍卖使用权等形式招标承包。牧民承包时，不扣减对其他草原的承包基数。

第三章　发包方和承包方的权利义务

第十三条 实行草原承包时，乡（镇）人民政府为发包方，单位或个人为承包方。

第十四条 发包方应当按照草原承包合同的规定，对承包方的生产经营活动进行指导，对承包方进行草原保护、建设和合理利用情况进行监督，为承包方提供必要的生产服务，维护其合法权益。

第十五条 承包方享有依法使用草原从事畜牧业生产经营的自主权和对生产成果、经济收益的自主支配权，享有接受国家和集体资助进行草原建设的权利，在承包经营权受到侵害时可以要求受到保护并向侵害方索赔。

第十六条 承包方必须按照草原承包合同的规定合理利用和保护草原，接受草原监理机构的监督检查，保护公共设施和其他国家建设设施、标志，依法缴纳税、费。

---

* 原文为1—3%，存在歧义，故做修改，编者注。

第十七条　承包方应当向发包方缴纳草原使用费,由发包方在每年年底收取。草原使用费纳入县、乡人民政府的育草基金,由财政专户储存,按照草原建设规划专项用于草原基本建设,重点用于冬春草场建设,任何单位、个人不得平调和挪用。

第十八条　承包沙化、退化、碱化、鼠荒、滩涂草原和未开发的草原以及盆周山区的远山草原的,在 5 年内免缴草原使用费。军烈属、伤残军人、特困户和其他缴纳草原使用费确有困难的,经发包方同意,可适当减免草原使用费。

第十九条　草原使用费根据草原质量每标准亩每年按 0.05—0.20 元计收,具体收取标准由市、州人民政府确定。草原使用费的使用管理办法,由省牧业行政主管部门会同省财政部门制定。

第二十条　草原使用费的收支情况必须定期向群众张榜公布,接受财政、审计部门的监督。

第四章　草原承包合同

第二十一条　承包经营草原,发包方与承包方必须依法签订草原承包合同,明确双方的权利和义务。

第二十二条　草原承包合同必须具备以下内容:

（一）发包方的名称,发包方代表人和承包方代表人姓名;

（二）承包草原的坐落、面积、质量;

（三）发包方应当提供的生产经营条件和服务项目;

（四）草原的使用、保护建设和载畜量;

（五）承包方应当缴纳的草原使用费;

（六）承包合同的有效期限和终止草原承包合同的条件;

（七）违约责任;

（八）当事人双方协商约定的其他内容。

第二十三条　依照本办法签订的草原承包合同,具有法律效力,当事人双方必须严格履行,任何一方不得擅自变更或解除。

第二十四条　草原承包合同依法签订后,由县级人民政府发放草原使用证。草原使用证、草原使用权登记表、草原承包合同书由省牧业行政主管部门统一式样,各市、州人民政府印制。

第二十五条　有下列情形之一的,草原承包合同无效:

（一）违反国家法律、法规规定;

（二）损害国家、集体或他人利益；

（三）发包方越权发包；

（四）采取欺诈、胁迫手段订立。

依法被确认为无效的草原承包合同，从订立之日起就不具备法律约束力。

第五章 草原承包合同的变更、解除与终止

第二十六条 有下列情形之一的，允许变更、解除草原承包合同：

（一）经当事人双方协商一致，又不损害国家、集体和他人利益；

（二）由于自然灾害等不可抗力的原因，致使承包合同无法完全履行；

（三）一方违约，使草原承包合同无法继续履行；

（四）承包的草原依法被国家征用或者收回使用权；

（五）对草原实行掠夺性经营或因超载放牧造成草原沙化、退化、水土流失，超过规定期限仍不进行治理。

第二十七条 当事人双方同意变更或解除草原承包合同的，应当签订书面协议，经双方签字并加盖发包方公章，承包方系单位的还需加盖单位公章。协议未生效前，原草原承包合同仍然有效。

第二十八条 在草原承包合同约定期限内，经发包方同意，承包方可以将承包的草原部分或全部转包给第三者。承包方与第三者确定转包关系后，承包方与发包方依据草原承包合同确定的权利、义务不变。

第二十九条 有下列情形之一的，承包合同即行终止：

（一）人民法院裁决终止草原承包合同；

（二）双方当事人协商同意终止草原承包合同，且不损害国家、集体和他人利益；

（三）承包人死亡而无继承人继续承包。

第三十条 当事人一方发生合并、分立，由变更后的当事人承担原草原承包合同规定的义务，享有承包合同规定的权利，并及时通知另一方当事人

第三十一条 草原承包合同订立后，不因发包方代表人的变更而变更或解除。

第六章 草原承包合同的违约责任和纠纷处理

第三十二条 因当事人一方的过错，造成草原承包合同不能履行或者不能完全履行的，由有过错的一方按照法律规定或者合同的约定承担违约责任；双方都有过错的，由双方各自承担相应的违约责任。

第三十三条 发包方有下列行为之一的,按照草原承包合同的约定支付违约金和赔偿损失:

(一) 不按草原承包合同的规定提供必要的生产经营条件;

(二) 非法干预承包方正常生产经营,造成经济损失;

(三) 擅自变更或解除草原承包合同;

(四) 其他违约行为。

第三十四条 承包方有下列行为之一的,按照草原承包合同的约定支付违约金和赔偿损失:

(一) 不按草原承包合同约定缴纳草原使用费;

(二) 擅自变更或者解除草原承包合同,擅自变卖、转让、出租草原使用权;

(三) 实行掠夺性经营或者超载放牧,造成草原沙化、退化、水土流失;

(四) 其他违约行为。

第三十五条 当事人一方由于不可抗力的原因造成草原承包合同不能履行或者不能完全履行时,不承担违约责任,但应及时向对方通报,经双方协商一致,可延期履行、部分履行或者不履行。

第三十六条 当事人双方发生合同纠纷,应当及时协商解决。协商不成的,可以向县牧业行政主管部门申请调解,也可以依法直接向人民法院提起诉讼。

第三十七条 合同双方当事人发生纠纷申请调解或者诉讼期间,不停止合同履行。一方当事人申请停止履行的,是否允许,由人民法院裁定。

第七章 附则

第三十八条 本办法具体应用中的问题由省牧业行政主管部门解释。

第三十九条 市、州人民政府可根据实际需要,制定实施办法。

第四十条 本办法自 2003 年 3 月 1 日起施行。

西藏自治区实施《中华人民共和国草原法》办法

（2015年修正本）

（2006年11月29日西藏自治区第八届人民代表大会常务委员会第二十七次会议通过

根据2010年7月30日西藏自治区第九届人民代表大会常务委员会第十七次会议第一次修正

根据2015年11月26日西藏自治区第十届人民代表大会常务委员会第二十一次会议通过 2015年11月26日西藏自治区人民代表大会常务委员会公告〔2015〕12号公布的《西藏自治区人民代表大会常务委员会关于修改〈西藏自治区实施《中华人民共和国草原法》办法〉的决定》第二次修正）

第一章 总则

第一条 根据《中华人民共和国草原法》及相关法律、法规，结合自治区实际，制定本办法。

第二条 在自治区行政区域内从事草原规划、保护、建设、利用和管理活动，适用本办法。

第三条 各级人民政府应当对草原实行科学规划、全面保护、重点建设、合理利用，加强管理，将草原保护、建设和利用纳入国民经济和社会发展规划。市（地）、县（市、区）、乡（镇）人民政府应当建立草原保护与建设目标管理责任制。

第四条 自治区人民政府农牧行政主管部门主管全区的草原监督管理工作。

市（地）、县级人民政府农牧行政主管部门主管本行政区域内草原监督管理工作。

乡（镇）人民政府应当加强对本行政区域内草原保护、建设和利用情况的监督检查，根据需要可以设专职或者兼职人员负责具体监督检查工作。

第五条 自治区、市（地）以及以畜牧业为主的县应当逐步建立健全草原科学研究与推广机制，加强草原科技队伍建设，积极开展草原科学研究，提高草原建设管理的科学技术水平。

自治区鼓励科技人员开展草原科学研究和技术服务，指导农牧民进行草原建设、保护与合理利用。

第六条 县级以上人民政府农牧行政主管部门，应当建立草原违法案件举报制度。任何单位和个人都有权对破坏草原的行为进行检举和控告。

第七条 自治区各级人民政府对在草原管理、保护、建设、合理利用和科学研究等工作中做出显著成绩的单位和个人，给予表彰奖励。

第二章 草原规划

第八条 自治区建立草原保护、建设、利用规划制度。

县级以上人民政府农牧行政主管部门会同同级有关部门，依据上一级草原保护、建设、利用规划编制本行政区域的草原保护、建设、利用规划，报本级人民政府批准后实施。

草原保护、建设、利用规划确需调整或者修改的，须经原批准机关批准。

第九条 自治区建立草原调查制度。

自治区人民政府农牧行政主管部门组织有关部门每5年进行一次草原资源调查、每3年进行一次专项调查。草原使用者或者承包经营者应当支持、配合调查，并提供有关资料和数据。

县级以上人民政府农牧行政主管部门应当建立草原资源档案，依法对草原的面积、等级、产草量、载畜量以及草原建设进行统计，建立数据库。

第十条 自治区建立草原生产与生态监测预警、预报系统。

自治区人民政府应当根据不同生态、气候、草原主要类型及畜牧业生产特点，建立草原资源动态监测站。

县级以上人民政府农牧行政主管部门对草原的面积、等级、植被构成、生产能力、自然灾害、生物灾害等草原基本状况，以及草原保护与建设效益实行动态监测，及时为本级政府和有关部门提供动态监测和预警信息服务。

县级以上人民政府获取预警信息后，应当及时采取相应的预防、控制和治理措施。

第三章 草原经营

第十一条 国家所有集体使用和集体所有的草原，可以由本集体经济组织内的家庭承包或者联户承包，从事畜牧业生产。

第十二条 依法确定给全民所有制经济组织和部队、机关、学校、寺庙等使用的草原,由县级以上人民政府登记造册,核发草原使用证,确认草原使用权。

第十三条 草原使用权证、草原承包经营权证由县级人民政府核发。草原所有权、使用权和承包经营权受法律保护,任何单位和个人不得侵犯。

草原使用权证、草原承包经营权证由自治区人民政府农牧行政主管部门统一印制,除按规定收取工本费外,不得收取其他费用。

第十四条 承包经营草原,发包方和承包方应当签定书面合同。国家所有集体使用的草原,乡(镇)人民政府为发包方,集体所有的草原,村集体经济组织或者村民委员会为发包方;经营者为承包方。

第十五条 承包经营合同的主要内容包括双方的权利和义务,承包使用的草原面积、类型、等级、四至界限、期限、用途、违约责任等。

第十六条 草原使用或经营中发生争议的,应当按照勘界执行;没有勘界的,可根据现状,参照历史,在当地人民政府农牧行政主管部门的指导下,由争议双方本着互谅、互让、有利于团结和发展生产的精神协商解决;协商不成的,由各级人民政府按下列规定处理:

(一)牧(农)户之间,村与村之间的草原争议,由乡(镇)人民政府处理;

(二)乡与乡,乡与县属全民所有制单位之间的草原争议,由县人民政府处理;

(三)县与县,县与地区所属全民所有制单位之间的草原争议,由市(地)人民政府处理;

(四)地区与地区,地区与自治区所属的全民所有制单位之间的草原争议,由自治区人民政府处理;

在草原争议未解决之前,当事人必须维持草原利用现状,任何一方不得破坏草原和草原围栏、畜圈、水利等设施,不得新建生活、生产设施。

第十七条 有下列情形之一的,可以依法变更或者终止草原承包经营权:

(一)因国家建设征收、征用草原改变草原用途的;

(二)因维护草原生物多样性、保护生态安全需要建立自然保护区的;

(三)承包方自愿放弃或全家迁入设区的市,转为非农业户口的;

(四)由于重大自然灾害等特殊情况需要调整的;

(五)承包经营者不按承包经营合同履行约定义务,造成草原生态环境严重破坏的;

(六)因其他原因不能管理、利用草原的。

第十八条 草原承包经营权可以按照平等、自愿、有偿的原则依法转让。

转让草原承包经营权，不得改变草原的用途；同等条件下，应当优先在草原所有权单位内部转让，或者按行政区域管辖就近转让。

第十九条 草原承包经营权依法进行转让的，由转让方和受让方向发包方提出申请，经发包方同意，当事人双方应当签订转让协议。

第二十条 草原承包经营权转让后，受让方再次转让的，应当经原发包方和承包方的同意，方可依法进行。

第二十一条 实行草原承包经营责任制，应当兼顾野生动物的食草、饮水和迁徙等生存条件。

第四章 草原建设

第二十二条 县级以上人民政府应当加大草原建设的投入，加强草原建设。

自治区鼓励单位和个人投资建设草原，按照谁投资、谁受益的原则，保护草原投资建设者的合法权益。

第二十三条 自治区人民政府应当鼓励、支持和引导单位及个人进行人工草地建设；提倡和推广在轮休地、弃耕地种植牧草，进行天然草地改良、饲草料基地建设；开展防抗灾基地、草原围栏、饲草料储备、牲畜棚圈等生产设施建设。

第二十四条 各级人民政府应当按照草原保护、建设、利用规划，对沙化、退化、盐碱化、荒漠化、鼠虫害和水土流失的草原，划定治理区，组织专项治理。

第二十五条 县级以上人民政府农牧行政主管部门应当建设牧草种子繁育基地，因地制宜地选育、引进、推广优良牧草品种。对种子的生产、加工、检验、检疫，应当按照国家有关法律、法规的规定进行。

第二十六条 各级人民政府安排用于草原建设的资金，任何单位或者个人不得截留、挪用。

第五章 草原利用和保护

第二十七条 自治区实行退耕还草、退牧还草制度。

各级人民政府应当实行基本草原保护制度，草畜平衡制度，禁牧、休牧和轮牧制度。

第二十八条 自治区人民政府农牧行政主管部门，应当按照国务院草原行政主管部门制定的草原载畜量标准，根据自治区实际，制定自治区草原载畜量标准。

县级人民政府应当根据自治区的草原载畜量标准,结合当地实际,确定科学、合理的载畜量,层层签订草畜平衡责任书,保持草畜平衡。

县级人民政府应当每5年对草畜平衡情况复核一次,并予以公布。

草原承包经营者应当合理利用草原,以草定畜,不得超载过牧。

第二十九条　自治区提倡在农区、半农半牧区和有条件的牧区实行牲畜舍饲或者半舍饲。

第三十条　遇自然灾害等特殊情况需要调剂使用草原的,由双方协商解决;需要跨行政区域临时调剂使用草原的,由当地人民政府或者共同的上级人民政府协商解决。达成一致意见的,应当签订借用草原合同,约定临时借用草原的期限、范围和补偿费用等。

严禁以借用、调剂草原为由长期占用他人草原,不得在临时占用的草原上修建永久性建筑物和构筑物。

第三十一条　在草原上修建直接为草原保护和畜牧业生产服务的工程设施由县级以上人民政府农牧行政主管部门批准。

因国家和地方建设需要征收、征用或者临时使用草原的,按照《中华人民共和国土地管理法》和《西藏自治区实施〈中华人民共和国土地管理法〉办法》的有关规定办理。

第三十二条　禁止在草原上挖取草皮和开垦草原。

禁止在荒漠、半荒漠和严重退化、沙化、盐碱化、水土流失的草原以及生态脆弱区的草原上采挖植物或从事破坏草原的其他活动。

第三十三条　各级人民政府应当加强对草原生态环境的保护,并采取相应的保护措施。

任何单位和个人应当履行保护草原生态环境的义务,不得随意倾倒废水、废气、废渣、垃圾及其他污染物。

第三十四条　更新草原、建立人工草地,应按照自治区有关部门制定的人工草地区划,经充分论证后进行。

第三十五条　各级人民政府对水土流失严重、有沙化趋势、需要改善生态环境的已垦草原,应当有计划、有步骤地退耕还草。

第三十六条　在草原上开展旅游经营活动,应当符合自治区草原生态建设规划,经县级以上人民政府农牧行政主管部门同意,并接受草原监督管理机构的监督检查。

开展草原旅游活动不得损害草原所有者、使用者或者承包经营者的合法权益。

第三十七条　除抢险救灾和农牧民搬迁的机动车辆外，禁止其他机动车辆在草原上离开固定的公路线行驶；因地质勘探、科学考察、工程测绘等活动确需离开固定公路线在草原上行驶的，应当事先向所在地县级人民政府草原行政主管部门报告行驶区域和行驶路线，并按照报告的行驶区域和行驶路线在草原上行驶。

第三十八条　在草原上从事采土、采砂、采石等作业活动，应当报县级人民政府农牧行政主管部门批准；开采矿产资源的，应当依法办理有关手续。

经批准在草原上从事本条第一款所列活动的，应当向县级以上人民政府农牧行政主管部门缴纳草原植被恢复保证金，并在规定的时间、区域内，按照准许的采挖方式作业，并采取保护草原植被的措施。

在他人承包的草原上从事本条第一款所列活动的，还应当事先征得草原承包者的同意。

第三十九条　在草原上采挖冬虫夏草等名贵药用植物，对草原植被造成损害的，应当向当地人民政府缴纳草原植被恢复费。草原植被恢复费应当专门用于草原植被恢复。

第四十条　县级以上人民政府农牧行政主管部门应当做好草原鼠虫害的预测预报工作，采取措施防治草原鼠虫害及灭除毒草。

严禁猎取捕食鼠虫的益鸟益兽。

第四十一条　县、乡（镇）、村应当建立防火责任制，制定并严格执行草原防火制度，加强草原防火工作。

第四十二条　由国家投资、集体筹资建设的草原设施，可以确定给草原使用者或者承包经营者使用、管理和维护。

草原上的围栏、人畜饮水设施、水利工程等基础设施不得破坏或者随意拆除；确需拆除的，应当经所在地人民政府同意。

第六章　监督检查

第四十三条　自治区、市（地）以及以畜牧业为主的县应当设立草原监督管理机构。草原监督管理机构履行下列职责：

（一）宣传、贯彻草原法律、法规；

（二）监督、检查草原法律、法规的执行情况，对违法行为进行查处；

（三）办理草原使用权证、承包经营权证的登记、造册工作；

（四）办理征收、征用临时占用草原的有关事宜；

（五）对征收、征用草原和草原建设项目等进行现场勘验；

（六）参与草原争议的调解，办理调剂使用草原的相关工作；

（七）办理其他有关草原监督管理事项。

第四十四条 草原监督检查人员履行职责时，有权采取以下措施：

（一）要求被检查单位或者个人提供有关草原权属的文件和资料，进行查阅或者复印；

（二）要求被检查单位或者个人对草原权属等问题作出说明；

（三）进入检查现场进行拍照、摄像和勘测；

（四）责令被检查单位或者个人停止违法行为，履行法定义务。

第四十五条 草原监督检查人员在执行公务时，应当出示执法证件，做到公正、公平、公开执法。

任何单位和个人不得阻挠、抗拒或以煽动群体闹事等其他方式妨碍草原监督检查人员依法执行公务。

第七章　法律责任

第四十六条 违反本办法第十六条第二款规定的，由县级人民政府农牧行政主管部门责令其限期恢复植被；造成损失的，依法承担赔偿责任。

第四十七条 违反本办法第二十六条规定，截留、挪用草原建设资金的，对有关责任人给予行政处分；构成犯罪的，依法追究刑事责任。

第四十八条 违反本办法第二十八条第四款规定的，由县级人民政府农牧行政主管部门给予警告，并责令其在规定的期限内出栏超载的牲畜。

第四十九条 违反本办法第三十条第二款规定的，由县级人民政府农牧行政主管部门责令限期退还、拆除，逾期不退还、拆除的，强制拆除，所产生的费用由违法者承担；由此给草原所有者或使用者造成损失的，依法承担赔偿责任。

第五十条 违反本办法第三十二条第一款规定，在草原上挖取草皮的，由县级人民政府农牧行政主管部门责令其停止违法行为，限期恢复植被，没收违法所得，并处违法所得二倍以上五倍以下的罚款；没有违法所得的，可以并处草原被破坏前三年平均产值的十倍以上二十倍以下的罚款；给草原所有者或使用者造成损失的，依法承担赔偿责任。

第五十一条 违反本办法第三十三条第二款规定的，由县级人民政府农牧行政主管部门责令停止违法行为，限期清理，并根据所造成的危害后果，处以1000元以上10000元以下的罚款。

第五十二条 违反本办法第三十六条规定的，由县级人民政府农牧行政主管部门依据职权责令停止违法行为，限期恢复植被，没收违法所得，可以并处违法所得一倍以上二倍以下的罚款；没有违法所得的，可以并处草原被破坏前三年平均产值六倍以上十二倍以下罚款；给草原所有者或者使用者造成损失的，依法承担赔偿责任。

第五十三条 违反本办法第三十七条规定的，由县级人民政府农牧行政主管部门责令停止违法行为，限期恢复植被，可以并处草原被破坏前三年平均产值三倍以上九倍以下的罚款；给草原所有者或者使用者造成损失的，依法承担赔偿责任。

第五十四条 违反本办法第三十八条规定的，由县级人民政府农牧行政主管部门责令停止违法行为，限期恢复植被，没收非法财物和违法所得，可以并处违法所得一倍以上二倍以下的罚款；没有违法所得的，可以并处10000元以上20000元以下的罚款；给草原所有者或者使用者造成损失的，依法承担赔偿责任。

第五十五条 违反本办法第四十五条第二款规定的，依法给予治安处罚；构成犯罪的，依法追究刑事责任。

第五十六条 草原监督机构和草原管理机构工作人员以及相关国家机关工作人员有下列行为之一的，由所在单位或者上级主管部门给予行政处分；构成犯罪的，依法追究刑事责任：

（一）滥用职权、徇私舞弊、侵犯草原使用权或经营权的；

（二）截留、挪用草原植被恢复费的；

（三）对违法行为不予查处，造成严重后果的；

（四）未及时提供草原生产与生态监测预警信息，或接到预警信息未及时采取相应措施的。

第五十七条 违反本办法其他规定的，依照《中华人民共和国草原法》的相关规定处罚。

第八章 附则

第五十八条 国有农、林、牧场依照本办法对其范围内的草原进行管理和建设，并接受当地人民政府草原监督管理机构的监督。

第五十九条 本办法所称草原，是指天然草原、人工草地、疏林草地、灌木草地和退耕还草地；人工草地不包括城镇绿化草地；疏林草地是指林木郁闭度在0.2以下的疏林草地。

第六十条 本办法自2007年3月1日起施行，1994年10月27日由自治区第六届人大常委会公布的《西藏自治区实施〈中华人民共和国草原法〉细则》同时废止。

西藏自治区冬虫夏草采集管理暂行办法

（2006年1月6日西藏自治区人民政府第2次常务会议审议通过　2006年2月8日西藏自治区人民政府令第70号公布　自2006年4月1日起施行）

第一章　总则

第一条　为了规范冬虫夏草（以下简称"虫草"）采集秩序，维护、改善草原生态环境，根据《中华人民共和国草原法》《中华人民共和国野生植物保护条例》和其他相关法律、法规的规定，结合自治区实际，制定本办法。

第二条　在自治区行政区域内采集虫草、管理采集活动、保护虫草资源应当遵守本办法。

第三条　县级以上人民政府及有关部门应当按照依法保护、科学规划、合理利用、规范采集和促进农牧民增收的原则，对虫草采集活动实施管理，实现经济效益、环境效益和社会效益的统一。

第四条　自治区各级农牧行政主管部门负责本行政区域的虫草采集管理、虫草资源保护工作。

虫草产区县市、区环境保护、公安、食品药品监督、工商、林业等部门和乡（镇）人民政府，应当在各自职责范围内做好虫草采集管理、虫草资源保护工作。

第五条　虫草产区地（市）、县（市、区）、乡（镇）人民政府应当建立健全虫草资源保护和采集管理责任制。

虫草产区县（市、区）、乡（镇）人民政府应当加强对虫草采集人员的管理和教育，提高其保护草原生态环境和虫草资源的意识。

第六条　各地（市）、县（市、区）人民政府应当按照注重现实、尊重历史的原则，妥善处理相邻省（区）、县（市、区）、乡（镇）群众采挖虫草过程中发生的矛盾，维护好社会秩序，促进经济发展和社会稳定。

第二章 虫草资源管理

第七条 自治区农牧行政主管部门应当根据各地虫草资源普查情况，编制西藏虫草资源开发与保护规划。

虫草产区县（市、区）农牧行政主管部门应当根据自治区虫草资源开发与保护规划，编制本地虫草资源开发与保护规划，经所在地县（市、区）人民政府审核，并经地（市）行署人民政府批准，报自治区农牧行政主管部门备案。

第八条 自然保护区内核心区的草原为虫草禁采区。有草原使用权争议纠纷的区域，争议双方协商处理。协商不成的，按禁采区处理。

第九条 虫草产区县（市、区）农牧行政主管部门，应当根据本地虫草资源开发与保护规划、历年虫草采集情况，制定虫草采集计划。

虫草采集年度计划应当科学、合理地确定虫草采集区域、采集面积、计划采集量、适宜采集量、采集人员数量、采集期限和禁采区域以及相关保障措施。

第十条 虫草产区县（市、区）农牧行政主管部门在制定虫草采集年度计划时，应当协调处理好与草场承包者、使用者的利益关系。

第三章 采集管理

第十一条 采集虫草应当取得采集证。采集证的发放对象为虫草产区县域范围内当地群众，因历史传统跨县域采集虫草的，由相邻县级人民政府协商解决。

采集证应当载明持证人及其相关身份资料、采集区域和地点、有效期限和环境保护措施等内容。

第十二条 虫草采集实行一人一证。采集证由虫草产区县（市、区）农牧行政主管部门委托乡（镇）人民政府发放。

申请采集虫草应当向虫草产区乡（镇）人民政府提出申请，由乡（镇）人民政府按照公开、公平、公正的原则，依照申请人所提申请的先后顺序审核发放采集证。

禁止无证采集或者在禁采区采集虫草。

第十三条 虫草采集证由虫草产区县（市、区）农牧行政主管部门按照国家和自治区规定的格式印制。发放虫草采集证，除依法缴纳草原植被恢复费外，不得收取任何费用。

采集证不得伪造、倒卖、涂改、转让、出租、出借。

第十四条 虫草采集人员申办虫草采集证时，依法缴纳草原植被恢复费。具体缴纳标准，由自治区价格主管部门和财政部门商自治区农牧行政主管部门确定公布。

第十五条 虫草采集人员应当服从虫草产区县（市、区）农牧行政主管部门、乡（镇）人民政府和村民委员会的管理，按照采集证的规定进行采集。

第十六条 虫草采集人员应当保护草原生态环境和草原建设设施，并遵守下列规定：

（一）尊重虫草采集地的风俗习惯；

（二）设立居住点不得破坏草原植被；

（三）采集虫草对草皮随挖随填；

（四）不得使用对草原植被具有破坏性的虫草采集工具；

（五）不得毁坏草原、畜牧业建设设施；

（六）不得砍挖灌木、挖草皮、掘壕沟、采挖其他野生珍稀植物、防风固沙植物；

（七）不得非法猎捕野生动物；

（八）做好生活垃圾的及时处理；

（九）遵守虫草产区县（市、区）人民政府的有关规定。

第四章 监督检查

第十七条 自治区农牧行政主管部门应当对虫草产区县（市、区）人民政府落实本地虫草资源开发与保护规划情况进行监督检查。

虫草产区县（市、区）农牧、环境保护等行政主管部门和乡（镇）人民政府应当加强执法监督，查处违法采集虫草和破坏草原生态环境的行为。

第十八条 虫草产区地（市）、县（市、区）人民政府应当制定有关突发性公共事件处置预案，及时调解处理虫草采集活动中的纠纷。

虫草产区地（市）、县（市、区）公安机关和卫生部门，在虫草采集期应当采取有效措施，加强治安防范和卫生防疫等工作，防止突发性公共事件发生。非虫草产区乡（镇）人民政府应当加强对本行政区域内虫草采集人员的组织管理和教育，协助虫草采集地的乡（镇）人民政府做好突发性公共事件的处置工作。

第十九条 草原承包者、使用者有权对违法采集虫草、破坏草原生态环境和草原畜牧业建设设施的行为进行劝告，并向所在地乡（镇）人民政府报告。

第二十条 任何单位和个人不得拒绝或者阻挠农牧行政主管部门执法人员依法监督检查。执法人员在依法履行监督检查职责时，有权采取下列措施：

（一）查验采集证；

（二）进入虫草采集现场实施勘测、拍照、摄像等监督检查；

（三）没收破坏草场的采挖工具；

（四）对采挖后不回填的，责令立即回填；

（五）依法责令虫草采集人员停止违反草原管理的行为。

第二十一条 虫草产区地（市）、县（市、区）财政、审计部门对虫草采集证的发放和草原植被恢复费收支情况进行监督检查。

第五章 法律责任

第二十二条 违反本办法规定，未取得采集证或者未按照采集证规定采集虫草的，由虫草产区县（市、区）农牧行政主管部门责令其停止采集行为，没收违法采集的虫草和违法所得，可以并处违法所得1倍以上5倍以下的罚款；有采集证的，可以由发证机关吊销其采集证。

在禁采区内采集虫草的，由虫草产区县级农牧行政主管部门责令其停止采集行为，没收违法采集的虫草和违法所得，可以并处违法所得6倍以上10倍以下的罚款；有采集证的，可以由发证机关吊销其采集证。

第二十三条 伪造、倒卖、涂改、转让、出租、出借采集证的，由虫草产区县（市、区）农牧行政主管部门或者工商行政管理部门按照职责分工收缴，没收违法所得，可以并处1万元以上5万元以下的罚款；没有违法所得的，处以1000元以上5000元以下的罚款。

第二十四条 违反本办法规定，造成草原植被或者生态环境破坏的，由发证机关吊销其采集证，并由虫草产区县（市、区）农牧行政主管部门责令其停止违法行为，限期恢复植被，没收非法财物和违法所得。逾期拒不恢复植被的，指定有关单位和个人代为恢复植被，所花费用由责任人承担，可以并处违法所得1倍以上3倍以下的罚款，但最高不得超过2万元。没有违法所得的，处以1000元以上5000元以下的罚款。给草原所有者或者使用者造成损失的，依法承担赔偿责任。

违反本办法规定，造成森林、林木和林地破坏的，由林业行政主管部门依照《中华人民共和国森林法》和其他相关法律法规的规定予以处罚。

第二十五条 违反本办法规定，虫草产区人民政府或者有关部门不落实突发性公共事件处置预案或者不采取措施及时、依法处置突发性公共事件，造成后果的，由上级人民政府予以通报批评、责令改正，并追究主要负责人的行政责任。

第二十六条 农牧行政主管部门以及乡（镇）人民政府工作人员滥用职权、玩忽职守、徇私舞弊，尚不构成犯罪的，依法给予行政处分；构成犯罪的，依法追究刑事责任。

第二十七条 当事人对行政处罚决定不服的，可以申请行政复议或者提起诉讼。逾期不申请复议、不提起诉讼，又不执行处罚决定的，由作出处罚决定的机关申请人民法院强制执行。

第六章 附则

第二十八条 虫草产区县（市、区）人民政府可以根据本办法，结合本地实际，制定实施细则，报自治区农牧行政主管部门备案。

第二十九条 本办法自2006年4月1日起施行。

西藏自治区冬虫夏草交易管理暂行办法

（2009年6月4日西藏自治区人民政府第9次常务会议审议通过 2009年6月16日西藏自治区人民政府令第90号公布 自2009年10月1日起施行）

第一章 总则

第一条 为了规范冬虫夏草（以下简称虫草）交易活动，维护交易双方的合法权益，促进虫草交易市场健康、有序发展，根据《中华人民共和国消费者权益保护法》《中华人民共和国野生植物保护条例》等法律、法规，结合自治区实际，制定本办法。

第二条 在自治区行政区域内从事虫草交易活动的，应当遵守本办法。

本办法所称虫草交易活动是指虫草收购行为和虫草销售行为。

虫草收购是指持有营业执照，并取得虫草收购许可证明的企业和个体工商户直接向虫草采集者购买虫草的交易行为。个人购买自用的除外。

虫草销售是指持有营业执照的企业和个体工商户向消费者出售虫草的交易行为。

第三条 县级以上工商行政管理部门依法负责虫草收购、销售行为的市场监督管理工作。

县级以上农牧行政主管部门依法负责虫草收购许可证的发放、使用和监督管理工作。

质量技术监督、食品药品监督、公安、物价、税务等有关部门按照各自职责，做好虫草交易活动的相关监督管理工作。

第四条 虫草产区县级以上人民政府应当根据当地实际，为虫草交易活动创造条件，促进农牧民增收。

第五条 虫草产区县级人民政府应当支持和引导当地农牧民成立虫草交易（经营）专业合作组织，维护自身权益。

第六条 从事虫草交易活动的，应当遵守诚实信用原则和商业道德。

第二章　虫草交易

第七条　虫草收购实行许可制度。

收购虫草的，应当持有工商行政管理部门核发的允许经营虫草项目的营业执照和有效身份证明，到县级农牧行政主管部门办理虫草收购许可证明。农牧行政主管部门应当自收到申请之日起15个工作日内，作出是否批准的决定，并通知申请人。经审查不符合条件的，应当书面通知申请人，并说明理由。

农牧民从事虫草收购活动的，应当办理营业执照和虫草收购许可证明。

药品生产、经营企业已经办理《药品生产许可证》《药品经营许可证》的，不再申办虫草收购许可证明。

第八条　虫草收购许可证明应当载明持证人姓名、身份证号码、近期免冠照片、收购地点、期限等内容。

第九条　农牧行政主管部门在审核发放虫草收购许可证明时，除工本费以外，不得收取其他费用。

第十条　虫草收购者应当到县（市、区）、乡（镇）人民政府指定的交易点收购虫草，并服从当地政府的管理。

第十一条　收购虫草的，收购者应当主动向出售者出示虫草收购许可证明。出售者应当要求收购者出示虫草收购许可证明，并不得向无虫草收购许可证明的收购者出售虫草。

虫草收购者应当及时结清虫草交易款项，不得拖欠虫草收购款。

第十二条　任何单位和个人不得伪造、涂改、倒卖、出租、出借、转让虫草收购许可证明。

第十三条　国家机关、事业单位、社会团体及其工作人员不得从事虫草收购活动。

第十四条　销售虫草的，应当具有固定的经营场所，并取得所在地工商行政管理部门核发的营业执照后，方可销售。

农牧民可以凭《虫草采集证》出售个人采挖的虫草。

第十五条　虫草包装材料和容器，应当符合国家相关规定。不得使用国家禁用或者不合格的虫草包装材料和容器。

第十六条　包装类虫草的标识及实物必须真实，并使用藏汉两种文字标明经销单位、地址、产地、净含量、采集年份、包装日期和安全使用说明等。

定量包装虫草应当符合《定量包装商品计量监督管理办法》的规定。

第十七条 销售虫草的，应当建立和完善购销台账、进货检查验收和质量承诺制度。

销售虫草应当开具发票并如实填写品名、数量、价格等。

第十八条 从事虫草交易活动，不得有下列行为：

（一）欺行霸市、强买强卖、骗买骗卖、缺斤少两；

（二）排斥和控制他人正常交易活动；

（三）哄抬物价、互相串通垄断价格或者垄断经营；

（四）使用国家禁止、未经检定或者检定不合格的计量器具；

（五）掺杂使假、以假充真、以次充好，伪造、涂改虫草的采集年份和包装日期；

（六）伪造虫草产地，冒用他人的厂名、厂址和质量标志；

（七）发布虚假广告，误导和欺骗消费者；

（八）法律、法规和规章禁止的其他行为。

第十九条 市场开办者、柜台经营者和展销会举办者应当建立健全市场管理制度，加强对虫草交易场所经营者的管理和虫草质量的监管，与进场经营者签订质量协议，明确双方责任，推行质量承诺。

市场开办者、柜台经营者和展销会举办者应当对场内经营者经销假冒伪劣虫草的违法行为负责，并承担连带责任。

第二十条 从事虫草交易活动的，应当依法纳税。

第三章 监督管理

第二十一条 各级人民政府应当加强对农牧民的法制宣传教育，提高农牧民法律意识、诚信意识和自我保护意识。

第二十二条 工商行政管理部门依法对虫草交易活动中无照经营、超范围经营以及扰乱市场秩序和违法违规的交易行为进行监督检查。

第二十三条 农牧行政主管部门依法对从事虫草收购活动及虫草收购许可证明的发放、使用等情况进行监督检查，依法查处无证收购行为。

第二十四条 产品质量监督管理部门依法对虫草加工过程中以假充真、以次充好、掺杂使假等违法行为进行监督检查。

第二十五条 税务部门应当加强对虫草交易活动的税收征管，依法查处虫草交易活动中的偷税、漏税等行为。

第二十六条 公安机关应当依法查处利用虫草交易从事诈骗的违法犯罪活动。

第二十七条 相关监督管理部门对虫草市场进行监督管理时,有权进入现场检查,向有关单位和个人调查、了解情况,查阅、复制合同、票据、账簿等资料。

交易当事人应当如实说明情况,提供相关资料,不得拒绝、妨碍监督管理部门依法执行公务。

第二十八条 任何单位和个人有权向有关部门举报虫草交易活动中的违法行为。举报属实的,依照国家和自治区有关规定给予奖励。

第四章 法律责任

第二十九条 违反本办法第七条第一款规定,未取得虫草收购许可证明收购虫草的,由农牧行政主管部门没收虫草和违法所得,可以并处违法所得3倍以上10倍以下的罚款。

国家机关、事业单位、社会团体及其工作人员非法从事虫草收购活动的,除按前款规定处罚外,对有关责任人员依法给予行政处分;有犯罪嫌疑的,移送司法机关处理。

第三十条 违反本办法第十二条规定,伪造、涂改、倒卖、出租、出借、转让虫草收购许可证明的,由农牧行政主管部门没收违法所得,可以并处5000元以上20000元以下的罚款。

第三十一条 违反本办法第七条第二款、第十四条第一款规定,未取得工商行政管理部门颁发的营业执照收购、销售虫草的,由工商行政管理部门依照《无照经营查处取缔办法》第十四条的规定处罚。

第三十二条 违反本办法第十五条、第十六条、第十七条第一款、第十八条、第十九条规定的,由工商行政管理、质量技术监督或者价格等主管部门按照职责分工,依照国家相关法律法规的规定处罚。

第三十三条 违反本办法第十七条第二款、第二十条规定的,由税务部门依照有关税收法律法规的规定处罚。

第三十四条 虫草交易者在交易活动中,违反治安管理规定的,由公安机关依照《中华人民共和国治安管理处罚法》的规定予以处罚;有犯罪嫌疑的,移送司法机关处理。

第三十五条 监督管理部门工作人员违反本办法规定,弄虚作假、玩忽职守、滥用职权、徇私舞弊的,给予行政处分;有犯罪嫌疑的,移送司法机关处理。

第五章　附则

第三十六条 虫草收购申请表、收购许可证明式样由自治区农牧行政主管部门统一印制。

第三十七条 本办法自 2009 年 10 月 1 日起施行。

陕西省实施《中华人民共和国草原法》办法

(2014 年修正本)

(1994 年 11 月 5 日陕西省第八届人民代表大会常务委员会第九次会议通过 2009 年 7 月 24 日陕西省第十一届人民代表大会常务委员会第九次会议修订 自 2009 年 10 月 1 日起施行

根据 2014 年 11 月 27 日陕西省第十二届人民代表大会常务委员会第十四次会议通过的《陕西省人民代表大会常务委员会关于修改〈陕西省县乡两级人民代表大会代表选举实施细则〉等十七部地方性法规的决定》修正 2014 年 11 月 27 日陕西省人民代表大会常务委员会公告〔十二届〕第二十三号公布 自公布之日起施行)

第一章 总则

第一条 为了实施《中华人民共和国草原法》，结合本省实际，制定本办法。

第二条 在本省行政区域内从事草原规划、保护、建设、利用和管理活动，适用本办法。

第三条 本办法所称草原，是指天然草原和人工草地。

天然草原包括草地、草山和草坡；人工草地包括改良草地和退耕还草地，不包括城镇草地。

第四条 本省对草原实行科学规划、全面保护、重点建设、合理利用、严格管理的方针。

第五条 县级以上人民政府应当将草原的保护、建设和利用纳入国民经济和社会发展规划，并将草原保护、建设和管理资金列入本级财政预算。

乡（镇）人民政府应当落实本行政区域内草原保护、建设和利用的工作措施，根据需要确定专职或者兼职管理人员。

第六条 省人民政府应当加强对榆林、延安以及渭北等草原建设保护重点区域的政策扶持和资金投入，促进生态环境建设，加快当地畜牧业发展。

第七条 省人民政府草原行政主管部门负责全省草原监督管理工作。

设区的市、县（市、区）人民政府草原行政主管部门负责本行政区域内的草原监督管理工作。

省草原行政主管部门和草原建设保护重点区域设区的市、县（市、区）草原行政主管部门，应当设立草原监督管理机构，负责草原法律法规执行情况的监督检查，查处违反草原法律法规的违法行为。

第八条 县级以上人民政府以及有关部门应当组织科学研究和技术推广部门，开展草原科学技术的研究、引进、试验及其推广工作。

第二章 草原权属

第九条 依法确定给全民所有制单位和集体经济组织等使用的国家所有的草原，由县级以上人民政府登记，核发《草原使用权证》，确认草原使用权。

未确定使用权的国家所有的草原，由县级以上人民政府登记造册，并负责保护管理。

集体所有的草原，由县级人民政府登记，核发《草原所有权证》，确认草原所有权。

改变草原权属的，应当到原登记机关办理草原权属变更登记手续。

《草原所有权证》和《草原使用权证》由省人民政府统一印制。

第十条 依法登记的草原所有权和使用权受法律保护，任何单位或者个人不得侵犯。

第十一条 在国务院和省人民政府批准规划范围内完成退耕还草的，经县级以上草原行政主管部门核实登记后，依法履行土地用途变更手续，由县级以上人民政府核发草原权属证书。

第十二条 集体所有的草原或者依法确定给集体经济组织使用的国家所有的草原，可以由本集体经济组织内的家庭或者联户承包经营。集体经济组织成员依法平等享有草原承包经营权。

依法确定给全民所有制单位使用的草原，可以由单位统一经营，也可以由职工承包经营。

第十三条 草原的承包期为三十年至五十年。承包经营草原，发包方应当与承包方签订书面承包合同，草原承包合同的示范文本由省草原行政主管部门制定。

在草原承包期内，不得擅自对承包经营者使用的草原进行调整。因自然灾害严重毁损等特殊情况，个别确需适当调整的，必须经本集体经济组织成员的村民会议三分之二以上成员或者三分之二以上村民代表的同意，并报乡（镇）人民政府和县级草原行政主管部门批准。

集体所有的草原或者依法确定给集体经济组织使用的国家所有的草原由本集体经济组织以外的单位或者个人承包经营的，必须经本集体经济组织成员的村民会议三分之二以上成员或者三分之二以上村民代表的同意，并报乡（镇）人民政府批准。

第十四条 草原承包经营权可以依法转让。草原承包经营权转让须经发包方同意，承包方与受让方在合同中约定的转让期限不得超过原承包合同的剩余期限。在同等条件下，本集体经济组织成员享有受让优先权。

任何组织和个人不得强迫或者阻碍承包方转让草原承包经营权。

草原承包经营权转让的受让方应当履行保护、建设和按照承包合同约定的用途合理利用草原的义务。

第三章 草原规划与建设

第十五条 省草原行政主管部门应当会同有关部门编制全省草原保护、建设、利用规划，报省人民政府批准后实施。

设区的市、县（市、区）草原行政主管部门会同有关部门，依据上一级草原保护、建设、利用规划，结合当地实际，编制本行政区域的草原保护、建设、利用规划，经征求上一级草原行政主管部门意见后，报本级人民政府批准后实施。

经批准的草原保护、建设、利用规划确需调整或者修改时，应当按照原批准程序重新报批。

第十六条 县级以上草原行政主管部门应当会同有关部门每五年进行一次草原生态以及基本状况调查，并建立草原资源档案和数据库；草原所有者或者使用者应当配合调查，并提供真实信息。

县级以上草原行政主管部门根据草原调查结果和国家草原等级评定标准，对草原进行评等定级。

第十七条 省草原行政主管部门应当会同统计部门制定草原统计办法。

县级以上草原行政主管部门会同统计部门对草原的面积、等级、产草量、载畜量等进行统计，定期发布草原统计资料。

第十八条 县级以上草原行政主管部门应当建立健全草原生态监测网，对草原的面积、等级、植被构成、生产能力、自然灾害、生物灾害等草原基本状况实行动态监测，为本级人民政府及其有关部门提供动态监测和预警信息。

县级以上人民政府及其有关部门接到预警信息后，应当及时采取相应的防治和控制措施。

第十九条 设区的市、县（市、区）人民政府应当增加草原建设的投入，加强饲草饲料基地、草原围栏、飞播草场、饮水和灌溉设施等建设，逐步形成草原畜牧业生产基地。

第二十条 县级以上人民政府应当鼓励、扶持单位和个人新建、改建、扩建牲畜棚圈、饲草饲料储备等生产设施，改良退化草原，提高草地生产能力。

第二十一条 县级以上人民政府应当有计划地进行草原防灾物资储备和防灾设施建设，确保草原防火、鼠虫害等防治需要。

第四章　草种管理

第二十二条 县级以上草原行政主管部门应当加强草种生产、加工、检疫、检验的监督管理，采取多种形式扶持草种基地建设，鼓励和支持繁育、选育、引进、推广适合本地条件的优良草品种。

第二十三条 禁止采集或者采挖国家重点保护的天然草种质资源。确因科学研究等特殊情况需要采集或者采挖的，应当经省草原行政主管部门审核后，报国务院草原行政主管部门批准。

第二十四条 从境外引进的草种质资源，应当依法进行检疫。对首次引进的草种，应当进行隔离试种和风险评估，经确认安全后方可使用。

第二十五条 新草品种未经国家审定通过的，不得发布广告，不得经营和推广。

第二十六条 主要草种的商品生产和草种的经营实行许可制度。

《草种生产许可证》和《草种经营许可证》的申请、审批程序按照《中华人民共和国种子法》和国家有关规定执行。

第二十七条 禁止任何单位和个人无证生产和经营草种；禁止伪造、变造、买卖、租借《草种生产许可证》和《草种经营许可证》。

第二十八条 草种应当按照有关植物检疫的法律、法规的规定进行检疫；未经检疫的草种不得进行生产和经营。

草种的生产者、经营者应当对其草种的质量负责。禁止生产和经营假、劣草种。

第二十九条 县级以上草原行政主管部门应当加强对草种质量的监督检查，定期对草种质量抽检。

草原行政主管部门可以委托草种质量检验机构对草种质量进行检验；承担草种质量检验的机构应当具备相应资质。

第三十条　草种生产者、经营者或者使用者发现有病虫害的草种，应当及时报告当地草原行政主管部门。

第五章　草原征占用

第三十一条　因矿藏开采和工程建设需要征收、征用或者使用草原的，必须经省级以上草原行政主管部门审核同意后，依照有关土地管理的法律、法规办理建设用地审批手续。

征收、征用或者使用草原超过七十公顷的，报国务院草原行政主管部门审核；征收、征用或者使用草原七十公顷以下的，由省草原行政主管部门审核。

第三十二条　因建设征收、征用集体所有的草原的，应当足额支付草原补偿费和安置补助费等费用。草原补偿费为该草原被征收、征用前三年平均年产值的十倍；安置补助费为该草原被征收、征用前三年平均年产值的十五倍。因建设使用国家所有的草原的，应当依照国务院有关规定对草原承包经营者给予补偿。

依照本条前款的规定，支付草原补偿费和安置补助费尚不能使需要安置的农民保持原有生活水平的，经省人民政府批准，可以增加安置补助费，但是草原补偿费和安置补助费的总和不能超过该草原被征收、征用前三年平均年产值的三十倍。

被征收、征用或者使用草原内的原有生产、生活设施，由征收、征用或者使用单位作价补偿或者易地重建。

第三十三条　建设征收、征用或者使用草原的，应当缴纳草原植被恢复费。草原植被恢复费按照不低于同类土地相同面积草原建设所需费用缴纳。草原植被恢复费专项用于草原建设，任何单位和个人不得挤占、挪用。

第三十四条　需要临时占用草原的，按照下列规定的权限审核：

（一）临时占用草原三十公顷以上的，由省草原行政主管部门审核；

（二）临时占用草原五公顷以上不足三十公顷的，由设区的市草原行政主管部门审核；

（三）临时占用草原不足五公顷的，由县级草原行政主管部门审核。

临时占用草原不得超过两年，不得在临时占用的草原上修建永久性的建筑物、构筑物；占用期满，用地单位必须恢复草原植被，并及时退还。

第三十五条　临时占用草原的单位或者个人应当与草原所有者、使用者或者承包经营者签订补偿协议。

第三十六条 在草原上修建直接为保护草原和畜牧业生产服务的工程设施确需使用草原的,依照下列规定的权限办理:

(一) 使用草原二十公顷以上的,由省草原行政主管部门审批;

(二) 使用草原五公顷以上不足二十公顷的,由设区的市草原行政主管部门审批;

(三) 使用草原不足五公顷的,由县级草原行政主管部门审批。

第六章 草原保护

第三十七条 基本草原由县级人民政府组织相关部门划定,统一设立保护标志,并予以公告。

任何单位和个人不得擅自改变基本草原的性质和用途。

第三十八条 本省退化、沙化、水土流失严重、退耕还草地以及生态脆弱的草原实行禁牧。县级草原行政主管部门划定禁牧区,报本级人民政府批准实施。

县级草原行政主管部门根据有利于草原生态恢复和草原再生的需要,可以划定草原休牧区、轮牧区,报本级人民政府批准后实施,并向社会公告。

第三十九条 草原使用者或者承包经营者实行牲畜舍饲圈养。

在实行轮牧的范围和时间内,由县级草原行政主管部门核定草原载畜量。草原使用者或者承包经营者不得超过核定的载畜量放牧。省、设区的市草原行政主管部门应当加强草畜平衡的指导和监督检查。

第四十条 禁止开垦草原。对有沙化趋势、需要改善生态环境的已垦草原,应当有计划、有步骤地退耕还草;对水土流失严重,已造成沙化、盐碱化和荒漠化的已垦草原,应当限期退耕还草。

第四十一条 未经县级以上草原行政主管部门同意,任何单位和个人不得擅自在草原上从事挖药材、搂发菜、勘探等活动。

第四十二条 禁止向草原倾倒垃圾、废渣或者排放油、污水以及其他破坏草原植被的有害物质。

第四十三条 任何单位和个人不得破坏用于草原建设的围栏、引水工程和草原保护标志等设施。

第四十四条 在草原上开展经营性旅游活动,应当经县级草原行政主管部门同意,方可办理有关手续。经营性草原旅游活动不得破坏草原植被和污染草原环境。

第四十五条 县级以上草原行政主管部门应当做好草原鼠害、病虫害和毒害草的监测预警、调查以及防治工作，组织研究和推广科学防治的办法。

禁止在草原上使用剧毒、高残留以及可能导致二次中毒的农药。

第四十六条 草原防火工作实行各级人民政府行政首长负责制和部门、单位领导负责制。

各级人民政府应当落实草原防火责任制，制定草原火灾扑救预案，完善草原火情监测预警体系，建立健全草原防火机构，配置草原灭火设备，在重点防火地区建立草原灭火队伍，切实做好草原火灾的预防和扑救工作。

每年十月一日至次年五月三十一日为全省草原防火期，在防火期内严格实行野外用火管制。县（市、区）人民政府可以根据当地自然条件和草原火灾发生规律确定具体防火期。

第七章 法律责任

第四十七条 违反本办法规定，《中华人民共和国草原法》和其他法律、法规有处罚规定的，按照其规定执行。

第四十八条 违反本办法第二十三条规定，未经批准采集、采挖国家重点保护的天然草种质资源的，由县级以上草原行政主管部门责令停止违法行为，没收草种和违法所得，并处违法所得一倍以上三倍以下罚款；没有违法所得的，处五千元以上二万元以下罚款。

第四十九条 违反本办法第三十九条第二款规定，超过核定的载畜量放牧的，由县级草原行政主管部门责令限期改正。逾期不改正的，按照下列规定进行处罚：

（一）超载不足百分之三十的，每个超载羊单位处十元罚款；

（二）超载百分之三十以上不足百分之五十的，每个超载羊单位处二十元罚款；

（三）超载百分之五十以上的，每个超载羊单位处三十元罚款。

第五十条 违反本条例第四十一条规定，未经县级草原行政主管部门同意，擅自在草原上从事挖药材、搂发菜等活动的，责令停止违法行为，没收违法所得，处违法所得一倍以上五倍以下的罚款；没有违法所得的，处以二百元以上二千元以下的罚款。

第五十一条 违反本办法第四十二条规定，向草原倾倒垃圾、废渣或排放油、污水以及其他破坏草原植被的有害物质的，由县级草原行政主管部门责令限期清理和恢复草原植被，对单位处五千元以上五万元以下罚款，对个人处五十元以上二百元以下罚款。

第五十二条 违反本办法第四十三条规定，破坏用于草原建设的围栏、引水工程和草原保护标志等设施的，由县级草原行政主管部门责令限期修复，处一千元以上五千元以下罚款。

第五十三条 草原行政主管部门依据《中华人民共和国草原法》和本条例的规定，对单位处三万元以上、对个人处五千元以上的罚款，应当告知当事人有要求听证的权利。

第五十四条 阻挠、妨碍草原监理执法，构成违反治安管理行为的，由公安机关按照《中华人民共和国治安管理处罚法》予以处罚。

第五十五条 草原行政主管部门工作人员及其他国家机关有关工作人员在草原管理工作中玩忽职守、滥用职权，不依法履行监督管理职责，或者发现违法行为不予查处，造成严重后果的，由行政监察机关或者主管部门给予行政处分；构成犯罪的，依法追究刑事责任。

第八章　附则

第五十六条 本办法自 2009 年 10 月 1 日起施行。

甘肃省草原条例

(2006年12月1日甘肃省第十届人民代表大会常务委员会第二十六次会议通过 2006年12月1日甘肃省人民代表大会常务委员会公告第四十四号公布 自2007年3月1日起施行)

第一章 总则

第一条 为了保护、建设和合理利用草原，促进草原生态系统良性循环和可持续发展，根据《中华人民共和国草原法》和有关法律法规，结合本省实际，制定本条例。

第二条 在本省行政区域内从事草原规划、建设、保护、利用和管理活动，适用本条例。

本条例所称草原是指天然草原和人工草地。天然草原包括草地、草山、草坡；人工草地包括改良草地和退耕还草地，不包括城镇草地。

第三条 各级人民政府应当将草原的保护、建设和利用纳入国民经济和社会发展规划。

各级人民政府应当设立专项资金，用于草原的保护和建设。

第四条 县级以上人民政府草原行政主管部门负责本行政区域内的草原规划、建设、保护、利用和监督管理工作，其所属草原监督管理机构具体负责草原法律法规执行情况的监督检查，对违反草原法律法规的行为进行查处。

乡镇人民政府应当加强对本行政区域内草原保护、建设和利用情况的监督检查，根据需要可以设专职或者兼职人员负责具体监督检查工作。

第五条 国土资源、林业、水利、公安、工商行政管理、环境保护、建设、交通、旅游等有关部门应当根据各自职责，做好草原保护工作。

第二章 规划建设

第六条 县级以上人民政府草原行政主管部门应当依照《中华人民共和国草原法》

的规定，编制本行政区域的草原保护、建设、利用规划。

草原保护、建设、利用规划应当与本行政区域土地利用总体规划相衔接，土地利用总体规划应当严格控制工程建设使用草原数量。

第七条 县级以上人民政府草原行政主管部门应当根据本级人民政府批准的草原保护、建设、利用规划，组织相关部门和单位，划定草原分布范围，设立标志、建立档案，绘制草原分布图及利用现状图，并予以公告。

第八条 县级以上人民政府草原行政主管部门应当会同相关部门和单位每五年进行一次草原调查。根据调查结果和草原质量，依据国家草原等级评定标准，对草原进行评等定级，并建立草原资源档案及数据库。

草原调查的主要内容包括：

（一）草原资源的类型、分布、面积、等级、产草量及载畜量；

（二）季节草场分布、面积、草畜平衡情况及水源条件；

（三）割草地的分布、面积、类型、产草量及其利用情况；

（四）退化、沙化、盐碱化、荒漠化及鼠虫害草原、有毒害草草原、外来入侵生物的分布、面积及危害程度；

（五）人工草地、改良草地、围栏草地的分布、面积、产草量；

（六）其他需要调查的内容。

第九条 各级人民政府应当按照草原保护、建设、利用规划，将退化、沙化、盐碱化、荒漠化的草原纳入国土治理建设规划，划定治理区，组织有关部门实施专项治理。

第十条 各级人民政府应当根据草原保护、建设、利用规划，因地制宜地推广和采用免耕补播、撒播或者飞播等保护草原原生植被的方式改良草原，通过建设人工草地、饲草饲料基地、草原水利设施及人畜饮水工程，引导农牧民转变生产生活方式。

第十一条 各级人民政府应当组织科研部门和专业技术人员开展草原退化机理、生态演替规律等基础性研究，加强草原生态系统恢复、优质抗逆牧草品种选育、畜种改良和饲养方法等先进技术的研究和开发，积极推广草原科研成果。

第十二条 在天然草原上建立人工草地种植牧草或者饲料作物，应当符合草原保护、建设、利用规划和技术规程。

不得在下列天然草原建设旱作人工草地：

（一）年平均降水量在350毫米以下的；

（二）坡度25度以上的；

（三）土壤条件不适宜种植的。

第十三条 县级以上人民政府草原行政主管部门应当加强草种生产、加工、引进、推广、流通、经营、检验和检疫的监督管理，鼓励和支持选育、引进、推广适合当地条件的优良草品种。

未经检验、检疫或者检验、检疫不合格的草种任何单位和个人不得引进、流通、播种。发现有病虫害的草种，草原监督管理机构应当进行无害化处理。

第十四条 县级以上人民政府应当建立健全草原火情监测网络和应急机制，加强草原防火基础设施建设和防火、扑火物资储备，完善草原防火组织机构，组建防火队伍，推广防火技术，提高草原防火、扑火能力。

每年十月一日至第二年五月三十一日为草原防火期。

第三章 承包经营

第十五条 草原属于国家所有，由法律规定属于集体所有的除外。

依法确定给全民所有制单位使用的国家所有的草原，可以实行承包经营。

未确定使用权的国家所有的草原，由县级以上人民政府登记造册、保护管理，并可以直接组织发包，所得收益由同级财政专户管理，全额用于草原保护和建设。

第十六条 集体所有的草原和依法确定给集体经济组织使用的国家所有的草原，可以由本集体经济组织内的家庭或者联户承包经营，承包期为三十年至五十年。

本集体经济组织内部无人承包的草原，经村民会议三分之二以上成员或者三分之二以上村民代表同意，报乡镇人民政府批准后，可以采取公开招标等方式向社会发包。

第十七条 承包经营草原按照以下程序进行：

（一）本集体经济组织村民会议选举产生承包工作小组；

（二）承包工作小组依法拟定承包方案；

（三）本集体经济组织三分之二以上成员或者三分之二以上村民代表会议，讨论通过承包方案并公示；

（四）依照承包方案公开发包；

（五）签订承包合同。

第十八条 承包经营草原，发包方和承包方应当按照省人民政府草原行政主管部门提供的合同样本签订书面合同。

第十九条 承包方按照平等协商、自愿、有偿的原则，可以采取转包、出租、互换、转让等合法方式流转草原承包经营权，任何单位和个人不得强迫或者阻碍。

草原承包经营权转让的受让方应当具有从事畜牧业生产的能力。

草原承包经营权流转，双方当事人应当签订书面合同，并书面通知发包方。

草原承包经营权转让应当经发包方同意。承包方与受让方在转让合同中约定的转让期限，不得超过原承包合同剩余的期限。

第二十条 承包草原应当相对集中，留出牧道、饮水点、配种点等公共用地，方便农牧民生产生活和草原的综合建设。

第四章 保护利用

第二十一条 县级以上人民政府可以根据草原保护需要，在具有代表性的草原类型、珍稀濒危野生动植物分布区、重要生态功能和有经济科研价值的草原地区，申报建立省级或者国家级草原自然保护区。

第二十二条 省、市州人民政府草原行政主管部门根据国家规定，确定不同类型草原的载畜量标准；县级人民政府草原行政主管部门根据载畜量标准，结合草原前五年平均生产能力，核定草原载畜量。载畜量每五年核定一次。

草原使用者或者承包经营者饲养的牲畜量不得超过核定的载畜量，保持可利用饲草饲料总量与其饲养牲畜所需饲草饲料量的动态平衡。

第二十三条 县级人民政府草原行政主管部门应当与草原承包经营者签订草畜平衡责任书。责任书的内容包括草原现状、草原适宜载畜量及饲草饲料总储量，牲畜种类、数量、草畜平衡主要措施、双方的责任、期限等。

第二十四条 县级以上草原监督管理机构应当每年对草畜平衡情况进行抽查，并建立草畜平衡档案。

第二十五条 县级以上人民政府草原行政主管部门应当指导草原使用者和承包经营者，采取种植和储备饲草饲料、增加饲草饲料供应量、调剂处理牲畜、改良牲畜品种、优化畜群结构和提高出栏率等措施，合理利用草原。

草原使用者和承包经营者应当改变传统畜牧业生产方式，采取禁牧、轮牧、休牧和舍饲圈养等措施，提高草原的综合生产能力。

第二十六条 各级人民政府应当对国家给予依法实施退牧（耕）还草、禁牧、休牧、舍饲圈养等措施开展畜牧业生产的草原使用者和承包经营者的补助资金，加强审计监督，做到专款专用，任何单位或者个人不得截留、挪用。

第二十七条 各级人民政府应当加强草原鼠、虫害和毒害草监测与防治工作，草原面积较大的县级人民政府草原行政主管部门应当建立监测站点，及时发布鼠、虫害和毒害草预报。

禁止在草原上猎取、捕杀、买卖和运输鹰、雕、鹞、隼、猫头鹰、百灵鸟、沙狐、狐狸和鼬科动物等草原鼠虫害天敌和草原珍稀、濒危野生动物。

第二十八条 禁止采集、收购、出售国家一级保护草原野生植物。采集国家二级保护和地方重点保护草原野生植物的，实行采集证制度，采集证当年有效；其收购、出售实行专营、许可证制度，许可为一次一批。

采集证和专营、许可证按照国家有关规定办理。

第二十九条 采集国家二级保护和地方重点保护草原野生植物的，应当按照采集证规定的区域和时段进行，做到随挖随填，保留植物母株，保护草原植被。

省草原监督管理机构应当对申请办理采集证者进行生态环境保护知识和采集技术培训。

采集或者出售国家二级保护和地方重点保护草原野生植物应当向草原监督管理机构交纳草原植被恢复费。

第三十条 禁止采集、加工、收购和销售发菜。经省人民政府批准，县级以上人民政府草原行政主管部门可以在本行政区域内重点出入通道设置季节性临时检查站，对采集、收购、出售发菜的人员进行查处。

第三十一条 禁止开垦草原。

禁止在草原上铲挖草皮、泥炭，防止造成新的植被破坏、草原沙化和水土流失。

第三十二条 对严重退化、沙化、盐碱化、荒漠化的草原和生态脆弱区的草原，应当实行禁牧，对轻度退化的草原应当实行季节性休牧，并按照草原退化程度采用综合改良措施，改善草原植被。实行禁牧、休牧的草原，应当设立明显标志。

禁牧、休牧具体办法按国务院和省人民政府的规定执行。

第三十三条 在草原上从事采土、采砂、采石等作业活动，应当报县级人民政府草原行政主管部门批准。作业活动结束后，应当限期恢复植被或者委托草原监督管理机构代为恢复。

第三十四条 任何单位或者个人不得向草原排放工业废水、废气、废渣及其他有害污染物。

改良草原和治虫灭鼠时，禁止使用剧毒、高残留及可能导致二次中毒的农药。

第三十五条 在草原上开展经营性旅游活动应当征得草原所有权、使用权人和承包经营者的同意，经县级以上人民政府草原行政主管部门核准后，方可办理有关手续。

第三十六条 在草原上进行实弹演习、爆破、勘察、探矿和施工等活动，应当配备相应的扑火设备，接受草原防火、扑火知识技术培训，并经省草原监督管理机构审批。

第三十七条 在草原上从事地质勘察、修路、探矿、架设（铺设）管线、建设旅游点、实弹演习、影视拍摄等活动和行驶车辆，应当制定保护草原植被的措施，并向草原监督管理机构交纳草原植被恢复费。

第三十八条 矿藏开采和工程建设等征用或者使用草原的，应当依法办理建设项目环境影响评价和其他有关审批手续。建设项目环境影响评价书中应当包括草原生态环境保护方案。

征用、使用草原超过七十公顷的，报农业部审核；征用、使用草原七十公顷及其以下的，经省人民政府草原行政主管部门审核同意后，国土资源行政主管部门方可办理用地审批手续。

第三十九条 征用或者使用草原的应当向草原所有者和承包经营者支付安置补助费和补偿费，并向草原监督管理机构交纳草原植被恢复费。

第四十条 草原监督管理机构收取的草原植被恢复费应当专项用于草原植被的恢复。

草原植被恢复费的具体标准由省人民政府依照国家有关规定制定。

第四十一条 临时占用草原的，应当征得草原所有者、使用者和承包经营者的同意，报县级以上人民政府草原行政主管部门批准。

临时占用基本草原超过十五公顷的，报省人民政府草原行政主管部门批准；五公顷至十五公顷的，报市州人民政府草原行政主管部门批准；不超过五公顷的或者临时占用非基本草原的，报县级人民政府草原行政主管部门批准。

临时占用草原前用地单位应当按所占面积和期限及有关规定对草原承包经营者给予补偿。

临时占用草原的期限不得超过二年；占用期满后，用地单位应当恢复草原植被并及时退还。

第四十二条 修建直接为草原保护和畜牧业生产服务的工程设施，使用草原超过七十公顷的，报国务院草原行政主管部门审批；十公顷至七十公顷的，报省人民政府草原行政主管部门审批；五公顷至不超过十公顷的，报市州人民政府草原行政主管部门审批；不超过五公顷的，报县级人民政府草原行政主管部门审批。

第五章 法律责任

第四十三条 破坏草原围栏、棚圈、试验基地、饮水点、牧道等设施的,由草原监督管理机构责令其恢复原状或者折价赔偿。

第四十四条 草原使用者或者承包经营者超过核定的载畜量放牧的,由草原监督管理机构责令限期改正;逾期未改正的,按照下列规定进行处罚,并限期出栏:

(一)超载10%—30%*的,每个超载羊单位罚款十元;

(二)超载31%—50%**的,每个超载羊单位罚款二十元;

(三)超载50%以上的,每个超载羊单位罚款三十元。

第四十五条 草原承包经营者拒不签订草畜平衡责任书的,由草原监督管理机构责令限期签订;逾期仍不签订的,处以五百元以下的罚款。

第四十六条 采集、加工发菜的,由草原监督管理机构责令停止违法行为,没收非法财物和违法所得,可以并处违法所得一倍以上五倍以下的罚款;没有违法所得的,可以并处五万元以下的罚款。

收购和销售发菜的,由工商行政管理部门或者草原监督管理机构依据职权没收发菜和违法所得,可以并处违法所得十倍以下的罚款。

第四十七条 非法开垦草原的,由草原监督管理机构责令停止违法行为,限期恢复植被,没收非法财物和违法所得,并处违法所得一倍以上五倍以下的罚款;没有违法所得的,并处五万元以下的罚款。

第四十八条 无证采集、未按采集证规定采集或者未经审批收购、出售重点保护草原野生植物的,由草原监督管理机构或者工商行政管理部门依据职权责令停止违法行为,没收草原野生植物和违法所得,可以并处违法所得十倍以下的罚款;没有违法所得的,可以并处五万元以下的罚款;有采集证的,应当收回采集证。

第四十九条 在草原上铲挖草皮、泥炭的,由草原监督管理机构责令停止违法行为,没收非法财物和违法所得,可以并处违法所得一倍以上五倍以下的罚款;没有违法所得的,可以并处五万元以下的罚款。

第五十条 在禁牧区、休牧期草原放牧的,由草原监督管理机构责令改正,可以处以每个羊单位十元以下的罚款。

---

* 原文为10—30%,存在歧义,故做修改,编者注。

** 原文为31—50%,存在歧义,故做修改,编者注。

第五十一条　使用剧毒、高残留及可能导致二次中毒农药，造成草原污染的，由草原监督管理机构给予警告，可以并处三万元以下的罚款。

第五十二条　未经审批在草原上进行采土、采砂、采石、实弹演习、爆破、勘察、探矿和施工等活动的，由草原监督管理机构责令停止违法行为，限期恢复植被，没收非法财物和违法所得，可以并处违法所得一倍以上二倍以下的罚款；没有违法所得的，可以并处二万元以下的罚款。

第五十三条　违反本条例规定的其他行为，依照《中华人民共和国草原法》和有关法律法规的规定处理。

第五十四条　各级草原行政主管部门及草原监督管理机构工作人员，玩忽职守、滥用职权，不依法履行监督管理职责，造成严重后果的，由有关部门或者所在单位给予行政处分；构成犯罪的，依法追究刑事责任。

第六章　附则

第五十五条　本条例所称地方重点保护草原野生植物是指甘草、麻黄草、苁蓉、雪莲、虫草、秦艽、防风、黄芩、柴胡、锁阳、藏红花、红景天。

第五十六条　本条例自2007年3月1日起施行。1989年5月4日省第七届人民代表大会常务委员会第八次会议通过、1997年9月29日省第八届人民代表大会常务委员会第二十九次会议第一次修正、2004年6月4日省第十届人民代表大会常务委员会第十次会议第二次修正的《甘肃省实施〈中华人民共和国草原法〉细则》同时废止。

甘肃省草原禁牧办法

（2012年11月20日甘肃省人民政府第117次常务会议通过 2012年11月22日甘肃省人民政府令第95号公布 自2013年1月1日起施行）

第一条 为了保护草原生态环境，促进草原永续利用，根据《中华人民共和国草原法》《甘肃省草原条例》等法律法规和国家有关规定，结合本省实际，制定本办法。

第二条 本省行政区域内的草原禁牧活动适用本办法。

第三条 本办法所称草原禁牧，是指在一定时期内对划定的草原围封培育并禁止放牧利用的保护措施。

本省重点对严重退化、沙化、盐碱化、荒漠化的草原和生态脆弱区、重要水源涵养区的草原实施禁牧。

第四条 县级以上人民政府负责本行政区域内的草原禁牧工作。

县级以上人民政府草原行政主管部门及其草原监督管理机构负责本行政区域内草原禁牧工作的组织实施和监督管理，所需经费列入本级财政预算。

乡镇人民政府负责辖区内草原禁牧工作的具体落实，配备专职草原监督管理人员，加强监督管理。

第五条 村民委员会应当积极制定村规民约，引导农牧民保护草原植被，改善草原生态环境。

第六条 省人民政府草原行政主管部门根据草原生态预警监测情况，划定草原禁牧区。

第七条 县级人民政府根据划定的草原禁牧区，发布禁牧令，在草原禁牧区域的主要出入口、围栏区域、人畜活动区域设立界桩、围栏、标牌等设施。

禁牧令应当明确草原禁牧区域的四至界限、禁牧期限等。

第八条 严禁破坏、盗窃或者擅自移动草原禁牧区域的界桩、围栏、标牌等设施。

第九条 县级人民政府应当将草原禁牧工作纳入目标管理责任制。县与乡、乡与村、村与户都应当签订草原禁牧管理责任书。责任书应当载明以下事项：

（一）禁牧草原的四至界线、面积、草地类型；

（二）禁牧期限；

（三）围封培育草原的责任和义务；

（四）监督检查职责；

（五）违约责任。

第十条　乡镇人民政府可以在实施国家草原生态保护补助奖励机制政策的村，聘用一至二名草原管护员，作为公益性岗位统一管理，一年一聘。

县级草原监督管理机构负责草原管护员的业务培训和工作指导。

第十一条　草原禁牧区域内的村草原管护员履行以下职责：

（一）宣传草原保护法律、法规及政策；

（二）对管护区草原进行巡查；

（三）监督草原承包经营者履行禁牧责任；

（四）制止和及时报告草原禁牧区放牧、破坏围栏设施、开垦和非法占用草原等行为。

第十二条　实施禁牧的农牧民可以享受国家草原生态保护补助奖励机制政策规定的禁牧补助。禁牧补助应当按照已承包到户（含联户）的禁牧草原面积直接发放到户。

禁牧补助资金发放实行村级公示制，公示由乡镇人民政府组织，公示时间不少于7天。公示的内容包括农牧民户主姓名、承包草原面积、禁牧补助面积、补助标准、补助资金数额等。

农牧民对公示内容有异议的，由组织公示的乡镇人民政府及时核查处理。

第十三条　县级人民政府应当整合涉及牧区、牧业、牧民工作的各类资金和项目，扶持草原禁牧区域农牧民发展舍饲圈养。

第十四条　县级以上人民政府草原行政主管部门对草原禁牧区域内的草原植被恢复效果进行动态监测预报，并定期向本级人民政府和上级主管部门报告监测结果。

第十五条　禁牧草原需要解除禁牧时，由县级人民政府草原行政主管部门根据监测结果提出报告，经省人民政府草原行政主管部门审核同意后，由县级人民政府发布解禁令。

第十六条　县级以上人民政府草原行政主管部门和乡镇人民政府应当建立健全草原禁牧区域的巡查制度、举报制度和情况通报制度，加强对草原禁牧工作的监督检查。

对违反本办法规定的行为，公民有权举报，接到举报的草原行政主管部门及其草原监督管理机构应当及时查处。

第十七条 违反本办法的行为,《中华人民共和国草原法》《甘肃省草原条例》已有处罚规定的,从其规定。

第十八条 国家工作人员有下列行为之一的,由主管部门对直接责任人员和主要负责人给予行政处分,构成犯罪的,依法追究刑事责任:

(一)截留、挪用草原禁牧补助资金的;

(二)擅自批准使用禁牧草原的。

第十九条 本办法自 2013 年 1 月 1 日起施行。

甘肃省草畜平衡管理办法

甘肃省人民政府令

第 92 号

《甘肃省草畜平衡管理办法》已经 2012 年 9 月 18 日省人民政府第 114 次常务会议讨论通过，现予公布。自 2012 年 11 月 1 日起施行。

省长　刘伟平

2012 年 9 月 22 日

第一条　为了实施草畜平衡制度，合理利用草原资源，维护和改善草原生态环境，促进草原畜牧业可持续发展，根据《中华人民共和国草原法》《甘肃省草原条例》等法律法规和国家有关规定，结合本省实际，制定本办法。

第二条　本省行政区域内利用草原从事畜牧业生产经营活动的单位和个人，应当遵守本办法。

第三条　本办法所称草畜平衡，是指为保持草原生态系统良性循环，在一定时间内，草原使用者或者承包经营者通过草原获取的可利用饲草饲料总量，与其饲养草食牲畜所需要的饲草饲料总量保持动态平衡。

第四条　各级人民政府应当普及草畜平衡知识，支持和引导农牧民采取人工种草、畜种改良、舍饲养殖等措施，减少草原载畜量，防止超载过牧。

第五条　县级以上人民政府草原行政主管部门及其草原监督管理机构负责本行政区域内草畜平衡的监督管理工作，核定草原载畜量，制定减畜计划并组织实施，所需工作经费列入本级政府财政预算。

乡镇人民政府负责辖区内草畜平衡的组织实施工作并配备专职草原监督管理人员，加强草畜平衡的监督管理工作。

第六条　乡镇人民政府可以在实施国家草原生态保护补助奖励机制政策的村，聘用一至二名草原管护员，作为公益性岗位统一管理，一年一聘。

县级草原监督管理机构负责草原管护员的业务培训和工作指导。

第七条　各级人民政府对在草畜平衡工作中做出显著成绩的单位和个人，给予表彰奖励。

第八条　本省禁牧区域以外的可利用草原均应实行草畜平衡制度，草畜平衡区由省人民政府草原行政主管部门划定。

第九条　省、市（州）人民政府草原行政主管部门应当根据国家草原行政主管部门制定的草原载畜量标准，结合当地草原监测结果，确定本行政区域内不同类型草原的载畜量标准。

第十条　县级人民政府草原行政主管部门应当成立草原载畜量核定专家组，征求草原使用者和承包经营者的意见，核定草原载畜量，明确草原使用者或者承包经营者的牲畜饲养量。

第十一条　县级人民政府草原行政主管部门根据本行政区域内核定的草原载畜量和牲畜超载率，制定超载家畜减畜计划，将具体的减畜数量分解落实到乡、村、户。

第十二条　县级人民政府应当将草畜平衡工作纳入目标管理责任制，县与乡、乡与村、村与户都应当签订草畜平衡管理责任书。责任书应当载明以下事项：

（一）草原现状：包括草原四至界线、面积、类型、等级；

（二）现有的牲畜种类和数量；

（三）核定的草原载畜量和减畜量；

（四）实现草畜平衡的主要措施；

（五）实现草畜平衡的目标；

（六）其他有关事项。

第十三条　实施草畜平衡区域内的村草原管护员应当履行下列职责：

（一）宣传草原保护法律、法规及政策；

（二）对管护区草原进行巡查；

（三）监督草原使用者和承包经营者履行草畜平衡责任情况；

（四）及时向当地乡镇人民政府或者县级草原监督管理机构报告超载过牧情况；

（五）及时举报草原上的违法行为。

第十四条　按照国家草原生态保护补助奖励机制政策，对实现草畜平衡的农牧民给予奖励。奖励资金应当按照已承包到户（含联户）并实施草畜平衡的草原面积直接发放到户。

奖励资金发放实行村级公示制，公示由乡镇人民政府组织，公示时间不少于7天。公示的内容包括农牧民户主姓名、身份证号码、承包草原面积、草畜平衡奖励面积、奖励标准、奖励资金数额等。

农牧民对公示内容有异议的,由组织公示的乡镇人民政府及时核查处理。

第十五条　县级以上人民政府草原行政主管部门对实施草畜平衡区域内的草原产草量及植被恢复效果进行动态监测预报,并定期向本级人民政府和上级主管部门报告监测结果。

第十六条　县级以上人民政府草原行政主管部门和乡镇人民政府应当建立健全实施草畜平衡草原的巡查制度、举报制度和情况通报制度,加强对草畜平衡工作的监督检查。

第十七条　违反本办法的行为,依照国家有关法律法规处理。

第十八条　本办法自 2012 年 11 月 1 日起施行。

甘肃省草原防火办法

（2010年3月19日省政府第53次常务会议讨论通过　2010年3月29日甘肃省人民政府令第66号公布　自2010年5月1日起施行）

第一章　总则

第一条　为了加强草原防火工作，预防和扑救草原火灾，保护草原资源，保障人民生命和财产安全，根据《草原防火条例》等法律法规，结合本省实际，制定本办法。

第二条　本办法适用于本省行政区域内天然草原和人工草地火灾的预防和扑救。林区和城市市区的，不适用本办法。

第三条　草原防火工作实行各级人民政府行政首长负责制和部门、单位领导负责制。

各级人民政府应当将草原防火专项经费纳入本级财政预算，保障草原火灾预防和扑救工作的开展。

第四条　县级以上人民政府应当成立草原防火指挥部，指挥部办事机构设在草原行政主管部门，负责草原防火日常工作。指挥部的主要职责是：

（一）领导、组织草原火灾的指挥、扑救、调查，安排部署草原防火措施，负责协调本行政区域内的草原防火工作。

（二）发布草原火警预警信息，决定启动和停止草原火灾应急预案，协调落实草原火灾扑救的物资调配、交通运输、经费保障等事项。

（三）研究处理其他有关草原防火的重大事宜。

第五条　县级以上草原行政主管部门主管本行政区域内的草原防火工作，其草原监督管理机构负责草原防火的监督检查、火情监测、信息收集和技术培训等，对违反草原防火法律法规和规章的行为进行调查。

县级以上人民政府有关部门应当根据各自职责，做好草原防火工作。

第六条　乡镇人民政府应当加强对本行政区域内草原防火情况的监督检查，根据需要建立乡村义务扑火队伍。

第七条 省草原防火指挥部应当建立草原防火专家信息库，成立应急专家组，为火灾扑救工作提供决策咨询。

草原防火重点市州、县市区也应当成立相应的草原防火技术组织。

第八条 经营或使用草原的单位和个人，在其经营使用范围内承担草原防火责任。

第九条 各级人民政府应当组织开展经常性的草原防火宣传教育，提高公民的草原防火安全意识。在草原防火区及其交通要道设立草原防火宣传牌和警示牌。

广播电视、报刊等新闻媒体应当开展草原防火公益宣传。草原区的学校应当开展草原防火宣传教育。

任何单位和个人都有预防草原火灾、报告草原火情、保护草原防火设施和参加扑救草原火灾的义务。但不得动员残疾人、孕妇、未成年人和老年人扑救草原火灾。

第二章 草原火灾的预防

第十条 省草原防火主管部门根据草原的分布范围和火灾发生的危险程度，将全省草原划分为极高、高、中、低四个等级的草原火险区。

第十一条 县级以上草原防火主管部门根据上级草原防火规划，结合本地实际，编制本行政区域草原防火规划，报同级人民政府批准后组织实施。

第十二条 县级以上人民政府应当组织有关部门和单位，按照草原防火规划的要求，加强草原火情瞭望和监测设施、防火隔离带、防火道路、防火物资储备库（站）等基础设施建设，配备草原防火交通工具、灭火器械、观察和通信器材等装备，储存必要的防火物资，建立和完善草原防火指挥信息系统。

重点草原防火乡镇应当储存必要的防火物资，确保扑救草原火灾时所需物资的有效供给。

各级草原防火主管部门应当组织有关部门对草原防火物资储备库（站）库存的草原防火交通工具、灭火器械、服装、观察和通信器材等装备，定期进行检查、维护和更新，确保扑救草原火灾时所需物资的应急保障。

第十三条 实施草原建设项目，应当同时制定草原防火设施的建设规划。

第十四条 县级以上草原防火主管部门负责制定草原火灾应急预案，报本级人民政府批准后组织实施。

第十五条 县市区、乡镇人民政府应当按照草原经营使用的具体情况划分草原防火责任区，确定草原防火责任单位，建立草原防火责任制度，签订草原防火责任书，定期进行草原防火检查。

涉及两个以上行政区域的，有关人民政府应当建立草原防火联防制度，确定联防区域，加强信息沟通和监督检查，确保应急处置。

第十六条 在草原上进行爆破、勘察、探矿、架设（铺设）管线、开采矿藏和工程建设等活动，提供下列材料，报省草原监理机构审批。具体实施时，应当将草原火灾应急预案报当地县级草原防火主管部门备案。

（一）申请书；

（二）所在地县市区草原防火主管部门的核查意见；

（三）征占用草原及工程建设批准文件，实施单位、个人的有效证件；

（四）草原灭火设备配备情况及草原火灾应急预案；

（五）草原使用者或者承包经营者同意实施的证明；

（六）自然保护区内的还需提供自然保护区管理部门的意见书；

（七）缴纳草原植被恢复费的证明；

（八）三名以上草原防扑火技术培训合格人员。

第十七条 本省草原防火期为每年十月一日至第二年五月三十一日。

第十八条 在草原防火期内，县级以上草原防火主管部门应当严格执行二十四小时值班制度，确保火情信息畅通和处置及时。

第十九条 在草原防火期内，禁止在草原上野外用火和使用枪械狩猎。

确因生活生产需要在草原上野外用火的，必须遵守下列规定：

（一）需要生活用火的，应当采取防火措施，用火后彻底熄灭余火。

（二）需要生产用火的，应当经当地县级人民政府草原防火主管部门批准。

（三）因疫病等污染草原，需要采取焚烧措施的，应当经县级以上人民政府批准，报省草原防火主管部门备案。焚烧前应当建好防火隔离带，组织好现场防火人员。

（四）在天然草原和人工草地的毗邻地烧荒、烧茬、焚烧农作物秸秆的，应当向乡镇人民政府报告，组织人员采取防火措施。并由乡镇人民政府向县市区草原防火主管部门备案。

（五）在草原上倾倒易引发草原火灾废弃物的，应当采取防火措施，向县市区草原防火主管部门备案。

第二十条 草原防火期内，在草原上从事野外作业的机械设备，应当安装防火装置，遵守防火安全操作规程。

第二十一条 在草原防火期内，各级草原防火主管部门应当会同安全生产监督管理等部门对可能引发草原火灾的野外作业活动进行草原防火安全检查。发现存在火灾隐患的，应当告知有关责任人员采取措施消除火灾隐患；拒不采取措施的，禁止在草原上从事野外作业活动。

第二十二条 以下草原划定为重点草原防火区：

（一）暖性稀树灌草丛、暖性灌草丛、暖性草丛、温性草甸草原、温性草原、温性草原化荒漠、高寒草原、高寒草甸、高寒灌丛草甸、低平地草甸、沼泽草原；

（二）实行围栏封育、禁牧、休牧的草原；

（三）多年生人工草地集中区；

（四）草原自然保护区、名胜古迹区；

（五）从事矿藏开采、工程建设、旅游等活动的区域。

重点草原防火区的地方人民政府及相关单位，应当根据需要建立专业扑火队；有关村应当建立农牧民群众扑火队。扑火队应当每年进行草原防火专业培训和防火实战演练，并接受县级以上人民政府的指挥、调动。

第二十三条 在草原防火期内，出现高温、干旱、大风等高火险天气时，县级以上人民政府应当将极高草原火险区、高草原火险区、草原自然保护区、名胜古迹区、毗邻原始森林草原区和一旦发生草原火灾可能造成人身重大伤亡或者财产重大损失的区域划为草原防火管制区。

草原防火管制区一经划定，应当规定防火管制期限，及时向社会公布。在草原防火管制区内，禁止一切野外用火。

第二十四条 进入草原防火管制区内的车辆，应当取得县级以上草原防火主管部门颁发的草原防火通行证，并服从防火管制。

第二十五条 在草原上开展经营性旅游、影视拍摄等活动的单位和个人，应当建立健全草原防火制度，制定防火措施，配备扑火设备，接受草原防火技术培训。

第二十六条 省草原防火主管部门和气象主管机构，应当联合建立草原火情预报预警制度。气象主管机构应当根据草原防火的实际需要，做好草原火险气象等级通报和发布工作，及时准确地向省草原防火指挥部办公室通报火警信息。

各级草原防火主管部门应当向社会公布草原火警电话。

第三章 草原火灾的扑救

第二十七条 从事草原火情监测以及在草原上从事生产经营活动的单位和个人，发现草原火情的，应当及时向当地人民政府或者草原防火主管部门报告。其他发现草原火情的单位和个人，也应当及时向当地人民政府或者草原防火主管部门报告。

第二十八条 在草原防火期内，草原火警实行零报告制度。各级草原防火主管部门及草原防火巡查员应当及时准确地向上级报告草原火情信息。

第二十九条 当地人民政府或草原防火主管部门接到火灾报告后，应当立即组织人员赶赴现场，采取控制和扑救措施，核实火灾发生时间、地点、估测过火面积、地理气象状况、重要设施分布、火灾发展趋势和威胁等情况，报上级草原防火主管部门。

境外或省外草原火灾威胁到本省草原安全的，还应当报告草原火灾距本省边界距离以及对本省草原的威胁程度等情况。

第三十条 县级以上人民政府应当根据草原火灾发生情况确定火灾等级，并及时启动相应的草原火灾应急预案。

第三十一条 任何单位和个人不得挪用、拆除草原防火设施设备，不得堵塞防火道路，不得阻碍防火隔离带的开设，不得挤占当地无线电管理机构指配的草原防火专用电台频道，不得干扰和影响电台的正常使用。

第三十二条 扑救草原火灾应当组织和动员地方消防队、森林警察、专业扑火队和受过专业培训及扑火演练的群众扑火队进行扑救；接到扑救命令的单位和个人，必须迅速赶赴指定地点，投入扑救工作。

需要中国人民解放军和中国人民武装警察部队参加草原火灾扑救的，依照军队参加抢险救灾的有关规定执行。

第三十三条 各级人民政府草原防火指挥部应当建立防火专用车辆、器材、设备和设施管理使用制度，定期进行检查，保证防扑火的需要。

草原防火专用车辆应当按照规定喷涂标志图案，安装警报器、标志灯具。草原防火专用车辆和为执行扑火任务临时抽调、征用的车辆在执行抢险救灾任务时，按照有关规定，免交车辆通行费。

第三十四条 发生较大以上草原火灾的，省草原防火指挥部及草原防火主管部门应当立即派员赶赴火灾现场，组织、协调、督导火灾扑救，并做好跨市州草原防火人员、物资的调用工作。

发生一般草原火灾的，当地市州草原防火指挥部及草原防火主管部门应当派员赶赴火灾现场，组织、协调、督导火灾扑救，并落实跨县市区草原防火物资的调用工作。

发生威胁林区安全的草原火灾的，草原防火主管部门应当及时通知森林防火主管部门。

发生跨省区草原火灾及境外草原火灾威胁到本省草原安全的，应当及时上报省草原防火主管部门,由省草原防火主管部门负责上报国务院草原防火主管部门,并通报有关省区草原防火主管部门。省、市州草原防火主管部门应当立即派员赶赴现场,组织、协调、督导火灾预防和扑救。

第三十五条　草原火灾信息实行统一发布制度。较大、一般草原火灾信息,由省人民政府草原防火主管部门发布。

第四章　灾后处置

第三十六条　草原火灾扑灭后,有关草原防火主管部门应当对火灾现场进行全面检查,清除余火,并留有足够的扑火人员看守火场。经草原防火主管部门检查验收合格,看守人员方可撤出。

第三十七条　草原火灾扑灭后,有关人民政府应当组织有关部门及时做好灾民安置和救助工作,保障灾民的基本生活,做好灾后卫生防疫工作,防止传染病的发生和传播。

因救灾需要,紧急征用单位和个人的物资、交通工具、设施、设备或者占用其房屋、土地的,火灾扑灭后应当及时返还,并给予补偿。

第三十八条　草原火灾扑灭后,草原防火主管部门应当及时会同公安等有关部门,对火灾发生时间、地点、原因以及肇事人等进行调查并提出处理意见。

草原防火主管部门应当对人员伤亡、受灾草原面积、受灾畜禽种类和数量、受灾珍稀野生动植物种类和数量、草原建设与保护工程以及物资消耗和其他经济损失等情况进行统计,对草原火灾给农牧民生活、农牧业生产、生态环境造成的影响进行评估,并按照规定上报。

第三十九条　草原防火主管部门应当严格按照草原火灾统计报表的要求,进行草原火灾统计,向上一级草原防火主管部门报告,并抄送同级公安部门、统计机构。

第四十条　扑火经费按照下列规定支付:

(一)国家职工参加扑火期间的工资、差旅费,由所在单位支付;

(二)国家职工参加扑火期间的生活补助费,非国家职工参加扑火期间的误工补贴和生活补助费,以及扑火期间征用、调用单位和个人的物资设备、交通运输工具等所消耗的其他费用,按照省人民政府规定的标准,由火灾肇事单位或者肇事人支付;肇事单位或者肇事人不能确定的,由起火单位支付;火灾肇事单位、肇事人或者起火单位确实无力支付的部分,按单位隶属关系,由同级人民政府支付。

第四十一条　对因参加草原火灾扑救受伤、致残或者死亡的人员,按照国家有关规定给予医疗补助、抚恤。

第五章 法律责任

第四十二条 违反本办法规定，县级以上草原防火主管部门或者其他有关部门及其工作人员，有下列行为之一的，由其上级行政机关或者监察机关责令改正；情节严重的，对直接责任人员依照有关规定给予处分；构成犯罪的，依法追究刑事责任：

（一）知情不报或不及时上报草原火情的；

（二）未按照规定制订草原火灾应急预案的；

（三）对不符合草原防火要求的野外用火或者进行实弹演习、爆破、勘察、探矿、架设（铺设）管线和工程建设等活动予以批准的；

（四）对不符合条件的车辆发放草原防火通行证的；

（五）瞒报、谎报或者授意他人瞒报、谎报草原火灾的；

（六）未及时采取草原火灾扑救措施的；

（七）违反草原防火值班制度，擅离值班岗位延误火情及时报告的；

（八）不依法履行职责的其他行为。

第四十三条 违反本办法规定，草原上的生产经营等单位未建立或者未落实草原防火责任制的，由县级以上人民政府草原防火主管部门或者草原监督管理机构责令改正，对有关责任单位处5000元以上2万元以下罚款。

第四十四条 对盗窃、破坏、挪用、拆除草原防火设施设备、堵塞防火道路，阻碍防火隔离带的开设，挤占无线电管理机构指配的草原防火专用电台频道，干扰和影响电台的正常使用的单位和个人，依照有关法律、法规规定处理；构成犯罪的，依法追究刑事责任。

第四十五条 违反本办法规定，有下列行为之一的，由县级以上人民政府草原防火主管部门或者草原监督管理机构责令停止违法行为，采取防火措施，并限期补办有关手续，对有关责任人员处2000元以上5000元以下罚款，对有关责任单位处5000元以上2万元以下罚款：

（一）未经批准在草原上野外用火或者进行实弹演习、爆破、勘察、探矿、架设（铺设）管线和工程建设等活动的；

（二）未经批准在草原上开展经营性旅游、影视拍摄等活动的；

（三）未取得草原防火通行证进入草原防火管制区的；

（四）伪造、假借他人审批文件、证件的。

第四十六条 违反本办法规定，有下列行为之一的，由县级以上人民政府草原防火主管部门或者草原监督管理机构责令停止违法行为，采取防火措施，消除火灾隐患，并对有关责任人员处 200 元以上 2000 元以下罚款，对有关责任单位处 2000 元以上 2 万元以下罚款；拒不采取防火措施、消除火灾隐患的，由县级以上人民政府草原防火主管部门或者草原监督管理机构代为采取防火措施、消除火灾隐患，所需费用由违法单位或者个人承担：

（一）在草原防火期内，经批准的野外用火未采取防火措施的；

（二）在草原上作业和行驶的机动车辆、机械未安装防火装置或者存在火灾隐患的；

（三）在草原上行驶的公共交通工具上的司助人员或者旅客丢弃火种的；

（四）在草原上从事野外作业的机械设备作业人员不遵守防火安全操作规程或者对野外作业的机械设备未采取防火措施的；

（五）在草原防火管制区内未按照规定用火的；

（六）野外用火等引起草原火灾，尚不够追究刑事责任的；

（七）拒绝防火人员检查，不按要求采取措施消除火灾隐患的。

第四十七条 防火期内在草原上有下列行为之一的，由县级以上草原防火主管部门或者草原监督管理机构对责任单位处 2000 元以上 2 万元以下罚款，并处有关责任人 200 元以上 1000 元以下罚款：

（一）野外用火和使用枪械狩猎的；

（二）未经批准在草原上从事生产活动用火的；

（三）未经批准焚烧因疫病污染草原的；

（四）未经备案在天然草原和人工草地的毗邻地烧荒、烧茬、焚烧农作物秸秆的；

（五）未经备案在草原上倾倒易引发草原火灾废弃物的。

第六章　附则

第四十八条 本办法自 2010 年 5 月 1 日起施行。

青海省实施《中华人民共和国草原法》办法

(2018年修正本)

(2007年9月28日青海省第十届人民代表大会常务委员会第三十二次会议通过 2007年9月28日青海省人民代表大会常务委员会公告第47号公布 自2008年1月1日起施行

根据2010年5月27日青海省第十一届人民代表大会常务委员会第十五次会议通过 2010年5月27日青海省人民代表大会常务委员会公告第20号公布的《关于修改部分地方性法规的决定》第一次修正

根据2018年9月18日青海省第十三届人民代表大会常务委员会第六次会议通过 2018年9月18日青海省人民代表大会常务委员会公告第5号公布的《关于修改〈青海省矿产资源管理条例〉等三部地方性法规的决定》第二次修正

根据2020年7月22日青海省第十三届人民代表大会常务委员会第十八次会议通过 2020年7月22日青海省人民代表大会常务委员会公告第28号公布的《关于修改〈青海省预算管理条例〉等五十四部地方性法规的决定》第三次修正)

第一章 总则

第一条 为了实施《中华人民共和国草原法》(以下简称草原法),结合本省实际,制定本办法。

第二条 在本省行政区域内从事草原规划、保护、建设、利用和管理活动,适用本办法。

本办法所称草原是指天然草原和人工草地。天然草原包括草地、草山、草坡及疏林草地、灌丛草地;人工草地包括改良草地和退耕还草地,不包括城镇草地。

第三条 各级人民政府应当加强对草原保护、建设和利用的管理,将草原保护、建设和利用纳入本级国民经济和社会发展计划,发展生态畜牧业,逐步推行草原生态补偿机制,采取综合措施保持草畜平衡,促进草原的可持续利用。

第四条 县级以上人民政府林业草原主管部门负责本行政区域内的草原监督管理工作。

县级以上人民政府林业草原主管部门设立草原监督管理机构，依法负责草原监督管理的具体工作。

第五条 县级以上人民政府生态环境、水利、自然资源、发展改革、公安、气象、市场监管、住房城乡建设、交通运输、文化和旅游等有关部门应当按照职责分工，做好草原保护、建设和利用的有关工作。

乡级人民政府应当加强本行政区域内草原保护、建设和利用情况的监督检查，根据需要可以设专职或者兼职人员负责具体监督检查工作。

国有农牧场应当配备专职人员，负责所属草原的监督和管理工作，并接受林业草原主管部门的监督。

第六条 村民委员会应当组织、支持农牧民进行草原保护、建设和利用。

草原承包经营者或者草原使用者应当依法履行保护、建设和合理利用草原的义务。

第七条 县级以上人民政府对在草原保护、建设、利用和监督管理等工作中做出显著成绩的单位和个人，给予表彰奖励。

第二章 草原权属

第八条 本省行政区域内依法确定给全民所有制单位和集体经济组织使用的国家所有的草原，由县级以上人民政府登记，核发使用权证，确认草原使用权。

依法改变草原权属的，应当办理草原权属变更登记手续。

第九条 对在国务院和省人民政府批准规划范围内实施退耕还草的土地，由县级以上人民政府林业草原主管部门核实登记，依法履行土地用途变更手续，发放草原使用证。

第十条 全民所有制单位固定使用的草原可以由单位统一经营，也可以由职工承包经营。集体经济组织使用的草原可以承包到家庭或者联户经营。农区的草山、草坡可由集体经济组织统一经营，也可以承包到家庭或者联户经营。

第十一条 草原承包经营期限一般为五十年。承包经营草原，发包方应当与承包方签订书面承包经营合同。

草原承包期内，草原承包经营者依照国家和省有关规定实施退牧还草后的草原承包经营权不变。

第十二条 县、乡（镇）人民政府和村民委员会，不得留有机动草原。除寄宿学校和寺院使用的草原外，现有机动草原应当承包到牧户。

第十三条 在草原承包经营期内，不得对承包经营者使用的草原进行调整。因自然灾害严重毁损承包草原等特殊情况,需要适当调整的,必须经本村民会议三分之二以上村民或者三分之二以上村民代表的同意,并报乡级人民政府和县级人民政府林业草原主管部门批准。

第十四条 草原承包经营者自愿交回或者发包方依法收回的草原,发包方应当重新发包。在退包、重新发包时,属于原承包者所有的草原建设设施的处置、补偿等事宜,由当事人共同商定。

第十五条 草原承包经营权流转应当签订合同,并遵循以下原则:

(一)平等协商、自愿、有偿,任何组织和个人不得强迫或者阻碍承包方进行草原承包经营权流转;

(二)不得改变草原所有权的性质和草原的牧业用途;

(三)流转的期限不得超过承包期的剩余期限;

(四)受让方必须有牧业经营能力;

(五)在同等条件下,本集体经济组织成员享有优先权。

第十六条 草原承包经营权出让方应当对受让方使用流转草原的情况进行监督,受让方破坏草原植被或者严重超载放牧,造成草原等级下降的,草原承包经营权出让方有权要求受让方停止侵害,也可以要求林业草原主管部门或者草原监督管理机构依法查处。

第十七条 草原承包经营合同、草原承包经营权流转合同等有关资料由乡级人民政府或者全民所有制单位负责管理,并报县级人民政府草原监督管理机构备案。

第十八条 草原权属发生争议时,当事人应当本着互谅互让,有利于团结和发展生产的原则协商解决;协商不成的,依法由有关人民政府处理;当事人对处理决定不服的,可以依法向人民法院起诉。

草原权属争议未解决前,当事人应当维持草原利用现状,不得在有争议的地区进行下列活动:

(一)迁入居民;

(二)新建房屋、围栏、棚圈、道路等生产生活设施以及其他建筑物;

(三)破坏原有的生产生活设施;

(四)其他改变草原利用现状的活动。

第三章 草原规划与建设

第十九条 县级以上人民政府林业草原主管部门会同有关部门,依据上一级草原保护、建设、利用规划，编制本行政区域的草原保护、建设、利用规划，报本级人民政府批准后实施。

草原保护、建设、利用规划确需调整或者修改的，须经原批准机关批准。

第二十条　县级以上人民政府林业草原主管部门会同有关部门每五年进行一次草原生态及基本状况调查，建立草原资源档案和数据库，并依据国家草原等级评定标准对草原进行评等定级。

村民委员会、草原承包经营者、草原使用者应当支持、配合草原调查，提供有关资料或者信息。

第二十一条　县级以上人民政府林业草原主管部门应当会同气象、生态环境、自然资源、水利等部门，对草原的面积、等级、植被构成、生产能力、生态状况、自然灾害、生物灾害等草原基本状况实行动态监测并共享监测信息成果，及时为本级人民政府和有关部门提供动态监测和预警信息。

县级以上人民政府和有关部门接到预警信息后，应当及时采取相应的防止和控制措施。

第二十二条　县级以上人民政府应当增加草原建设的投入，支持草原建设。鼓励单位和个人投资建设草原，按照谁投资、谁受益的原则，保护草原投资建设者的合法权益。

第二十三条　各级人民政府应当结合当地草原生态状况，对退化、沙化、盐碱化、荒漠化的草原组织实施专项治理。

第二十四条　各级人民政府应当支持、引导农牧民和其他组织进行以牧民定居、牲畜暖棚、饲草料基地、草原围栏和人畜饮水等为主要内容的草原基本建设。

各级人民政府鼓励单位和个人采用补播、撒播、飞播和草原施肥、灌溉等保护草原原生植被的方式改良草原。

第二十五条　县级以上人民政府林业草原主管部门应当加强草种生产、加工、检疫、检验的监督管理，鼓励和支持选育、引进、推广适合本地条件的优良草品种。

草原承包经营者或者草原使用者发现有病虫害的草种，应当及时报告草原监督管理机构处理。

第二十六条　草原建设项目应当依据草原保护、建设、利用规划实施，防治草原退化、沙化和水土流失。

县级以上人民政府林业草原主管部门和草原监督管理机构应当加强对草原建设项目的监督检查，防止因草原建设造成对植被的破坏。

第四章　草原利用

第二十七条　实行草畜平衡制度，逐步实施草畜平衡的各项措施。

第二十八条　省、州、市人民政府、林业草原主管部门应当根据国务院林业草原主管部门制定的草原载畜量标准，结合当地实际情况，制定并公布本行政区域内不同草原类型等级的具体载畜量标准，报上级林业草原主管部门备案。

第二十九条　县级人民政府林业草原主管部门应当根据省、州、市人民政府、林业草原主管部门制定的具体载畜量标准和本行政区域内草原基本状况、草地生产能力、动态监测结果，核定、公布草原载畜量，确定草原承包经营者或者草原使用者的牲畜饲养量。

第三十条　县级以上人民政府林业草原主管部门核定草原载畜量时，应当听取草原承包经营者或者草原使用者的意见，组织专家进行论证，确保草原载畜量核定的科学性和合理性。

草原承包经营者或者草原使用者对核定的草原载畜量有异议的，可以自收到核定通知之日起三十日内向县级人民政府林业草原主管部门申请复核，县级人民政府林业草原主管部门应当在收到复核申请之日起三十日内作出复核决定。

第三十一条　草原承包经营者或者草原使用者应当合理利用草原，不得超载放牧。

草原承包经营者或者草原使用者应当采取人工补饲、舍饲圈养、加快牲畜出栏、优化畜群结构等措施，保持草畜平衡。

第三十二条　县级人民政府应当与乡级人民政府签订草畜平衡目标任务书。

县级人民政府林业草原主管部门应当与草原承包经营者或者草原使用者签订草畜平衡责任书。草畜平衡责任书，载明以下事项：

（一）草原现状：包括草原四至界线、面积、类型、等级，草原退化面积及程度；

（二）现有的牲畜种类和数量；

（三）核定的草原载畜量；

（四）实现草畜平衡的主要措施；

（五）草原承包经营者或者草原使用者的责任；

（六）责任书的有效期限；

（七）其他有关事项。

县级人民政府林业草原主管部门应当建立健全草畜平衡管理档案。

第三十三条　县级以上人民政府林业草原主管部门应当每年组织对草畜平衡情况

进行抽查，抽查的主要内容包括：

（一）测定和评估天然草原的利用状况；

（二）测算饲草饲料总量，即当年天然草原、人工草地和饲草饲料基地以及其他来源的饲草饲料数量之和；

（三）核查牲畜数量。

第三十四条 草原承包经营者或者草原使用者应当实行划区轮牧，合理配置畜群，均衡利用草原。

第三十五条 农区、半农半牧区以及具备饲草料种植条件的牧区发展舍饲、半舍饲圈养。

草原承包经营者或者草原使用者应当改进畜牧业生产经营方式，增强天然草原的可持续生产能力。

第三十六条 因建设使用国家所有草原的，应当依法办理审核审批手续，并向草原承包经营者给予补偿。

因建设使用国有草原的，应当缴纳草原植被恢复费，由草原监督管理机构收取，并按照规定用于恢复草原植被。草原植被恢复费的征收、使用和管理，按国家和省有关规定执行。

第三十七条 在草原上修路、修筑地上地下工程、勘探、钻井、旅游等需要临时占用草原的，按照下列规定的权限办理，并按照规定的时间、区域和作业方式进行：

（一）临时占用草原十公顷以上的，由州级人民政府林业草原主管部门审核同意；

（二）临时占用草原不足十公顷的，由县级人民政府林业草原主管部门审核同意。

临时占用草原的单位，占用期届满不予恢复草原植被的，由县级以上人民政府林业草原主管部门依据职权责令限期恢复；逾期不恢复的，由县级以上人民政府林业草原主管部门代为恢复，所需费用由违法者承担。

第三十八条 临时占用草原的期限不得超过二年，占用期满，用地单位应当到原批准机关办理注销登记。

临时占用草原的，不得在草原上修建永久性建筑物和构筑物。

第三十九条 修建直接为草原保护和畜牧业生产服务的工程设施使用草原的，依照下列规定的权限办理审批：

（一）七十公顷以上的，由省人民政府林业草原主管部门审批；

（二）十公顷以上不足七十公顷的，由州级人民政府林业草原主管部门审批；

（三）不足十公顷的，由县级人民政府林业草原主管部门审批。

第五章 草原保护

第四十条 实行基本草原保护制度,对基本草原实施严格保护管理。划定的基本草原由县级人民政府统一设立保护标志,并予以公告。

第四十一条 任何单位和个人不得破坏草原保护标志和围栏等草原保护设施,不得擅自占用或者改变用途。

第四十二条 县级以上人民政府应当依法加强对草原珍稀濒危野生动植物、野生药用植物和种质资源、野生动物栖息地的保护。建设工程应当为野生动物设置合理的迁徙通道。

第四十三条 本省依法实行退耕、退牧还草和禁牧、休牧制度。禁牧、休牧的地区和期限根据有关规定由县级人民政府确定并予以公告。

第四十四条 草原承包经营者或者草原使用者应当加强疏林草地和灌丛草地的植被保护,遵守有关森林资源保护的规定,适时合理利用草地。

第四十五条 禁止开垦草原。对水土流失严重、有沙化趋势、需要改善生态环境的已垦草原,应当有计划、有步骤地退耕还草;已造成沙化、盐碱化、荒漠化的,应当限期治理。

建立人工草地、饲草饲料基地应当在种植条件适宜的已垦草原或者在原生植被破坏严重、不适宜采用封育措施恢复植被的土地上进行,并应当符合草原保护、建设、利用规划。县级以上人民政府林业草原主管部门应当加强对建立人工草地、饲草饲料基地的监督管理,防止草原沙化和水土流失。

第四十六条 禁止在荒漠、半荒漠和严重退化、沙化、盐碱化和水土流失的草原以及生态脆弱区的草原上采挖植物和从事破坏草原植被的其他活动。

第四十七条 在草原上从事采土、采砂、采石等作业活动,应当报县级人民政府林业草原主管部门批准,并依据国家和省有关规定向草原承包经营者给予补偿。作业活动结束后,应当限期恢复植被或者委托草原监督管理机构代为恢复。

第四十八条 在草原上开展经营性旅游活动,应当符合有关草原保护、建设、利用规划,经县级以上人民政府林业草原主管部门批准后,方可办理有关手续。

第四十九条 禁止采集、收购、出售草原上的国家一级保护野生植物。

采集、收购国家二级保护和省重点保护野生植物的,实行采集、收购证制度,采集、收购证按照国家有关规定办理。

第五十条 在草原上采集国家二级保护和省重点保护野生植物的,应当按照采集证规定的区域和时间进行，做到随挖随填，保留植物母株，保护草原植被，并向草原承包经营者支付草原补偿费，向草原监督管理机构交纳草原植被恢复费。

第五十一条 禁止在草原上非法捕杀、买卖和运输草原上的鹰、雕、隼、豹、狼、狐狸、鼬等草原鼠虫害天敌。

第五十二条 县级以上人民政府及其林业草原主管部门应当加强草原鼠虫害、毒害草的监测和防治，组织农牧民开展科学防治活动，引导支持农牧民保护鼠虫害的天敌，建立长效防治机制。

第五十三条 各级人民政府要加强草原生态环境的保护，防止对草原环境的污染。

任何单位和个人不得向草原及其水域弃置、堆放固体废物和排放倾倒有毒有害的污染物。

第五十四条 各级人民政府应当建立和完善草原防火责任制，制定草原火灾应急预案，加强草原火情监测，提高草原火灾消防能力。

草原防火期为每年 9 月 15 日至翌年 6 月 15 日。

第六章　监督管理

第五十五条 县级以上人民政府林业草原主管部门和草原监督管理机构的职责是：

（一）宣传贯彻草原法律、法规和规章，监督检查草原法律、法规和规章的贯彻执行；

（二）依法对违反草原法律、法规和规章的行为进行查处；

（三）负责办理草原承包经营权、草原使用权的登记、造册和发证的具体工作；

（四）负责草原权属争议的调解；

（五）负责草原动态监测工作，指导监督草畜平衡工作；

（六）协助有关部门做好草原防火的具体工作；

（七）办理其他有关草原监督管理的事宜。

下级草原监督管理机构接受上级草原监督管理机构的工作监督和指导。

第五十六条 草原监督检查人员履行监督检查职责时，有权采取以下措施：

（一）要求被检查单位或者个人提供相关的文件和资料，进行查阅或者复制；

（二）要求被检查单位或者个人对草原权属等问题做出说明；

（三）进入违法现场进行拍照、摄像和勘测；

（四）责令被检查单位或者个人停止违反草原法律、法规和规章的行为，履行法定义务。

第五十七条 县级以上人民政府应当将草原监督管理机构的执法经费纳入同级财政预算,保障草原监督管理工作经费。

第五十八条 县级以上人民政府林业草原主管部门和草原监督管理机构应当加强执法队伍建设,提高人员素质。草原监督管理机构从事执法工作的人员应当按有关规定考试、考核录用。

第五十九条 草原行政执法人员在履行监督检查职责时,应当佩带明显标志,并出示行政执法证件。

有关单位和个人对草原行政执法人员的监督检查工作应当给予支持和配合,不得拒绝或者阻碍草原行政执法人员依法执行公务。

第六十条 任何单位和个人都有对违反草原法律、法规和规章,破坏草原的行为进行监督、检举和控告的权利。

县级以上人民政府林业草原主管部门应当建立举报制度,公布举报电话和通信地址,及时查处举报案件。

第七章 法律责任

第六十一条 违反本办法规定的行为,草原法和有关法律、行政法规有处罚规定的,从其规定。

第六十二条 违反本办法规定,超过核定的载畜量放牧的,由县级以上人民政府林业草原主管部门或者草原监督管理机构责令限期改正;逾期不改正的,按照下列规定进行处罚:

(一)超载不足百分之三十的,每个超载羊单位罚款十元;

(二)超载百分之三十以上不足百分之五十的,每个超载羊单位罚款二十元;

(三)超载百分之五十以上的,每个超载羊单位罚款三十元。

第六十三条 违反本办法规定,破坏草原保护、建设设施的,由县级以上人民政府林业草原主管部门或者草原监督管理机构责令其限期恢复或者折价赔偿。

第六十四条 违反本办法规定,不按规定期限缴纳草原植被恢复费的,由县级以上人民政府林业草原主管部门或者草原监督管理机构责令限期补缴;逾期仍未缴纳的,每日加收千分之三的滞纳金。

第六十五条 林业草原主管部门和其他国家机关工作人员有下列行为之一的,由有关部门对直接负责的主管人员和其他直接责任人员依法给予处分;构成犯罪的,依法追究刑事责任:

（一）截留、挪用草原保护和建设资金或者草原植被恢复费的；

（二）超越批准权限非法批准征收、征用和使用草原的，或者违反法定程序批准征收、征用和使用草原的；

（三）擅自对草原承包经营期内的草原进行调整的；

（四）未及时提供草原生产与生态监测预警信息，或者接到预警信息后未及时采取相应防止和控制措施的；

（五）在国家投资的草原保护、建设和生态治理中使用不合格草种的；

（六）其他违法违规行为。

第六十六条 扰乱草原保护管理秩序、阻碍草原执法人员依法执行公务的，由公安机关依照《中华人民共和国治安管理处罚法》的规定给予处罚；构成犯罪的，依法追究刑事责任。

第八章 附 则

第六十七条 草原生态补偿的具体办法由省人民政府制定。

第六十八条 本办法自 2008 年 1 月 1 日起施行。1989 年 11 月 1 日青海省第七届人民代表大会常务委员会第十一次会议通过的《青海省实施〈中华人民共和国草原法〉细则》同时废止。

青海省草原承包办法

(2010年修正本)

(1993年6月9日青海省人民政府第三次常务会议通过 1993年6月24日青海省人民政府令第4号发布

根据2010年12月15日青海省人民政府第71次常务会议审议通过 2010年12月29日青海省人民政府令第76号公布 自公布之日起施行的《青海省人民政府关于修改部分规章的决定》修正)

第一条 为了调动单位、集体和牧民保护、建设和合理利用草原的积极性,促进畜牧业生产的发展,根据《中华人民共和国草原法》及《青海省实施〈中华人民共和国草原法〉办法》的规定,结合我省实际,制定本办法。

第二条 全省全民所有的及由法律规定属于集体所有的一切草原、草山、草坡,包括天然草原和人工草地,均应确认草原使用权,落实草原承包经营权,并颁发草原使用证。

第三条 草原地表、地下矿产资源属国家所有,不因其所依附的草原所有权和使用权的不同而改变。

第四条 依法确认的草原使用权,承包经营权长期不变,受国家法律保护,任何单位和个人不得侵犯。

第五条 实行草原有偿使用制度,草原使用者必须依法缴纳草原使用费。其具体办法另行规定。

第六条 全民所有的草原可以依法固定给集体所有制单位和全民所有制单位长期使用。

确认全民所有制单位草原使用范围的依据是建场时县级以上人民政府批准的界线以及有关协议,在明确界线的基础上,按隶属关系由县级以上人民政府确认使用权。

集体所有制单位使用的草原,先由县人民政府确认乡(镇)草原使用范围,再由乡(镇)人民政府确定所属村(牧)民委员会草原使用范围,报请县人民政府审核,确认草原使用权。

机关，企业、部队、学校、寺院所使用的草原也应固定草原使用权。

第七条 草原界限未定或有争议的，在定界或争议解决前，暂不进行承包。

第八条 全民所有制单位固定使用的草原可以由单位统一经营，也可以通过合同形式由职工（户或联户）承包经营。单位为发包方，职工为承包方。

村（牧）民委员会使用的冬春草原必须承包到户，夏秋草原原则上承包到户，条件不成熟的，可承包到组或联户。乡或村为发包方，牧民为承包方。

农区的草山、草坡可由村统一经营，也可划分承包到合作社、联户、个人经营。

第九条 承包经营草原，发包方必须与承包方签订承包经营合同。承包合同受国家法律保护，任何一方不得擅自变更或撤销。

第十条 发包方有权按照承包合同的规定，对承包方的生产经营活动进行检查、监督。

发包方应当按照承包合同的规定维护承包方的合法权益，在其职责范围内为承包方提供各项服务，解决生产经营中的困难并负责进行生产协作和遇到灾害时统一使用草场的组织协调工作。

第十一条 承包经营的期限一般不得少于五十年。

第十二条 承包经营者享有下列权利：

（一）依法使用草原、从事畜牧业生产的经营自主权；

（二）对生产成果和经济收益的自主支配权；

（三）接受国爱资助、按规定建设草原的权利；

（四）在承包经营权受到侵犯时，请求处理及要求赔偿损失的权利；

（五）依法转让、子女继承草原承包使用权的权利。

第十三条 承包经营者应履行下列义务：

（一）全面履行承包合同，接受国家指导，服从乡、村草原建设统一规划，依法纳税；

（二）以草定畜，合理利用和保护草原；

（三）接受国家草原监理部门的监督；

（四）保护国家建设设施和公共设施；

（五）依照承包合同和国家规定缴纳草原使用费，集体提留。

第十四条 草原承包应按下列程序进行：

（一）踏查现场，明确乡村集体单位的草场界限、面积和草场等级，并在1∶50000—

1∶100000的地形图上标出。

（二）综合人口、牲畜数量和草场等级等因素，提出合理的户均承包面积，交村（牧）民委员会讨论通过。

（三）现场划定各户草原使用界线，丈测草场面积，并在1∶50000的地形图上勾出草原界线，标明草原等级。

（四）登记造册。登记内容应包括：承包草原总面积、各等级草原面积，现有牲畜、人口、劳力、各种草原建设设施数量，四至界线名称及毗邻牧户姓名。

草原承包必须做到权属明确，四至清楚，标志显著，数据准确，图册相符。

第十五条 草原承包应合理规划，统筹安排，留出牧道、饮水点、配种点等公共草场。

第十六条 承包使用的草原内的围栏、棚圈、住房等设施，要相应固定给承包者。由国家补助、牧户自筹资金建设的草原设施，归牧户所有；由国家或集体投资建设的草原设施，所有权为全民、集体所有，由承包方管理、使用、维修，并按期交纳使用费，也可折价归牧户所有。其使用费、折价费集中于村或乡，列入草原建设费用。

对草原建设设施，坚持谁投资、谁建设、谁管护、谁使用、谁收益的原则，任何单位和个人不得平调和侵犯。

第十七条 草原承包方可以在承包的草原上种植饲草料以及建设有利于生产和生活的设施。

第十八条 草原已经承包到户、权属无争议的应予确认，不再变动。特殊情况需调整的，应在广泛征求群众意见的基础上，由乡人民政府和村（牧）民委员会共同制定合理调整方案，报县人民政府批准。

草原承包后牲畜、人口增减不予调整草原。

第十九条 因国家建设征收、征用草原的，依照《青海省实施〈中华人民共和国草原法〉办法》的有关规定办理。被征收、征用草原的单位和个人应当服从国家需要，不得阻挠。

第二十条 草原承包者因迁出、无力经营等原因需解除承包合同或转让草原承包经营权的，必须经发包方同意。

属于原承包者所有的草原建设设施，在退包、转包时应经发包方、原承包和接包方共同商定并给予合理补偿。

第二十一条 合法租赁草原的，由双方协商，本着平等互利的原则，在明确租赁时限、范围的基础上，签定租赁合同，并报发包方备案。

第二十二条　草原使用证，草原使用权登记表由省草原行政主管部门统一印制。草原使用权登记表一式三份，分别由村（牧）民委员会、乡人民政府及县级以上人民政府发证机关存档备案。

第二十三条　草原使用证、草原使用权登记表、界线图、协议书等文件资料，不得伪造、擅自涂改和复制。

第二十四条　承包方违反承包合同和国家有关法律、法规，有下列行为之一的，发包方可以收回草原承包经营权。

（一）对承包的草场实行掠夺经营，超载放牧造成草原沙化、退化、水土流失，经县级草原主管部门提出，在限期内不调整放牧强度，补种牧草，恢复植被的；

（二）非法开垦草原或从事不利于草原保护的生产经营活动的；

（三）未经发包方同意擅自转让草原的；

（四）连续三年拒交草原使用费、集体提留和国家规定的各种税、费的。

第二十五条　草原使用权变更的，使用者应到发证机关办理变更手续；草原使用权发生争议时，依照《青海省实施〈中华人民共和国草原法〉办法》第八条之规定处理。

草原发包方、承包方因承包合同发生争议时，当事人可协商解决。协商不成的可按承包合同的规定请求村（牧）民委员会、乡（镇）人民政府调解解决，或向人民法院提起诉讼。

第二十六条　本办法由省农牧行政主管部门负责解释。

第二十七条　本办法自发布之日起施行。

青海省草原承包经营权流转办法

（2020年修订本）

（2011年12月28日青海省人民政府第94次常务会议审议通过　2012年1月5日青海省人民政府令第86号公布　自2012年3月1日起施行

根据2020年6月12日省政府令第125号《青海省人民政府关于修改和废止部分省政府规章的决定》修订）

第一条　为规范草原承包经营权流转行为，维护流转双方合法权益，促进畜牧业经济发展，根据《中华人民共和国农村土地承包法》《中华人民共和国草原法》等法律、法规规定，结合本省实际，制定本办法。

第二条　本省行政区域内草原承包经营权流转及其服务管理活动，适用本办法。

第三条　草原承包经营权流转应当遵循法律、法规规定，坚持平等、协商、自愿、有偿的原则。

草原承包经营权流转不得改变承包草原的用途，流转期限不得超过承包期的剩余期限。

第四条　依法形成的草原承包经营权流转关系受法律保护。任何组织和个人不得强迫或者阻碍承包方进行草原承包经营权的流转，不得损害草原承包经营者的合法权益。

第五条　县级以上人民政府林业草原行政主管部门负责指导本行政区域内草原承包经营权流转服务管理工作。其草原监督管理机构具体负责流转草原的流转合同备案、定期监测、草原流转服务培训及监督检查工作。

乡（镇）人民政府负责本行政区域内草原承包经营权流转的登记管理以及政策宣传、纠纷调解等服务工作。

村民委员会承担本集体经济组织内草原承包经营权流转的审查核实及信息采集、上报工作，配合乡（镇）人民政府做好流转的相关工作。

第六条　草原承包经营权承包方依法有权自主决定承包草原是否流转、流转的对象和方式。

草原承包经营权流转的受让方必须具有畜牧业经营能力。受让方可以是本集体经济组织内的草原承包户，也可以是其他从事畜牧业生产经营的组织或个人。

本集体经济组织成员在同等条件下享有优先权。

第七条　鼓励草原承包经营者向专业合作经济组织、养殖大户等流转草原承包经营权，发展适度规模经营。

第八条　草原承包经营权按下列程序流转：

（一）草原承包经营权在本集体经济组织内进行流转的，由承包方和受让方共同向发包方提出申请，经村委会核实，到乡（镇）人民政府登记。

（二）草原承包经营权向本集体经济组织成员外进行流转的，由承包方和受让方共同向发包方提出申请，经村民会议三分之二以上成员或者三分之二以上村民代表同意，到乡（镇）人民政府登记。

第九条　草原承包经营权流转，承包方与受让方应当协商一致，签订书面流转合同。

草原承包经营权流转合同应当向发包方、乡（镇）人民政府和县级以上草原监督管理机构备案。

发包方、乡（镇）人民政府和县级以上草原监督管理机构应当将合同文本及相关文件归档并妥善保管。

第十条　草原承包经营权流转合同一般包括下列内容：

（一）双方当事人的姓名（名称）和住址等基本信息；

（二）流转草原的四至界限、面积、等级、类型、核定的载畜量；

（三）流转方式；

（四）流转期限和起止日期；

（五）流转草原的用途；

（六）流转价款及支付方式；

（七）双方当事人的权利和义务；

（八）流转合同到期后草原地上附着物及相关设施的处理；

（九）草原保护建设、临时占用等补助补偿资金分配方式；

（十）违约责任；

（十一）双方当事人约定的其他内容。

草原承包经营权流转合同文本格式由省人民政府林业草原行政主管部门统一确定。

第十一条 下列草原不得流转：

（一）实施禁牧的；

（二）未落实草原承包经营权的；

（三）草原权属有争议的；

（四）法律、法规禁止的其他情形。

第十二条 草原承包经营权流转的受让方必须履行草原保护和建设义务，严格遵守草畜平衡制度，签订草畜平衡责任书，按照合同约定，合理利用草原，不得进行掠夺性经营。

第十三条 受让方将承包方以转包、出租方式流转的草原承包经营权进行再流转，应当取得承包方的同意。未经承包方同意的，流转无效。

第十四条 草原承包经营权以转让、互换方式流转的，当事人应当到县级林业草原行政主管部门办理草原承包经营权证变更手续。

第十五条 草原承包经营权流转收益归承包方所有，任何组织和个人不得截留、扣缴。

草原承包经营权流转登记不得收取任何费用。

第十六条 县级以上林业草原行政主管部门应当建立草原承包经营权流转信息平台，及时公布信息，为双方流转对接提供便捷服务。

第十七条 乡（镇）人民政府及其草原流转服务机构应当开展法律政策宣传、流转价格、流转信息等咨询，及时为流转双方提供流转合同文本格式，指导其依法签订合同。

第十八条 草原承包经营权流转发生纠纷的，由双方当事人协商解决。

当事人协商不成的，可以请求村委会、乡（镇）人民政府进行调解。

当事人不愿协商或者调解不成的，可以向土地（草原）承包纠纷仲裁委员会申请仲裁，也可以依法向人民法院提起诉讼。

纠纷未解决前，任何一方不得改变草原的现状和用途。

第十九条 承包方、受让方一方不履行草原流转合同约定的义务，依照合同约定和有关法律、法规的规定，承担违约责任。

违反本办法第十一条规定，签订的草原流转合同无效。

违反本办法第十二条规定的，承包方应当依据合同约定要求受让方停止侵害，限期恢复植被，也可以提请林业草原行政主管部门或者草原监督管理机构依法处理。

第二十条 违反本办法规定，受让方擅自改变流转草原用途的，依据《中华人民共和国草原法》相关规定予以处罚。

第二十一条 受让方超过核定的载畜量放牧的，由县级以上人民政府林业草原行政主管部门或者草原监督管理机构责令限期改正；逾期不改正的，按照《青海省实施〈中华人民共和国草原法〉办法》第六十二条的规定进行处罚。

第二十二条 发包方强迫、阻碍承包方进行草原承包经营权流转或从事其他侵害草原承包方合法权益的行为，依据《中华人民共和国农村土地承包法》第五十四条规定，承担停止侵害、返还原物、恢复原状、赔偿损失等民事责任。

第二十三条 林业草原行政主管部门及其他国家机关工作人员玩忽职守、滥用职权、徇私舞弊，干涉、妨害草原承包经营权流转的，由所在单位或有关部门依法给予行政处分。

第二十四条 本办法所称流转是指采用转包、出租、互换、转让、股份合作等形式流转草原承包经营权的行为。

转包，是指承包方将部分或者全部草原承包经营权以一定期限转包给同一集体经济组织内其他牧户或个人从事畜牧业生产经营。转包后原草原承包关系不变，原承包方继续履行原草原承包合同规定的权利和义务。受让方按转包时约定的条件对转包方负责。

出租，是指承包方将部分或全部草原承包经营权以一定期限租赁给他人从事畜牧业生产经营。出租后原草原承包关系不变，原承包方继续履行原草原承包合同规定的权利和义务。受让方按出租时约定的条件对承包方负责。

互换，是指承包方之间为方便放牧或者各自需要，对属于同一集体经济组织内的承包草原进行互换，同时交换相应的草原承包经营权。

转让，是指承包方有稳定的非农牧职业或者有稳定的收入来源，由承包方和受让方申请，经发包方同意，将部分或者全部承包经营的草原及其相应的权利义务让渡给其他从事畜牧业生产经营的组织或个人，原承包方在承包期内的草原承包经营权部分或全部灭失。由受让方与发包方重新确立承包关系，签订草原承包经营合同，并到草原经营权证发证机关办理权属变更手续，更换证书。

股份合作，是指承包方之间为发展畜牧业经济，将草原承包经营权作为股权，自愿联合从事畜牧业生产经营，承包方承包经营权不变。

第二十五条 国有农牧场草原承包经营权流转参照本办法执行。

第二十六条 本办法执行中的具体应用问题，由省人民政府草原行政主管部门负责解释。

第二十七条 本办法自 2012 年 3 月 1 日起施行。2001 年 8 月 2 日省人民政府第二十三次常务会议审议通过的《青海省草原使用权流转办法》同时废止。

宁夏回族自治区草原管理条例

(2005年修订本)

(1994年12月15日宁夏回族自治区第七届人民代表大会常务委员会第十次会议通过

2005年11月16日宁夏回族自治区第九届人民代表大会常务委员会第十九次会议第一次修订 2005年11月16日宁夏回族自治区人民代表大会常务委员会公告第26号公布 自2006年1月1日起施行)

第一章 总则

第一条 为了保护、建设和合理利用草原,改善生态环境,维护生物多样性,发展现代畜牧业,促进经济和社会的可持续发展,根据《中华人民共和国草原法》(以下简称《草原法》)和其他法律、法规的规定,结合自治区实际,制定本条例。

第二条 自治区行政区域内从事草原规划、保护、建设、利用和管理活动的,适用本条例。

第三条 本条例所称草原是指具有草原生态功能和适用于发展畜牧业生产的天然草原和人工草地。

天然草原包括草地、草山和草坡,人工草地包括改良草地和退耕还草地,不包括城镇草地。

第四条 自治区人民政府草原行政主管部门负责自治区行政区域内的草原监督管理工作。

市、县(市、区)人民政府草原行政主管部门负责本行政区域内的草原监督管理工作。

乡(镇)人民政府应当加强对本行政区域内草原保护、建设和利用情况的监督检查,根据需要可以设立专职或者兼职人员负责具体监督检查工作。

林业、环保、国土资源、水利、公安、工商等部门应当按照各自的职责,依法做好草原保护、建设及其管理工作。

第五条 对在草原管理、保护、建设、合理利用和科学研究等工作中做出显著成绩的单位和个人,各级人民政府和有关部门应当予以表彰和奖励。

第二章 草原权属

第六条 草原权属的确定依据《草原法》的有关规定执行,法律、行政法规未作规定的,按照本条例的规定执行。

第七条 按照国家规定退耕还草的耕地,退耕还草完成后,不得改变土地所有权权属,由县级以上人民政府登记,依法履行土地用途变更手续,发放草原使用权证书。

第八条 依法登记的草原所有权和使用权受法律保护,任何单位和个人不得侵占、买卖或者以其他形式非法转让草原。

第九条 各级人民政府应当完善草原承包经营责任制。

集体所有的草原或者依法确定给集体经济组织使用的国家所有的草原,可以由集体经济组织内的家庭或者联户承包经营。草原承包经营期限为五十年。

第十条 草原承包或者使用权公开拍卖方案应当经本集体经济组织成员的村民大会或者村民代表大会通过,并报乡(镇)人民政府批准后,方可实施。

第十一条 草原承包经营权受法律保护。已经取得草原承包经营权的承包人,可以依法采取转包、出租、互换、转让或者其他方式流转草原承包经营权。

第十二条 承包经营草原,发包方和承包方应当签订书面合同。书面合同可以由自治区草原行政主管部门提供合同样本。

草原承包合同的内容应当包括双方的权利和义务,承包草原四至界限、面积和等级,承包期和起止日期,承包草原用途,休牧、轮牧以及围栏设施维护和违约责任等。承包期届满,在同等条件下,原承包经营者享有优先承包权。

第三章 草原规划与建设

第十三条 自治区对草原保护、建设、利用实行统一规划制度。

县级以上人民政府草原行政主管部门应当会同同级有关部门,依据上一级草原保护、建设、利用规划,编制本行政区域内的草原保护、建设、利用规划,报本级人民政府批准后实施。

经批准的草原保护、建设、利用规划确需调整或者修改的,应当经原批准机关批准。

第十四条 自治区建立草原调查制度。

县级以上人民政府草原行政主管部门应当会同同级有关部门按照自治区草原调查制度每五年进行一次草原调查。草原所有者或者使用者应当支持、配合调查，并提供有关资料。

县级以上人民政府草原行政主管部门应当建立草原资源档案和数据库。

第十五条 自治区人民政府草原行政主管部门应当会同自治区国土资源、环保、水利、林业等有关部门根据国家草原等级评定标准制定自治区草原等级评定标准。

县级以上人民政府草原行政主管部门应当根据草原调查结果、草原的质量，依据自治区草原等级评定标准，对草原进行评等定级。

第十六条 自治区建立草原统计制度。

县级以上人民政府草原行政主管部门和统计部门应当依据自治区草原统计制度的规定，依法对草原的面积、等级、产草量、载畜量等进行统计，并由统计部门定期发布草原统计资料。

草原统计资料是编制草原保护、建设、利用规划的依据。

第十七条 自治区建立草原生产、生态监测预警系统。

县级以上人民政府草原行政主管部门应当对草原的面积、等级、植被构成、生产能力、自然灾害、生物灾害等草原基本状况实行动态监测，及时为本级人民政府和有关部门提供草原动态监测和预警信息服务。

各级人民政府接到预警信息后，应当及时采取相应的防止和控制措施。

第十八条 各级人民政府应当将草原建设纳入国民经济和社会发展规划，逐年增加草原建设投入，支持草原建设。

自治区鼓励单位和个人投资建设草原，按照谁投资、谁建设、谁受益的原则，保护草原投资建设者的合法权益。

第十九条 各级人民政府应当支持、鼓励和引导单位和个人开展草原围栏、饲草饲料储备、牲畜圈舍等生产设施的建设，采用免耕补播、撒播、飞播等方式进行人工种草。

实施草原建设项目应当依据草原保护、建设、利用规划进行，防止沙化和水土流失。各级人民政府草原行政主管部门应当加强对草原建设项目的监督检查。

第四章 草原利用

第二十条 草原承包经营者应当以草定畜，合理利用草原，不得超过草原行政主管部门核定的载畜量。

自治区人民政府草原行政主管部门应当制定并公布本行政区域内不同草原类型的具体载畜量标准。载畜量标准以一定面积草原所能承载的羊单位计算。

第二十一条 市、县（市、区）人民政府草原行政主管部门，应当结合当地实际情况，根据载畜量标准，定期核定草原载畜量，并制定草畜平衡计划，报自治区人民政府草原行政主管部门核准后实施。

第二十二条 草原承包经营者应当按照县级人民政府草原行政主管部门核定的草原载畜量，与发包者签订《草畜平衡责任书》。

《草畜平衡责任书》文本式样，由自治区人民政府草原行政主管部门提供。

第二十三条 草原承包经营者应当遵守县级以上人民政府建立的季节性休牧和划区轮牧制度，合理配置畜群，均衡利用草原。不得在休牧期和轮牧区抢牧、滥牧。

第二十四条 提倡牲畜圈养。

草原承包经营者应当按照饲养牲畜的种类和数量，调剂、储备饲草饲料，采用青贮和饲草饲料加工新技术，逐步改变依赖天然草地放牧的生产方式。

第二十五条 进行矿藏开采和工程建设，应当不占或者少占草原；确需征用或者使用草原的，须经自治区人民政府草原行政主管部门审核同意后，依照有关土地管理的法律、法规的规定办理建设用地审批手续。

第二十六条 因建设征用集体所有的草原的，应当依照《中华人民共和国土地管理法》和《宁夏回族自治区土地管理条例》的有关规定给予补偿；因建设使用国家所有的草原的，应当依照国务院有关规定对草原承包经营者给予补偿。

因建设征用或者使用草原的，应当交纳草原植被恢复费。草原植被恢复费专款专用，由草原行政主管部门按照规定用于恢复草原植被，任何单位和个人不得截留、挪用。

第二十七条 在草原上进行勘探、钻井、修筑地上地下工程或者开辟便道等需要临时占用草原的，占用者应当经县级以上人民政府草原行政主管部门审核同意，按照规定的时间、区域和作业方式进行。占用期满，占用者应当恢复草原植被并及时退还草原。

临时占用草原的期限不得超过两年，不得修建永久性建筑物、构筑物；占用者应当按照合同约定向草原承包经营者支付临时占用草原补偿费。

第五章 草原保护

第二十八条 自治区实行基本草原保护制度。下列草原应当划为基本草原，实行严格保护管理：

（一）重要放牧场；

（二）割草地；

（三）用于畜牧业生产的人工草地、退耕还草地以及改良草地、草种基地；

（四）对调节气候、涵养水源、保持水土、防风固沙具有特殊作用的草原；

（五）作为国家重点保护野生动植物生存环境的草原；

（六）草原科研、教学试验基地；

（七）国务院和自治区人民政府规定应当划为基本草原的其他草原。

各级人民政府应当对基本草原保护和建设实行目标管理责任制。

第二十九条 基本草原以乡镇为单位划区定界，由县级人民政府草原行政主管部门会同国土资源、民政、统计等部门组织实施。

基本草原划区定界后，由自治区人民政府草原行政主管部门和国土资源行政主管部门验收确认，或者由自治区人民政府委托设区的市人民政府组织草原行政主管部门和国土资源行政主管部门验收确认。

承包经营的草原为基本草原的，应当在草原承包经营合同及草原使用权证上注明。

第三十条 划定的基本草原由县级人民政府设立保护标志，并予以公告。

任何单位和个人不得破坏基本草原保护标志和草原围栏等草原保护设施，不得擅自占用或者改变用途；不得在草原上随意设障、封堵草原道路。

第三十一条 自治区建立和实施禁牧制度。

自治区人民政府根据草原生态预警监测情况，决定对全区或者部分地区的草原进行禁牧。

具体禁牧的时间、范围及其解除办法由自治区人民政府公告。

第三十二条 禁止开垦草原、挖草皮和其他破坏草原植被活动。对已开垦并造成草原水土流失严重、有沙化现象、需要改善生态环境的，县级以上人民政府应当限期封闭，责令退耕，恢复植被。

第三十三条 禁止在草原上采集国家野生保护植物以及草种种质资源。因科学研究、人工栽培、文化交流等特殊需要采集草原野生保护植物的，应当经自治区人民政府草原行政主管部门批准。

第三十四条 禁止采集、加工、收购和销售发菜。未经批准,不得在草原上滥挖野生甘草、麻黄草、苦豆子等固沙野生植物。

对采集、收购野生甘草、麻黄草、苦豆子等固沙野生植物的,应当经自治区人民政府草原行政主管部门批准。

草原固沙野生植物的采集、收购管理办法由自治区人民政府另行制定。

第三十五条 经自治区人民政府批准,县级以上人民政府可以根据需要,组织有关部门在本行政区域内的重点出入通道设置临时检查站,查堵外出或者进入草原地区采集、收购发菜和非法采挖野生甘草、麻黄草、苦豆子等固沙野生植物的人员和车辆。

第三十六条 各级人民政府应当做好草原鼠害、病虫害和毒害草防治的组织管理工作。县级以上人民政府草原行政主管部门应当加强草原鼠害、病虫害和毒害草的监测预警、调查以及防治工作,组织研究和推广综合防治的办法。

禁止在草原上使用剧毒、高残留以及可能导致二次中毒的农药。

禁止捕杀草原上的鹰、雕和鼬科动物等草原鼠虫害天敌和珍稀野生保护动物。

第三十七条 各级人民政府应当加强基本草原生态环境的管理,防止对草原环境的污染。因建设项目征用和使用基本草原的,在建设项目环境影响评价报告书中应当制定基本草原环境保护方案。禁止单位和个人擅自向草原排放废水、废气、固体废弃物等污染物。

第三十八条 草原防火应当贯彻预防为主、防消结合的方针。

各级人民政府应当建立草原防火责任制,规定草原防火期,并制定草原防火扑火应急预案,切实做好草原火灾的预防和扑救工作。草原防火、扑火费用纳入同级财政预算。

第六章 监督检查

第三十九条 自治区人民政府草原行政主管部门及草原面积较大的市、县(市、区)人民政府草原行政主管部门设立草原监督管理机构,负责草原法律、法规执行情况的监督检查,并对违反草原法律、法规的行为进行查处。

自治区公安机关和草原面积较大的市、县(市、区)公安机关设立草原治安管理机构,负责草原治安工作。

草原监督管理机构和草原治安管理机构的执法经费纳入同级财政预算。

第四十条 草原监督检查人员履行监督检查职责时,有权采取以下措施:

(一)要求被检查单位或者个人提供相关的文件和资料,并可以进行查阅或者复制；

（二）要求被检查单位或者个人对草原权属等问题作出说明；

（三）进入违法现场进行拍照、摄像和勘验；

（四）责令被检查单位或者个人停止违反草原法律、法规的行为，履行法定义务。

第四十一条 草原监督检查人员在履行监督检查职责时，应当出示行政执法证件。

有关单位和个人对草原监督检查人员的监督检查工作应当给予支持和配合，不得拒绝或者阻碍草原监督检查人员依法执行职务。

第七章 法律责任

第四十二条 有下列行为之一的，依照《草原法》的有关规定处罚：

（一）买卖或者以其他形式非法转让草原的；

（二）未经批准或者采取欺骗手段骗取批准，非法使用草原的；

（三）在临时占用的草原上修建永久性建筑物、构筑物的；

（四）未经县级以上人民政府草原行政主管部门审核同意擅自在草原上进行勘探、钻井、修筑地上地下工程或者开辟便道临时占用草原的，或者临时占用草原期限届满的，用地单位不予恢复草原植被的；

（五）非法开垦草原的；

（六）未经批准擅自改变草原保护、建设、利用规划的。

第四十三条 违反本条例规定，超过核定的载畜量放牧的，由县级以上人民政府草原行政主管部门责令限期改正；逾期不改正的，处以每个超载羊单位十元以上三十元以下的罚款。

第四十四条 违反本条例规定，在草原禁牧期和禁牧区域放牧牲畜的，或者在休牧期、轮牧区抢牧、滥牧的，由县级以上人民政府草原行政主管部门给予警告，并可处以每个羊单位五元以上三十元以下的罚款；无法确定放牧羊单位的数量的，处以一百元以上二千元以下的罚款。

第四十五条 违反本条例规定，非法捕杀草原上的鹰、雕和鼬科动物等草原鼠虫害天敌和珍稀野生保护动物，按照《中华人民共和国陆生野生动物保护实施条例》的有关规定处罚。

第四十六条 违反本条例规定，损毁草原围栏等草原保护设施或者基本草原保护标志的，由县级以上人民政府草原行政主管部门责令其限期恢复原状，并处以一百元以上二千元以下的罚款；造成损失的，应当依法承担赔偿责任。

第四十七条 违反本条例规定，擅自向草原排放废水、废气、固体废弃物等污染物，造成草原污染的，由县级以上人民政府环境保护行政主管部门依法处罚。给草原使用者造成损失的，应当依法承担赔偿责任；构成犯罪的，依法追究刑事责任。

第四十八条 违反本条例规定，在草原上采集发菜、滥挖野生甘草、麻黄草、苦豆子等固沙野生植物或者从事破坏草原植被的其他活动的，由县级以上人民政府草原行政主管部门责令停止违法行为，没收非法财物和违法所得，并处以违法所得一倍以上五倍以下的罚款；给草原所有者或者使用者造成损失的，依法承担赔偿责任。

对非法组织采挖、收购、贩运野生甘草、麻黄草、苦豆子等固沙野生植物的，由县级以上人民政府草原行政主管部门没收非法财物和违法所得，并处以五千元以上五万元以下的罚款；给草原所有者或者使用者造成损失的，依法承担赔偿责任。

第四十九条 阻碍草原监督检查人员依法执行职务的，由公安机关依法给予治安处罚；构成犯罪的，依法追究刑事责任。

第五十条 当事人对行政处罚不服的，可以依法申请行政复议或者提起行政诉讼。

第五十一条 国家工作人员和草原监督管理机构工作人员有下列行为之一的，由有关部门对直接负责的主管人员和其他直接责任人员依法给予行政处分；构成犯罪的，依法追究刑事责任：

（一）截留、挪用草原改良、人工种草和草种生产资金或者草原植被恢复费的；

（二）非法批准或者违反法定程序批准征收、征用和使用草原的；

（三）违法批准采挖草原野生固沙植物的；

（四）未及时提供草原生产与生态监测预警信息，或者接到预警信息后未及时采取相应防止和控制措施的。

第八章　附　则

第五十二条 本条例自 2006 年 1 月 1 日起实施。

新疆维吾尔自治区实施
《中华人民共和国草原法》办法

（2011年7月29日新疆维吾尔自治区第十一届人民代表大会常务委员会第三十次会议通过 2011年7月29日新疆维吾尔自治区第十一届人民代表大会常务委员会公告第39号公布 自2011年10月1日起施行）

第一章 总则

第一条 为了保护、建设和合理利用草原，改善生态环境，维护生物多样性，发展现代畜牧业，促进经济和社会的可持续发展，根据《中华人民共和国草原法》和有关法律、法规，结合自治区实际，制定本办法。

第二条 在自治区行政区域内从事草原规划、保护、建设、利用和管理活动，适用本办法。

第三条 本办法所称草原，包括天然草原和人工草地。

天然草原是指由草本植物和半灌木构成的植被群落及其着生地；人工草地是指通过播种、灌溉等人工耕作方法形成的改良草地、退耕还草地等，不包括城镇草坪。

第四条 各级人民政府应当将草原保护、建设和利用规划纳入国民经济和社会发展规划，实行目标管理责任制，并将草原管理工作经费列入本级财政预算。

第五条 县级以上人民政府草原行政主管部门负责本行政区域内的草原监督管理工作。具体工作由其所属的草原监督管理机构负责，但是，行政许可事项除外。

国土资源、林业、农业、水利、环境保护、旅游等有关部门在各自职责范围内，负责草原保护、建设、利用等相关工作。

乡（镇）人民政府应当加强对本行政区域内草原保护、建设和利用情况的监督检查，根据需要可以设专职或者兼职人员负责具体监督检查工作。

第六条 各级人民政府应当加强保护、建设和合理利用草原的宣传教育。

任何单位和个人都有遵守草原法律法规、保护草原的义务，同时享有对违反草原法律法规、破坏草原的行为进行监督、检举和控告的权利。

各级人民政府对在草原管理、保护、建设、合理利用和科学研究等工作中做出显著成绩的单位和个人，给予奖励。

第七条 自治区实行天然草原划区禁牧和草畜平衡制度，并按照国家规定给落实草原禁牧的牧户资金补助，给落实草畜平衡的牧户资金奖励。

第二章 草原权属

第八条 县级以上人民政府依法登记、确认草原使用权，核发草原使用权证书。依法已经确权的草原，不得重复发放其他权属证书，法律、法规另有规定的除外。

草原使用权证书由自治区草原行政主管部门统一式样。

第九条 依法确定给全民所有制单位使用的国家所有的草原，可以实行承包经营。

未确定使用权的国家所有的草原，由县级以上人民政府登记造册、保护管理，并可以直接组织发包，所得收益由同级财政专户管理，金额用于草原保护和建设。

第十条 依法确定给集体经济组织使用的国家所有的草原，可以由集体经济组织内的家庭或者联户承包经营。

承包经营草原按照《中华人民共和国草原法》《中华人民共和国农村土地承包法》等有关法律、法规规定的程序进行。

第十一条 草原承包经营期内，发包方不得对承包经营者使用的草原进行调整。因重大自然灾害失去草原以及草原被征收、征用或者因生态保护需要禁用草原等特殊情形确需个别调整的，依照法定程序进行。

下列草原可以用于调整：

（一）集体经济组织依法预留的机动草原；

（二）发包方依法收回的草原；

（三）承包方自愿交回的草原；

（四）通过国家投资建设人工饲草料地置换、并依法办理变更手续的天然草原。

第十二条 在草原承包经营期内，发包方不得收回承包草原，下列情形除外：

（一）原承包经营者死亡，无合法继承人的；

（二）承包方有稳定的非牧业收入或者有稳定的收入来源，并自愿放弃承包经营权的；

（三）承包方全家迁入设区的市，转为非农业户口的。

承包方自愿将承包草原交回发包方的，不得在承包期内再次要求承包草原。

第十三条 草原承包经营权可以按照平等、协商、自愿、有偿的原则依法流转。

草原承包经营权流转应当符合下列规定：

（一）不得改变草原的畜牧业用途；

（二）在同等条件下，本集体经济组织成员享有优先权；

（三）受让方应当具有从事畜牧业生产的能力，并依法履行保护、建设和合理利用草原的义务。

第十四条 草原承包经营权可以采取转包、出租、互换、转让等方式流转。草原承包经营权流转，当事人双方应当签订书面合同。流转的期限不得超过原承包合同剩余的期限。

采取转包、出租、互换等方式流转的，当事人双方应当向发包方和县（市）草原行政主管部门备案。采取转让方式流转的，应当经发包方同意，发包方应当向县（市）草原行政主管部门报告。

第十五条 跨越行政区域界线使用草原（以下简称跨区使用草原）的县（市）人民政府应当与草原所在地的县（市）人民政府签订协议书，并向其共同的上一级人民政府备案。跨区使用草原历史上已经商定的协议除外。

跨区使用草原协议书应当包括下列内容：

（一）明确草原权属；

（二）草原的名称、坐标、界线、面积、质量等级和相关图件；

（三）草原放牧期、载畜量；

（四）双方政府及其草原行政主管部门管理职责的划分；

（五）跨区使用草原的人民政府及其草原行政主管部门落实草原保护、建设和利用规划的措施；

（六）草原纠纷的解决办法；

（七）其他应当明确的事项。

第十六条 取得跨区草原使用权的单位或者集体经济组织，可以将草原发包给本单位或者集体经济组织内的家庭或者联户承包经营，并向跨区使用草原的县（市）草原行政主管部门备案。跨区使用草原的承包期限不得超过草原使用权的期限。

第十七条 跨区草原权属发生争议的，应当坚持有利于团结、有利于生产、有利于边防、有利于草原管理和建设的原则，以互谅互让的精神协商处理。

（一）对过去遗留的争议，应当参照历史（主要是中华人民共和国成立后的历史），适当照顾各方实际困难，协商解决；

（二）因行政界线与草原使用界线不一致引起的争议，按照草原使用界线与行政界线分别对待的原则处理；

（三）中华人民共和国成立以后双方商定的协议，继续有效。有争议的，由双方协商；协商不成的，报其共同上一级人民政府裁决，裁决前应遵守原协议；

（四）过去已划定界线的，按照已划定的执行；未划定的，双方协商，报上一级人民政府划定。

草原权属争议解决前，任何单位和个人不得在有权属争议的草原进行下列活动：

（一）迁入居民；

（二）破坏原有的生产生活设施，修建围栏、棚圈、放牧点等生产生活设施以及其他永久性建筑；

（三）改变草原利用现状；

（四）发放草原权属证书；

（五）进行放牧、打草等生产活动。

第三章 草原规划和建设

第十八条 县级以上人民政府草原行政主管部门会同同级有关部门，依据上一级草原保护、建设和利用规划编制本行政区域的草原保护、建设和利用规划（含跨区使用草原规划），报本级人民政府批准后实施。

草原所在地的县（市）草原行政主管部门编制跨区使用草原规划时，应当征求跨区使用草原的县（市）草原行政主管部门的意见。

第十九条 县级以上人民政府草原行政主管部门应当会同有关部门定期对草原资源进行调查，加强对草原基本状况的监测和统计，建立草原资源档案和数据库；县（市）草原行政主管部门依据国家草原等级评定标准，对草原进行等级评定。

第二十条 县级以上人民政府应当加强草原管理专业技术人才的培养和使用，组织高等院校、科研机构和专业技术人员开展草原退化机理、生态演替规律、生物灾害防治等草原科学研究，加强生态系统恢复、优质抗逆草种选育、畜种改良和饲养方法等先进技术的开发，积极推广应用草原科研成果。

第二十一条 县级以上人民政府应当将人工草地灌溉用水和牧区人畜饮水纳入水资源利用总体规划，加强牧区草原水利基础设施建设，推广草原节水技术，扩大草原灌溉面积，改善牧区人畜饮水条件。

第二十二条 县级以上人民政府应当根据草原保护、建设、利用规划，因地制宜地组织推广免耕补播、撒播或者飞播等保护草原原生植被的方式改良草原，组织实施牧民定居点、防灾基地、饲草饲料储备、草原围栏、牲畜棚圈等生活生产设施建设。

第二十三条　县级以上人民政府应当加强优良草种繁育基地建设，建立健全优良草种繁育体系。国家投资建设的优良草种繁育基地，不得变更用途。

县级以上人民政府草原行政主管部门应当加强对草种生产、加工、检疫、检验的监督管理，鼓励和支持选育、引进、推广适合当地种植的优良牧草品种。草种监督管理的具体工作，可以委托草原工作机构负责，但是，行政许可事项除外。

第二十四条　严格控制在天然草原上建设人工饲草料地种植牧草或者饲料作物，确需建设的，应当符合草原保护、建设、利用规划和技术规程；建设单位或者个人应当向县（市）草原行政主管部门提交实施方案，由上一级草原行政主管部门组织论证后方可实施，并不得改变其畜牧业用途。

在可能引起沙化、碱化、退化、水土流失，或者对周边生态环境产生不利影响的天然草原，不得建设人工饲草料地。

第四章　草原利用

第二十五条　县级以上人民政府草原行政主管部门应当指导草原使用单位、集体经济组织和承包经营者转变传统畜牧业生产方式，采取农区舍饲圈养，牧区暖季放牧、冷季舍饲等方法，减轻天然草原放牧压力，提高草原的综合生态功能和生产能力。

第二十六条　自治区草原行政主管部门根据国家规定，制定并公布自治区不同类型草原的载畜量标准。县（市）草原行政主管部门根据载畜量标准，结合草原前五年平均生产能力，核定并公布草原载畜量。

载畜量标准和载畜量每五年核定并公布一次。核定草原载畜量，应当依据草原郁闭度情况和区域水土保持状况，听取草原使用单位、集体经济组织和承包经营者的意见，并组织专家进行论证。

草原使用单位、集体经济组织或者承包经营者饲养的牲畜量不得超过经核定并公布的载畜量，防止草原退化。

第二十七条　县（市）草原行政主管部门应当与草原使用单位、集体经济组织或者承包经营者签订草畜平衡责任书。

跨区使用草原的，草原所在地的县（市）草原行政主管部门可以委托草原使用地的县（市）草原行政主管部门与草原使用单位、集体经济组织或者承包经营者签订草畜平衡责任书。

第二十八条 草畜平衡责任书应当包括下列内容:

(一) 草原现状:包括草原四至界线、面积、类型、等级,草原退化面积及程度;

(二) 现有的牲畜种类和数量;

(三) 核定的草原载畜量;

(四) 实现草畜平衡的主要措施;

(五) 草原使用单位、集体经济组织或者承包经营者的责任;

(六) 责任书的有效期限。

第二十九条 草原使用单位、集体经济组织或者承包经营者应当按照草畜平衡的要求进行放牧,采取下列措施实现草畜平衡:

(一) 发展灌溉草场,加强人工种草,增加饲草饲料供应量;

(二) 按照规划实施划区禁牧、休牧和轮牧等;

(三) 发展优良畜种,优化畜群结构,加快牲畜出栏。

第三十条 禁止在他人承包、使用的草原上放牧或者割草。

第三十一条 灌木覆盖度不足30%的地带原用于经营畜牧业的,继续经营畜牧业。在允许放牧的林地放牧的,应当严格遵守有关法律、法规的规定。

任何单位或者个人不得禁止牧民进入前款规定的地带放牧,不得向牧民收取费用。

第三十二条 森林经营单位按照林业主管部门制定的规划,在放牧的林地上更新造林或者封山育林的,县级人民政府应当统筹安排,为在林地放牧的牧民提前调剂草场或者解决其他生产资料。

第三十三条 采矿、勘探或者修路、铺设管线等工程建设,应当不占或者少占草原;确需征收、征用或者使用草原的,应当经自治区人民政府草原行政主管部门审核同意。办理审核手续,应当提供下列材料:

(一) 项目批准文件;

(二) 草原权属证明材料;

(三) 环境影响评价文件;

(四) 补偿安置协议。

第三十四条 临时占用草原三十公顷以下的,由县(市)草原行政主管部门审核同意;三十公顷以上七十公顷以下的,由州、市(地)草原行政主管部门审核同意;七十公顷以上的,由自治区草原行政主管部门审核同意。

临时占用草原的期限不得超过二年,并不得在临时占用的草原上修建永久性建筑物、构筑物;占用期满,用地单位应当恢复草原植被并及时退还。

第三十五条 因建设征收、征用或者使用草原的，应当按照国家和自治区有关规定给予草原使用单位、集体经济组织或者承包经营者补偿，并妥善安置草原承包经营者生产、生活，补偿费用包括生产经营性补偿和生活安置性补偿。

临时占用草原的，应当按照合同的约定支付补偿费用。

第三十六条 因建设征收、征用或者使用草原的，应当依法交纳草原植被恢复费。草原植被恢复费纳入财政预算管理，专款专用。

临时占用草原的，应当预先交纳草原植被恢复保证金。临时占用期届满，恢复草原植被的，退还草原植被恢复保证金；未恢复草原植被的，保证金抵作草原植被恢复费。

植被恢复保证金的管理办法由自治区草原行政主管部门会同有关部门参照草原植被恢复费的管理办法确定。

第五章 草原保护

第三十七条 县级以上人民政府应当根据国家规定划定基本草原，设立标志，予以公告。

第三十八条 禁止在草原上实施下列行为：

（一）开垦草原；

（二）破坏草场界标、围栏、棚圈、饮水点、放牧点、牧道等畜牧业生产生活设施以及生物灾害防治工程设施；

（三）乱建坟墓；

（四）非抢险救灾和牧民搬迁的车辆离开道路在草原上行驶或者从事地质勘探、科学考察等活动未按照确认的行驶区域和行驶路线在草原上行驶；

（五）向草原排放污水，或者倾倒生活垃圾、废料、残土、废渣等固体废物；

（六）破坏草原的其他行为。

第三十九条 县级以上人民政府应当加强鼠害、病虫害、毒害草等生物灾害的监测与防治工作，组织研究和推广生物灾害综合防治方法。

县级以上人民政府草原行政主管部门可以根据需要，建立草原生物灾害监测站点，动态监测生物灾害发展情况，及时发布生物灾害预警信息，指导灾害防治工作。

草原使用者、承包经营者对自己使用或者承包的草原负有灭鼠、防治病虫害、清除毒害草等保护草原的义务。

第四十条 县级以上人民政府应当将严重退化、沙化、盐碱化的草原和生态脆弱区草原划定为禁牧区、休牧区，确定禁牧、休牧期限，并予以公告。

第四十一条 县（市）草原行政主管部门应当根据本地区草原资源状况和季节，制定划区轮牧或者季节性转场方案，并组织实施。

第四十二条 各级人民政府对水土流失严重、有沙化趋势、需要改善生态环境的已垦草原，应当有计划地退耕还草；已造成退化、沙化、盐碱化、荒漠化的，应当限期治理。

第四十三条 在草原上从事采土、采砂、采石等作业活动，应当报县级以上人民政府草原行政主管部门批准；开采矿产资源的，并应当依法办理有关手续。

经批准在草原上从事本条第一款所列活动的，应当在规定的时间、区域内，按照准许的采挖量和采挖方式作业，并采取保护草原植被的措施。

在他人使用的草原上从事本条第一款所列活动的，还应当事先征得草原使用者的同意。

第四十四条 在草原上开展经营性旅游活动，应当符合有关草原保护、建设、利用规划，并事先征得草原所有者、使用者和承包经营者以及县级以上人民政府草原行政主管部门的同意后，方可办理有关手续。

在草原上开展经营性旅游活动，不得破坏草原植被。

第四十五条 县级以上人民政府应当加强对草原珍稀、濒危野生植物、动物和种质资源的保护。

采集草原上的野生植物，应当征得承包经营者同意，没有承包经营者的，应当征得草原所有权人同意后，依照有关法律、法规和规章的规定进行采集。禁止在禁牧区、休牧区、封育区以及法律、法规和规章规定的禁采区采集野生植物。

第四十六条 在草原及其周边利用地表水或者开采地下水的，应当保证草原生态用水，不得影响草原植被生长。

第四十七条 县级以上人民政府草原行政主管部门和草原监督管理机构应当依法加强草原法律、法规执行情况的监督检查，查处违反草原法律、法规的行为。

草原行政执法人员应当忠于职守、秉公执法，在执行监督检查任务时应当着装整齐，出示执法证件。

第六章 法律责任

第四十八条 违反本办法第十三条第二款第一项规定，违法改变草原畜牧业用途的，由县级以上人民政府草原监督管理机构责令限期恢复植被，没收违法所得，并处草原被非法使用前三年平均产值六倍以上十二倍以下的罚款。

第四十九条　违反本办法第二十四条规定，实施方案未经论证擅自建设人工饲料地或者改变其用途的，由县级以上人民政府草原监督管理机构责令停止违法行为，限期恢复草原植被，并处一万元以上五万元以下罚款。

第五十条　违反本办法第二十六条第三款规定，超载放牧的，由县级以上人民政府草原监督管理机构责令改正，并对超载的牲畜按标准畜每只（头）处五十元以下罚款。

第五十一条　违反本办法第三十条规定，在他人承包、使用的草原上放牧的，由县级以上人民政府草原监督管理机构按标准畜每只（头）处五元以下罚款；在他人承包、使用的草原上割草的，处所割草场每亩五百元以上一千元以下罚款。

第五十二条　违反本办法第三十八条规定的，由县级以上人民政府草原监督管理机构按照下列规定处罚：

（一）破坏草场界标、围栏、棚圈、饮水点、放牧点、牧道等畜牧业生产生活设施以及生物灾害防治工程设施的，责令限期修复，并处二千元以上一万元以下罚款；

（二）在草原上乱建坟墓的，责令限期迁出，可以处一千元以下罚款；

（三）机动车离开固定路线行驶，碾压草原的，处一千元以上五千元以下罚款；

（四）向草原倾倒生活垃圾的，责令限期清理，并处一千元以上五千元以下罚款。

向草原排放污水或者倾倒废料、残土、废渣等固体废物的，由环境保护主管部门按照《中华人民共和国水污染防治法》和《中华人民共和国固体废物污染环境防治法》的规定予以处罚。

第五十三条　违反本办法第四十条、第四十一条规定，在禁牧区、休牧区放牧和不按季节性转场方案放牧的，由县级以上人民政府草原监督管理机构责令改正，并按标准畜每只（头）处五元以下罚款。

第五十四条　未经批准或者未按照规定的时间、区域和采挖方式在草原上进行采土、采砂、采石等活动的，由县级人民政府草原监督管理机构责令停止违法行为，限期恢复植被，没收非法财物和违法所得，可以并处违法所得一倍以上二倍以下的罚款；没有违法所得的，可以并处二万元以下的罚款；给草原所有者或者使用者造成损失的，依法承担赔偿责任。

第五十五条　违反本办法第四十四条规定，擅自在草原上开展经营性旅游活动，破坏草原植被的，由县级以上人民政府草原监督管理机构依据职权责令停止违法行为，限期恢复植被，没收违法所得，可以并处违法所得一倍以上二倍以下的罚款；没有违法所得的，可以并处草原被破坏前三年平均产值六倍以上十二倍以下的罚款；给草原所有者或者使用者造成损失的，依法承担赔偿责任。

第五十六条 在临时占用的草原上修建永久性建筑物、构筑物的，由县级以上人民政府草原监督管理机构依据职权责令限期拆除；逾期不拆除的，依法强制拆除，所需费用由违法者承担。

临时占用草原，占用期届满，用地单位不予恢复草原植被的，由县级以上人民政府草原监督管理机构依据职权责令限期恢复；逾期不恢复的，由县级以上人民政府草原监督管理机构代为恢复，所需费用由违法者承担。

第五十七条 阻挠、妨碍草原行政执法人员依法执行职务的，依法给予治安管理处罚；构成犯罪的，依法追究刑事责任。

第五十八条 草原行政主管部门工作人员及其他国家机关有关工作人员不依法履行监督管理职责或者发现违法行为不查处、不制止的，依法给予行政处分；构成犯罪的，依法追究刑事责任。

第五十九条 违反本办法规定，应当承担法律责任的其他行为，依照有关法律、法规的规定执行。

第七章 附则

第六十条 本办法实施前取得的草原使用权证书，在草原承包经营合同期届满前继续有效。

第六十一条 本办法自2011年10月1日起施行。

三、涉及草原管理的部分法律摘编

中华人民共和国宪法

(2018年修正本)

(1982年12月4日第五届全国人民代表大会第五次会议通过 1982年12月4日全国人民代表大会公告公布施行

根据1988年4月12日第七届全国人民代表大会第一次会议通过的《中华人民共和国宪法修正案》、1993年3月29日第八届全国人民代表大会第一次会议通过的《中华人民共和国宪法修正案》、1999年3月15日第九届全国人民代表大会第二次会议通过的《中华人民共和国宪法修正案》、2004年3月14日第十届全国人民代表大会第二次会议通过的《中华人民共和国宪法修正案》和2018年3月11日第十三届全国人民代表大会第一次会议通过的《中华人民共和国宪法修正案》修正)

第九条 矿藏、水流、森林、山岭、草原、荒地、滩涂等自然资源，都属于国家所有，即全民所有；由法律规定属于集体所有的森林和山岭、草原、荒地、滩涂除外。

国家保障自然资源的合理利用，保护珍贵的动物和植物。禁止任何组织或者个人用任何手段侵占或者破坏自然资源。

第十条 城市的土地属于国家所有。

农村和城市郊区的土地，除由法律规定属于国家所有的以外，属于集体所有；宅基地和自留地、自留山，也属于集体所有。

国家为了公共利益的需要，可以依照法律规定对土地实行征收或者征用并给予补偿。任何组织或者个人不得侵占、买卖或者以其他形式非法转让土地。土地的使用权可以依照法律的规定转让。

一切使用土地的组织和个人必须合理地利用土地。

中华人民共和国土地管理法

(2019 修正本)

(1986 年 6 月 25 日第六届全国人民代表大会常务委员会第十六次会议通过

根据 1988 年 12 月 29 日第七届全国人民代表大会常务委员会第五次会议《关于修改〈中华人民共和国土地管理法〉的决定》第一次修正

1998 年 8 月 29 日第九届全国人民代表大会常务委员会第四次会议修订

根据 2004 年 8 月 28 日第十届全国人民代表大会常务委员会第十一次会议《关于修改〈中华人民共和国土地管理法〉的决定》第二次修正

根据 2019 年 8 月 26 日第十三届全国人民代表大会常务委员会第十二次会议《关于修改〈中华人民共和国土地管理法〉〈中华人民共和国城市房地产管理法〉的决定》第三次修正)

第四条 国家实行土地用途管制制度。

国家编制土地利用总体规划,规定土地用途,将土地分为农用地、建设用地和未利用地。严格限制农用地转为建设用地,控制建设用地总量,对耕地实行特殊保护。

前款所称农用地是指直接用于农业生产的土地,包括耕地、林地、草地、农田水利用地、养殖水面等;建设用地是指建造建筑物、构筑物的土地,包括城乡住宅和公共设施用地、工矿用地、交通水利设施用地、旅游用地、军事设施用地等;未利用地是指农用地和建设用地以外的土地。

第十三条 农民集体所有和国家所有依法由农民集体使用的耕地、林地、草地,以及其他依法用于农业的土地,采取农村集体经济组织内部的家庭承包方式承包,不宜采取家庭承包方式的荒山、荒沟、荒丘、荒滩等,可以采取招标、拍卖、公开协商等方式承包,从事种植业、林业、畜牧业、渔业生产。家庭承包的耕地的承包期为三十年,草地的承包期为三十年至五十年,林地的承包期为三十年至七十年;耕地承包期届满后再延长三十年,草地、林地承包期届满后依法相应延长。

国家所有依法用于农业的土地可以由单位或者个人承包经营,从事种植业、林业、畜牧业、渔业生产。

发包方和承包方应当依法订立承包合同，约定双方的权利和义务。承包经营土地的单位和个人，有保护和按照承包合同约定的用途合理利用土地的义务。

第四十条 开垦未利用的土地，必须经过科学论证和评估，在土地利用总体规划划定的可开垦的区域内，经依法批准后进行。禁止毁坏森林、草原开垦耕地，禁止围湖造田和侵占江河滩地。

根据土地利用总体规划，对破坏生态环境开垦、围垦的土地，有计划有步骤地退耕还林、还牧、还湖。

中华人民共和国农业法

（2012年修正本）

（1993年7月2日第八届全国人民代表大会常务委员会第二次会议通过
2002年12月28日第九届全国人民代表大会常务委员会第三十一次会议修订
根据2009年8月27日第十一届全国人民代表大会常务委员会第十次会议《关于修改部分法律的决定》第一次修正
根据2012年12月28日第十一届全国人民代表大会常务委员会第三十次会议《关于修改〈中华人民共和国农业法〉的决定》第二次修正）

第十六条 国家引导和支持农民和农业生产经营组织结合本地实际按照市场需求，调整和优化农业生产结构，协调发展种植业、林业、畜牧业和渔业，发展优质、高产、高效益的农业，提高农产品国际竞争力。

种植业以优化品种、提高质量、增加效益为中心，调整作物结构、品种结构和品质结构。

加强林业生态建设，实施天然林保护、退耕还林和防沙治沙工程，加强防护林体系建设，加速营造速生丰产林、工业原料林和薪炭林。

加强草原保护和建设，加快发展畜牧业，推广圈养和舍饲，改良畜禽品种，积极发展饲料工业和畜禽产品加工业。

渔业生产应当保护和合理利用渔业资源，调整捕捞结构，积极发展水产养殖业、远洋渔业和水产品加工业。

县级以上人民政府应当制定政策，安排资金，引导和支持农业结构调整。

第十七条 各级人民政府应当采取措施，加强农业综合开发和农田水利、农业生态环境保护、乡村道路、农村能源和电网、农产品仓储和流通、渔港、草原围栏、动植物原种良种基地等农业和农村基础设施建设，改善农业生产条件，保护和提高农业综合生产能力。

第五十七条 发展农业和农村经济必须合理利用和保护土地、水、森林、草原、野生动植物等自然资源，合理开发和利用水能、沼气、太阳能、风能等可再生能源和清洁能源，发展生态农业，保护和改善生态环境。

县级以上人民政府应当制定农业资源区划或者农业资源合理利用和保护的区划，建立农业资源监测制度。

第六十一条 有关地方人民政府，应当加强草原的保护、建设和管理，指导、组织农（牧）民和农（牧）业生产经营组织建设人工草场、饲草饲料基地和改良天然草原，实行以草定畜，控制载畜量，推行划区轮牧、休牧和禁牧制度，保护草原植被，防止草原退化沙化和盐渍化。

第六十二条 禁止毁林毁草开垦、烧山开垦以及开垦国家禁止开垦的陡坡地，已经开垦的应当逐步退耕还林、还草。

禁止围湖造田以及围垦国家禁止围垦的湿地。已经围垦的，应当逐步退耕还湖、还湿地。

对在国务院批准规划范围内实施退耕的农民，应当按照国家规定予以补助。

中华人民共和国畜牧法

（2015 年修正本）

（2005 年 12 月 29 日第十届全国人民代表大会常务委员会第十九次会议通过 根据 2015 年 4 月 24 日第十二届全国人民代表大会常务委员会第十四次会议《全国人民代表大会常务委员会关于修改〈中华人民共和国计量法〉等五部法律的决定》修正）

第三条　国家支持畜牧业发展，发挥畜牧业在发展农业、农村经济和增加农民收入中的作用。县级以上人民政府应当采取措施，加强畜牧业基础设施建设，鼓励和扶持发展规模化养殖，推进畜牧产业化经营，提高畜牧业综合生产能力，发展优质、高效、生态、安全的畜牧业。国家帮助和扶持少数民族地区、贫困地区畜牧业的发展，保护和合理利用草原，改善畜牧业生产条件。

第三十五条　县级以上人民政府畜牧兽医行政主管部门应当根据畜牧业发展规划和市场需求，引导和支持畜牧业结构调整，发展优势畜禽生产，提高畜禽产品市场竞争力。

国家支持草原牧区开展草原围栏、草原水利、草原改良、饲草饲料基地等草原基本建设，优化畜群结构，改良牲畜品种，转变生产方式，发展舍饲圈养、划区轮牧，逐步实现畜草平衡，改善草原生态环境。

中华人民共和国土壤污染防治法

（2018年8月31日第十三届全国人民代表大会常务委员会第五次会议通过）

第七条 国务院生态环境主管部门对全国土壤污染防治工作实施统一监督管理；国务院农业农村、自然资源、住房城乡建设、林业草原等主管部门在各自职责范围内对土壤污染防治工作实施监督管理。

地方人民政府生态环境主管部门对本行政区域土壤污染防治工作实施统一监督管理；地方人民政府农业农村、自然资源、住房城乡建设、林业草原等主管部门在各自职责范围内对土壤污染防治工作实施监督管理。

第八条 国家建立土壤环境信息共享机制。

国务院生态环境主管部门应当会同国务院农业农村、自然资源、住房城乡建设、水利、卫生健康、林业草原等主管部门建立土壤环境基础数据库，构建全国土壤环境信息平台，实行数据动态更新和信息共享。

第十一条 县级以上人民政府应当将土壤污染防治工作纳入国民经济和社会发展规划、环境保护规划。

设区的市级以上地方人民政府生态环境主管部门应当会同发展改革、农业农村、自然资源、住房城乡建设、林业草原等主管部门，根据环境保护规划要求、土地用途、土壤污染状况普查和监测结果等，编制土壤污染防治规划，报本级人民政府批准后公布实施。

第十四条 国务院统一领导全国土壤污染状况普查。国务院生态环境主管部门会同国务院农业农村、自然资源、住房城乡建设、林业草原等主管部门，每十年至少组织开展一次全国土壤污染状况普查。

国务院有关部门、设区的市级以上地方人民政府可以根据本行业、本行政区域实际情况组织开展土壤污染状况详查。

第十五条 国家实行土壤环境监测制度。

国务院生态环境主管部门制定土壤环境监测规范，会同国务院农业农村、自然资源、住房城乡建设、水利、卫生健康、林业草原等主管部门组织监测网络，统一规划国家土壤环境监测站（点）的设置。

第十六条 地方人民政府农业农村、林业草原主管部门应当会同生态环境、自然资源主管部门对下列农用地地块进行重点监测：

（一）产出的农产品污染物含量超标的；

（二）作为或者曾作为污水灌溉区的；

（三）用于或者曾用于规模化养殖、固体废物堆放、填埋的；

（四）曾作为工矿用地或者发生过重大、特大污染事故的；

（五）有毒有害物质生产、贮存、利用、处置设施周边的；

（六）国务院农业农村、林业草原、生态环境、自然资源主管部门规定的其他情形。

第二十六条 国务院农业农村、林业草原主管部门应当制定规划，完善相关标准和措施，加强农用地农药、化肥使用指导和使用总量控制，加强农用薄膜使用控制。

国务院农业农村主管部门应当加强农药、肥料登记，组织开展农药、肥料对土壤环境影响的安全性评价。

制定农药、兽药、肥料、饲料、农用薄膜等农业投入品及其包装物标准和农田灌溉用水水质标准，应当适应土壤污染防治的要求。

第二十七条 地方人民政府农业农村、林业草原主管部门应当开展农用地土壤污染防治宣传和技术培训活动，扶持农业生产专业化服务，指导农业生产者合理使用农药、兽药、肥料、饲料、农用薄膜等农业投入品，控制农药、兽药、化肥等的使用量。

地方人民政府农业农村主管部门应当鼓励农业生产者采取有利于防止土壤污染的种养结合、轮作休耕等农业耕作措施；支持采取土壤改良、土壤肥力提升等有利于土壤养护和培育的措施；支持畜禽粪便处理、利用设施的建设。

第四十八条 土壤污染责任人不明确或者存在争议的，农用地由地方人民政府农业农村、林业草原主管部门会同生态环境、自然资源主管部门认定，建设用地由地方人民政府生态环境主管部门会同自然资源主管部门认定。认定办法由国务院生态环境主管部门会同有关部门制定。

第五十二条 对土壤污染状况普查、详查和监测、现场检查表明有土壤污染风险的农用地地块，地方人民政府农业农村、林业草原主管部门应当会同生态环境、自然资源主管部门进行土壤污染状况调查。

对土壤污染状况调查表明污染物含量超过土壤污染风险管控标准的农用地地块，

地方人民政府农业农村、林业草原主管部门应当会同生态环境、自然资源主管部门组织进行土壤污染风险评估，并按照农用地分类管理制度管理。

第五十三条 对安全利用类农用地地块，地方人民政府农业农村、林业草原主管部门，应当结合主要作物品种和种植习惯等情况，制定并实施安全利用方案。

安全利用方案应当包括下列内容：

（一）农艺调控、替代种植；

（二）定期开展土壤和农产品协同监测与评价；

（三）对农民、农民专业合作社及其他农业生产经营主体进行技术指导和培训；

（四）其他风险管控措施。

第五十四条 对严格管控类农用地地块，地方人民政府农业农村、林业草原主管部门应当采取下列风险管控措施：

（一）提出划定特定农产品禁止生产区域的建议，报本级人民政府批准后实施；

（二）按照规定开展土壤和农产品协同监测与评价；

（三）对农民、农民专业合作社及其他农业生产经营主体进行技术指导和培训；

（四）其他风险管控措施。

各级人民政府及其有关部门应当鼓励对严格管控类农用地采取调整种植结构、退耕还林还草、退耕还湿、轮作休耕、轮牧休牧等风险管控措施，并给予相应的政策支持。

第五十五条 安全利用类和严格管控类农用地地块的土壤污染影响或者可能影响地下水、饮用水水源安全的，地方人民政府生态环境主管部门应当会同农业农村、林业草原等主管部门制定防治污染的方案，并采取相应的措施。

第五十六条 对安全利用类和严格管控类农用地地块，土壤污染责任人应当按照国家有关规定以及土壤污染风险评估报告的要求，采取相应的风险管控措施，并定期向地方人民政府农业农村、林业草原主管部门报告。

第五十七条 对产出的农产品污染物含量超标，需要实施修复的农用地地块，土壤污染责任人应当编制修复方案，报地方人民政府农业农村、林业草原主管部门备案并实施。修复方案应当包括地下水污染防治的内容。

修复活动应当优先采取不影响农业生产、不降低土壤生产功能的生物修复措施，阻断或者减少污染物进入农作物食用部分，确保农产品质量安全。

风险管控、修复活动完成后，土壤污染责任人应当另行委托有关单位对风险管控效果、修复效果进行评估，并将效果评估报告报地方人民政府农业农村、林业草原主管部门备案。

农村集体经济组织及其成员、农民专业合作社及其他农业生产经营主体等负有协助实施土壤污染风险管控和修复的义务。

中华人民共和国防沙治沙法

（2018年修正本）

（2001年8月31日第九届全国人民代表大会常务委员会第二十三次会议通过
根据2018年10月26日第十三届全国人民代表大会常务委员会第六次会议《关于修改〈中华人民共和国野生动物保护法〉等十五部法律的决定》修正）

第十八条　草原地区的地方各级人民政府，应当加强草原的管理和建设，由林业草原行政主管部门会同畜牧业行政主管部门负责指导、组织农牧民建设人工草场，控制载畜量，调整牲畜结构，改良牲畜品种，推行牲畜圈养和草场轮牧，消灭草原鼠害、虫害，保护草原植被，防止草原退化和沙化。

草原实行以产草量确定载畜量的制度。由林业草原行政主管部门会同畜牧业行政主管部门负责制定载畜量的标准和有关规定，并逐级组织实施，明确责任，确保完成。

第二十条　沙化土地所在地区的县级以上地方人民政府，不得批准在沙漠边缘地带和林地、草原开垦耕地；已经开垦并对生态产生不良影响的，应当有计划地组织退耕还林还草。

第三十六条　国家根据防沙治沙的需要，组织设立防沙治沙重点科研项目和示范、推广项目，并对防沙治沙、沙区能源、沙生经济作物、节水灌溉、防止草原退化、沙地旱作农业等方面的科学研究与技术推广给予资金补助、税费减免等政策优惠。

第四十三条　违反本法规定，有下列情形之一的，对直接负责的主管人员和其他直接责任人员，由所在单位、监察机关或者上级行政主管部门依法给予行政处分：

（一）违反本法第十五条第一款规定，发现土地发生沙化或者沙化程度加重不及时报告的，或者收到报告后不责成有关行政主管部门采取措施的；

（二）违反本法第十六条第二款、第三款规定，批准采伐防风固沙林网、林带的；

（三）违反本法第二十条规定，批准在沙漠边缘地带和林地、草原开垦耕地的；

（四）违反本法第二十二条第二款规定，在沙化土地封禁保护区范围内安置移民的；

（五）违反本法第二十二条第三款规定，未经批准在沙化土地封禁保护区范围内进行修建铁路、公路等建设活动的。

中华人民共和国长江保护法

(2020年12月26日第十三届全国人民代表大会常务委员会第二十四会议通过)

第八条 国务院自然资源主管部门会同国务院有关部门定期组织长江流域土地、矿产、水流、森林、草原、湿地等自然资源状况调查，建立资源基础数据库，开展资源环境承载能力评价，并向社会公布长江流域自然资源状况。

国务院野生动物保护主管部门应当每十年组织一次野生动物及其栖息地状况普查，或者根据需要组织开展专项调查，建立野生动物资源档案，并向社会公布长江流域野生动物资源状况。

长江流域县级以上地方人民政府农业农村主管部门会同本级人民政府有关部门对水生生物产卵场、索饵场、越冬场和洄游通道等重要栖息地开展生物多样性调查。

第十一条 国家加强长江流域洪涝干旱、森林草原火灾、地质灾害、地震等灾害的监测预报预警、防御、应急处置与恢复重建体系建设，提高防灾、减灾、抗灾、救灾能力。

第三十六条 丹江口库区及其上游所在地县级以上地方人民政府应当按照饮用水水源地安全保障区、水质影响控制区、水源涵养生态建设区管理要求，加强山水林田湖草整体保护，增强水源涵养能力，保障水质稳定达标。

第四十条 国务院和长江流域省级人民政府应当依法在长江流域重要生态区、生态状况脆弱区划定公益林，实施严格管理。国家对长江流域天然林实施严格保护，科学划定天然林保护重点区域。

长江流域县级以上地方人民政府应当加强对长江流域草原资源的保护，对具有调节气候、涵养水源、保持水土、防风固沙等特殊作用的基本草原实施严格管理。

国务院林业和草原主管部门和长江流域省级人民政府林业和草原主管部门会同本级人民政府有关部门，根据不同生态区位、生态系统功能和生物多样性保护的需要，发布长江流域国家重要湿地、地方重要湿地名录及保护范围，加强对长江流域湿地的保护和管理，维护湿地生态功能和生物多样性。

第五十五条 国家长江流域协调机制统筹协调国务院自然资源、水行政、生态环境、住房和城乡建设、农业农村、交通运输、林业和草原等部门和长江流域省级人民政府制定长江流域河湖岸线修复规范,确定岸线修复指标。

长江流域县级以上地方人民政府按照长江流域河湖岸线保护规划、修复规范和指标要求,制定并组织实施河湖岸线修复计划,保障自然岸线比例,恢复河湖岸线生态功能。

禁止违法利用、占用长江流域河湖岸线。

第五十六条 国务院有关部门会同长江流域有关省级人民政府加强对三峡库区、丹江口库区等重点库区消落区的生态环境保护和修复,因地制宜实施退耕还林还草还湿,禁止施用化肥、农药,科学调控水库水位,加强库区水土保持和地质灾害防治工作,保障消落区良好生态功能。

第五十七条 长江流域县级以上地方人民政府林业和草原主管部门负责组织实施长江流域森林、草原、湿地修复计划,科学推进森林、草原、湿地修复工作,加大退化天然林、草原和受损湿地修复力度。

第六十一条 长江流域水土流失重点预防区和重点治理区的县级以上地方人民政府应当采取措施,防治水土流失。生态保护红线范围内的水土流失地块,以自然恢复为主,按照规定有计划地实施退耕还林还草还湿;划入自然保护地核心保护区的永久基本农田,依法有序退出并予以补划。

禁止在长江流域水土流失严重、生态脆弱的区域开展可能造成水土流失的生产建设活动。确因国家发展战略和国计民生需要建设的,应当经科学论证,并依法办理审批手续。

长江流域县级以上地方人民政府应当对石漠化的土地因地制宜采取综合治理措施,修复生态系统,防止土地石漠化蔓延。

四、党中央、国务院政策文件

关于全面推行林长制的意见

(2020年11月2日,中央全面深化改革委员会第十六次会议审议通过)

森林和草原是重要的自然生态系统,对于维护国家生态安全、推进生态文明建设具有基础性、战略性作用。为全面提升森林和草原等生态系统功能,进一步压实地方各级党委和政府保护发展森林草原资源的主体责任,现就全面推行林长制提出以下意见。

一、总体要求

(一)指导思想。以习近平新时代中国特色社会主义思想为指导,全面贯彻党的十九大和十九届二中、三中、四中、五中全会精神,认真践行习近平生态文明思想,坚定贯彻新发展理念,根据党中央、国务院决策部署,按照山水林田湖草系统治理要求,在全国全面推行林长制,明确地方党政领导干部保护发展森林草原资源目标责任,构建党政同责、属地负责、部门协同、源头治理、全域覆盖的长效机制,加快推进生态文明和美丽中国建设。

(二)工作原则

——坚持生态优先、保护为主。全面落实森林法、草原法等法律法规,建立健全最严格的森林草原资源保护制度,加强生态保护修复,保护生物多样性,增强森林和草原等生态系统稳定性。

——坚持绿色发展、生态惠民。牢固树立和践行绿水青山就是金山银山理念,积极推进生态产业化和产业生态化,不断满足人民群众对优美生态环境、优良生态产品、优质生态服务的需求。

——坚持问题导向、因地制宜。针对不同区域森林和草原等生态系统保护管理的突出问题,坚持分类施策、科学管理、综合治理,宜林则林、宜草则草、宜荒则荒,全面提升森林草原资源的生态、经济、社会功能。

——坚持党委领导、部门联动。加强党委领导,建立健全以党政领导负责制为核心的责任体系,明确各级林(草)长(以下统称林长)的森林草原资源保护发展职责,强化工作措施,统筹各方力量,形成一级抓一级、层层抓落实的工作格局。

(三)组织体系。各省(自治区、直辖市)设立总林长,由省级党委或政府主要负责同志担任;设立副总林长,由省级负责同志担任,实行分区(片)负责。各省(自治区、直辖市)根据实际情况,可设立市、县、乡等各级林长。地方各级林业和草原主管部门承担林长制组织实施的具体工作。

(四)工作职责。各地要综合考虑区域、资源特点和自然生态系统完整性,科学确定林长责任区域。各级林长组织领导责任区域森林草原资源保护发展工作,落实保护发展森林草原资源目标责任制,将森林覆盖率、森林蓄积量、草原综合植被盖度、沙化土地治理面积等作为重要指标,因地制宜确定目标任务;组织制定森林草原资源保护发展规划计划,强化统筹治理,推动制度建设,完善责任机制;组织协调解决责任区域的重点难点问题,依法全面保护森林草原资源,推动生态保护修复,组织落实森林草原防灭火、重大有害生物防治责任和措施,强化森林草原行业行政执法。

二、主要任务

(五)加强森林草原资源生态保护。严格森林草原资源保护管理,严守生态保护红线。严格控制林地、草地转为建设用地,加强重点生态功能区和生态环境敏感脆弱区域的森林草原资源保护,禁止毁林毁草开垦。加强公益林管护,统筹推进天然林保护,全面停止天然林商业性采伐,完善森林生态效益补偿制度。落实草原禁牧休牧和草畜平衡制度,完善草原生态保护补奖政策。强化森林草原督查,严厉打击破坏森林草原资源违法犯罪行为。推进构建以国家公园为主体的自然保护地体系。强化野生动植物及其栖息地保护。

(六)加强森林草原资源生态修复。依据国土空间规划,科学划定生态用地,持续推进大规模国土绿化行动。实施重要生态系统保护和修复重大工程,推进京津冀协同发展、长江经济带发展、粤港澳大湾区建设、长三角一体化发展、黄河流域生态保护和高质量发展、海南自由贸易港建设等重大战略涉及区域生态系统保护和修复,深入实施退耕还林还草、三北防护林体系建设、草原生态修复等重点工程。加强森林经营和退化林修复,提升森林质量。落实部门绿化责任,创新义务植树机制,提高全民义务植树尽责率。

（七）加强森林草原资源灾害防控。建立健全重大森林草原有害生物灾害防治地方政府负责制，将森林草原有害生物灾害纳入防灾减灾救灾体系，健全重大森林草原有害生物监管和联防联治机制，抓好松材线虫病、美国白蛾、草原鼠兔害等防治工作。坚持森林草原防灭火一体化，落实地方行政首长负责制，提升火灾综合防控能力。

（八）深化森林草原领域改革。巩固扩大重点国有林区和国有林场改革成果，加强森林资源资产管理，推动林区林场可持续发展。完善草原承包经营制度，规范草原流转。深化集体林权制度改革，鼓励各地在所有权、承包权、经营权"三权分置"和完善产权权能方面积极探索，大力发展绿色富民产业。

（九）加强森林草原资源监测监管。充分利用现代信息技术手段，不断完善森林草原资源"一张图""一套数"动态监测体系，逐步建立重点区域实时监控网络，及时掌握资源动态变化，提高预警预报和查处问题的能力，提升森林草原资源保护发展智慧化管理水平。

（十）加强基层基础建设。充分发挥生态护林员等管护人员作用，实现网格化管理。加强乡镇林业（草原）工作站能力建设，强化对生态护林员等管护人员的培训和日常管理。建立市场化、多元化资金投入机制，完善森林草原资源生态保护修复财政扶持政策。

三、保障措施

（十一）加强组织领导。地方各级党委和政府是推行林长制的责任主体，要切实强化组织领导和统筹谋划，明确责任分工，细化工作安排，狠抓责任落实，确保到2022年6月全面建立林长制。

（十二）健全工作机制。建立健全林长会议制度、信息公开制度、部门协作制度、工作督查制度，研究森林草原资源保护发展中的重大问题，定期通报森林草原资源保护发展重点工作。

（十三）接受社会监督。建立林长制信息发布平台，通过媒体向社会公告林长名单，在责任区域显著位置设置林长公示牌。有条件的地方可以推行林长制实施情况第三方评估。每年公布森林草原资源保护发展情况。加强生态文明宣传教育，增强社会公众生态保护意识，自觉爱绿植绿护绿。

（十四）强化督导考核。林长制督导考核纳入林业和草原综合督查检查考核范围，县级及以上林长负责组织对下一级林长的考核，考核结果作为地方有关党政领导干部综合考核评价和自然资源资产离任审计的重要依据。落实党政领导干部生态环境损害责任终身追究制，对造成森林草原资源严重破坏的，严格按照有关规定追究责任。

各省（自治区、直辖市）党委和政府在推行林长制过程中，重大情况要及时报告党中央、国务院。

国务院关于加强草原保护与建设的若干意见

国发〔2002〕19号

各省、自治区、直辖市人民政府,国务院各部委、各直属机构:

为尽快改善草原生态环境,促进草原生态良性循环,维护国家生态安全,实现经济社会和生态环境的协调发展,现就加强草原保护与建设提出以下意见:

一、充分认识加强草原保护与建设的重要性和紧迫性

(一)草原在国民经济和生态环境中具有重要的地位和作用。我国草原面积大,主要分布在祖国边疆。草原是少数民族的主要聚居区,是牧民赖以生存的基本生产资料,是西、北部干旱地区维护生态平衡的主要植被,草原畜牧业是牧区经济的支柱产业。加强草原保护与建设,对于促进少数民族地区团结,保持边疆安定和社会稳定,维护生态安全,加快牧区经济发展,提高广大牧民生活水平,都具有重大意义。

(二)加强草原保护与建设刻不容缓。目前,我国90%的可利用天然草原不同程度地退化,每年还以200万公顷的速度递增,草原过牧的趋势没有根本改变,乱采滥挖等破坏草原的现象时有发生,荒漠化面积不断增加。草原生态环境持续恶化,不仅制约着草原畜牧业发展,影响农牧民收入增加,而且直接威胁到国家生态安全,草原保护与建设亟待加强。要按照统筹规划、分类指导、突出重点、保护优先、加强建设、可持续利用的总体要求,采取有效措施遏制草原退化趋势,提高草原生产能力,促进草原可持续利用。经过一个阶段的努力,实现草原生态良性循环,促进经济社会和生态环境的协调发展。

二、建立和完善草原保护制度

(一)建立基本草地保护制度。建立基本草地保护制度,把人工草地、改良草地、重要放牧场、割草地及草地自然保护区等具有特殊生态作用的草地,划定为基本草地,实行严格的保护制度。任何单位和个人不得擅自征用、占用基本草地或改变其用途。县级以上地方人民政府要切实履行职责,做好本行政区域内基本草地的划定、保护和

监督管理工作。实施基本草地保护制度的办法，由国务院有关部门抓紧制定。

（二）实行草畜平衡制度。根据区域内草原在一定时期提供的饲草饲料量，确定牲畜饲养量，实行草畜平衡。农业部要尽快制定草原载畜量标准和草畜平衡管理办法，加强对草畜平衡工作的指导和监督检查。省级畜牧业行政主管部门负责本行政区域内草畜平衡的组织落实和技术指导工作。县级畜牧业行政主管部门负责本行政区域内草畜平衡的具体管理工作，定期核定草原载畜量。地方各级人民政府要加强宣传，增强农牧民的生态保护意识，鼓励农牧民积极发展饲草饲料生产，改良牲畜品种，控制草原牲畜放养数量，逐步解决草原超载过牧问题，实现草畜动态平衡。

（三）推行划区轮牧、休牧和禁牧制度。为合理有效利用草原，在牧区推行草原划区轮牧；为保护牧草正常生长和繁殖，在春季牧草返青期和秋季牧草结实期实行季节性休牧；为恢复草原植被，在生态脆弱区和草原退化严重的地区实行围封禁牧。各地要积极引导，有计划、分步骤地组织实施划区轮牧、休牧和禁牧工作。地方各级畜牧业行政主管部门要从实际出发，因地制宜，制定切实可行的划区轮牧、休牧和禁牧方案。

三、稳定和提高草原生产能力

（一）加强以围栏和牧区水利为重点的草原基础设施建设。突出抓好草原围栏、牧区水利、牲畜棚圈、饲草饲料储备等基础设施建设，合理开发和利用水资源，加强饲草饲料基地、人工草地、改良草地建设，增强牧草供给能力。

（二）加快退化草原治理。县级以上各级地方人民政府应按照因地制宜、标本兼治的原则，采取生物、工程和农艺等措施加快退化草原治理。国家鼓励单位和个人治理退化草原。当前要突出抓好西部地区退化草原的治理，逐步恢复草原生态功能和生产能力。

（三）提高防灾减灾能力。坚持"预防为主、防治结合"的方针，做好草原防灾减灾工作。地方各级人民政府要认真贯彻落实《中华人民共和国草原防火条例》，加强草原火灾的预防和扑救工作，改善防扑火手段；要组织划定草原防火责任区，确定草原防火责任单位，建立草原防火责任制度；重点草原防火区的草原防火工作，实行有关地方人民政府行政领导负责制和部门、单位领导负责制。要加大草原鼠虫害防治力度，加强鼠虫害预测预报，制定鼠虫害防治预案，采取生物、物理、化学等综合防治措施，减轻草原鼠虫危害。要突出运用生物防治技术，防止草原环境污染，维护生态平衡。

四、实施已垦草原退耕还草

（一）明确退耕还草范围和重点区域。对有利于改善生态环境的、水土流失严重的、有沙化趋势的已垦草原，实行退耕还草。近期要把退耕还草重点放在江河源区、风沙源区、农牧交错带和对生态有重大影响的地区。要坚持生态效益优先，兼顾农牧民生产生活及地方经济发展，加快推进退耕还草工作。

（二）完善和落实退耕还草的各项政策措施。国家向退耕还草的农牧民提供粮食、现金、草种费补助。根据国家退耕还林还草有关政策措施，国务院西部地区开发领导小组办公室要会同农业部、国家计委、财政部、粮食局等有关部门制定已垦草原退耕还草的具体实施意见。各有关省、自治区、直辖市要组织项目县编制已垦草原退耕还草工程实施方案，做好乡镇作业设计，把工程任务落实到田头地块，落实到农户。地方各级畜牧业行政主管部门要加强草种基地建设，保证优良草种供应；搞好技术指导和服务，提高退耕还草工程质量。退耕还草任务完成后，由县级以上畜牧业行政主管部门核实登记，依法履行土地用途变更手续，由县级以上人民政府发放草原使用权证。

五、转变草原畜牧业经营方式

（一）积极推行舍饲圈养方式。在草原禁牧、休牧、轮牧区，要逐步改变依赖天然草原放牧的生产方式，大力推行舍饲圈养方式，积极建设高产人工草地和饲草饲料基地，增加饲草饲料产量。国家对实行舍饲圈养给予粮食和资金补助，具体补助标准和办法由农业部会同财政部等有关部门另行制定。

（二）调整优化区域布局。按照因地制宜，发挥比较优势的原则，调整和优化草原畜牧业区域布局，逐步形成牧区繁育，农区和半农半牧区育肥的生产格局。牧区要突出对草原的保护，科学合理地控制载畜数量，加强天然草原和牲畜品种改良，提高牲畜的出栏率和商品率。半农半牧区要大力发展人工种草，实行草田轮作，推广秸秆养畜过腹还田技术。

六、推进草原保护与建设科技进步

（一）加强草原科学技术研究和开发。加强草原退化机理、生态演替规律等基础理论研究，加强草原生态系统恢复与重建的宏观调控技术、优质抗逆牧草品种选育等关键技术的研究和开发。对草种生产、天然草原植被恢复、人工草地建设、草产品加工、鼠虫害生物防治等草原保护与建设具有重大影响的关键技术，各级畜牧业行政主管部门和科技部门要集中力量进行科技攻关。各地要重视生物技术、遥感及现代信息技术等在草原保护与建设中的应用。

（二）加快引进草原新技术和牧草新品种。科研单位要转变观念，加强技术引进与交流。当前要重点引进抗旱、耐寒牧草新品种，加强草种繁育、草原生态保护、草种和草产品加工等先进技术的引进工作。

（三）加大草原适用技术推广力度。加强草原技术推广队伍建设，改善服务手段，增强服务能力。加快退化草原植被恢复、高产优质人工草地建设、生物治虫灭鼠等适用技术的推广。抓紧建立一批草原生态保护建设科技示范场，促进草原科研成果尽快转化。各地有关部门要加强对农牧民的技术培训。

七、增加草原保护与建设投入

（一）科学制定规划，严格组织实施。县级以上地方人民政府依据上一级草原保护与建设规划，结合本地实际情况，编制本行政区域内的草原生态保护与建设规划。经同级人民政府批准后，严格组织实施。草原生态保护建设规划应当与土地利用总体规划、已垦草原退耕还草规划、防沙治沙规划相衔接，与牧区水利规划、水土保持规划、林业长远发展规划相协调。

（二）广辟资金来源，增加草原投入。地方各级人民政府要将草原保护与建设纳入当地国民经济和社会发展计划。中央和地方财政要加大对草原保护与建设的投入，国有商业银行应增加牧草产业化等方面的信贷投入。同时，积极引导社会资金，扩大利用外资规模，拓宽筹资渠道，增加草原保护与建设投入。

（三）突出建设重点，提高投资效益。国家保护与建设草原的投入，主要用于天然草原恢复与建设、退化草原治理、生态脆弱区退牧封育、已垦草原退耕还草等工程建设。要强化工程质量管理，提高资金使用效益。当前，国务院有关部门要总结天然草原恢复与建设经验，协同配合，重点推进天然草原的恢复与建设。

八、强化草原监督管理和监测预警工作

（一）依法加强草原监督管理工作。各地要认真贯彻落实《中华人民共和国草原法》，依法加强草原监督管理工作。草原监督管理部门要切实履行职责，做好草原法律法规宣传和草原执法工作。当前要重点查处乱开滥垦、乱采滥挖等人为破坏草原的案件，禁止采集和销售发菜，严格对甘草、麻黄草等野生植物的采集管理。

（二）加强草原监督管理队伍建设。草原监督管理部门是各级人民政府依法保护草

原的主要力量。要健全草原监督管理机构，完善草原监督管理手段。草原监督管理部门要加强自身队伍建设，提高人员素质和执法水平。

（三）认真做好草原生态监测预警工作。草原生态监测是草原保护的基础。地方各级农牧业行政主管部门要抓紧建立和完善草原生态监测预警体系，重点做好草原面积、生产能力、生态环境状况、草原生物灾害，以及草原保护与建设效益等方面的监测工作。

九、加强对草原保护与建设工作的领导

地方各级人民政府要把草原保护与建设工作纳入重要议事日程，重点牧区省级人民政府要对草原保护与建设工作负总责，并实行市（地）、县（市）政府目标责任制。同时，要按照长期、到户的原则，进一步推行草原家庭承包制，落实草原生产经营、保护与建设的责任，调动农牧民保护和建设草原的积极性。各有关部门要密切配合，做好草原保护与建设的各项配套工作。地方各级畜牧业行政主管部门要做好具体组织工作，保证草原保护与建设工作顺利开展。

国务院
二〇〇二年九月十六日

国务院关于促进牧区又好又快发展的若干意见

国发〔2011〕17号

各省、自治区、直辖市人民政府,国务院各部委、各直属机构:

牧区在我国经济社会发展大局中具有重要的战略地位。党中央、国务院历来高度重视牧区工作,在不同历史时期都对牧区工作作出重要决策和部署,并不断加大支持力度。在各族干部群众的共同努力下,牧区经济社会发展取得重大成就。但是,由于自然、地理、历史等原因,牧区发展仍然面临不少特殊的困难和问题,欠发达地区的状况仍然没有根本改变,已成为经济社会发展的薄弱环节。为促进牧区又好又快发展,现提出以下意见:

一、重要意义与基本方针

(一)充分认识促进牧区发展的重要意义。目前,我国牧区主要包括13个省(区)的268个牧区半牧区县(旗、市),牧区面积占全国国土面积的40%以上。草原是我国面积最大的陆地生态系统,牧区是主要江河的发源地和水源涵养区,生态地位十分重要。草原畜牧业是牧区经济发展的基础产业,是牧民收入的主要来源,是全国畜牧业的重要组成部分。牧区矿藏、水能、风能、太阳能等资源富集,旅游资源丰富,是我国战略资源的重要接续地。牧区多分布在边疆地区和少数民族地区,承担着维护民族团结和边疆稳定的重要任务。促进牧区又好又快发展,是加强草原生态保护与建设,构建国家生态安全屏障的迫切需要;是转变草原畜牧业发展方式,增加牧民收入的现实选择;是缩小区域发展差距,全面实现小康社会目标的必然要求;是让各族群众共享改革发展成果,促进民族团结和边疆稳定的战略举措。

(二)加快牧区又好又快发展是一项重大而紧迫的任务。改革开放特别是实施西部大开发战略以来,牧区生态建设大规模展开,草原畜牧业发展方式逐步转变,基础设施建设步伐加快,牧民生活水平显著提高,城乡面貌发生可喜变化,牧区发展已经站在新的历史起点上。同时必须清醒地看到,草原生态总体恶化趋势尚未根本遏制,草原畜牧业粗放型增长方式难以为继,牧区基础设施建设和社会事业发展欠账较多,牧民生活水平的提高普遍滞后于农区,牧区仍然是我国全面建设小康社会的难点。必须进一步增强责任感和紧迫感,站在全局和战略的高度,采取更加有力的政策措施,支持牧区经济社会又好又快发展。

(三)进一步明确牧区发展的基本方针。草原既是牧业发展重要的生产资料,又承载着重要的生态功能。长期以来,受农畜产品绝对短缺时期优先发展生产的影响,强调草原的生产功能,忽视草原的生态功能,由此造成草原长期超载过牧和人畜草关系持续失衡,这是导致草原生态难以走出恶性循环的根本原因。必须认识到,只有实现草原生态良性循环,才能为草原畜牧业可持续发展奠定坚实基础,也才能满足建设生态文明的迫切需要。随着我国综合国力日益增强,农牧业综合生产能力不断提升,已经有条件更好地处理草原生态、牧业生产和牧民生活的关系。在新的历史条件下,牧区发展必须树立生产生态有机结合、生态优先的基本方针,走出一条经济社会又好又快发展新路子。

二、总体要求

(四)指导思想。以邓小平理论和"三个代表"重要思想为指导,深入贯彻落实科学发展观,牢固树立生态优先理念,以加快转变经济发展方式为主线,以保障改善民生为根本出发点和落脚点,进一步解放思想、锐意创新,进一步加大投入、强化支持,着力加强草原生态保护建设,实现生态良性循环;着力转变草原畜牧业发展方式,积极发展现代草原畜牧业;着力促进牧区经济全面发展,开辟牧民增收和就业新途径;着力增强基本公共服务能力,不断提高广大牧民物质文化生活水平,努力把牧区建设成为生态良好、生活宽裕、经济发展、民族团结、社会稳定的新牧区。

(五)基本原则。

——坚持生态优先,协调发展。把草原生态保护建设作为牧区发展的切入点,加大生态工程建设力度,建立草原生态保护长效机制,积极转变草原畜牧业发展方式,大力培育特色优势产业,促进牧区经济与人口、资源、环境协调发展。

——坚持以人为本,改善民生。把提高广大牧民的物质文化生活水平摆在更加突出的重要位置,着力解决人民群众最现实、最直接、最紧迫的民生问题,大力改善牧区群众生产生活条件,加快推进基本公共服务均等化,让广大牧民共享改革发展的成果。

——坚持因地制宜,分类指导。遵循自然、经济和社会发展规律,根据各类牧区不同的资源环境条件,科学确定各自的生态保护模式和产业发展重点。针对全国牧区发展不平衡的特点，分别采取有针对性的政策措施，重点加强对困难地区和薄弱环节工作的指导。

——坚持深化改革，扩大开放。以稳定和完善草原承包经营制度为重点，落实基本草原保护制度，健全草原畜牧业市场化、专业化发展和生态补偿机制，深化牧区农村综合改革，逐步建立有利于牧区科学发展的体制机制。统筹牧区与农区发展，加强与其他地区的良性互动，努力扩大对外开放，为牧区发展注入新的活力。

——坚持中央支持，地方负责。根据牧区特殊重要的战略地位和特殊困难，中央加大支持力度，实施特殊的强牧惠牧政策。促进牧区发展的主要责任在地方，地方各级政府要切实负起责任，调动广大牧民和各方面的积极性，促进牧区又好又快发展。

（六）发展目标。

——到2015年，基本完成草原承包和基本草原划定工作，初步实现草畜平衡，草原生态持续恶化势头得到遏制；草原畜牧业良种覆盖率、牲畜出栏率和防灾减灾能力明显提高；特色优势产业初具规模，牧区自我发展能力增强；基本实现游牧民定居，生产生活条件明显改善，基本公共服务供给能力和可及性明显提高，人畜共患病得到基本控制；贫困人口数量显著减少，牧民收入增幅不低于本省（区）农民收入增幅，牧区与农区发展差距明显缩小。

——到2020年，全面实现草畜平衡，草原生态步入良性循环轨道；草原畜牧业向质量效益型转变取得重大进展，牧区经济结构进一步优化；牧民生产生活条件全面改善，基本公共服务能力达到本省（区）平均水平；基本消除绝对贫困现象，牧民收入与全国农民收入的差距明显缩小，基本实现全面建设小康社会目标。

三、加强草原生态保护建设，提高可持续发展能力

（七）做好基本草原划定和草原功能区划工作。把保护基本草原和保护耕地放在同等重要的位置。加快制定基本草原保护条例，依法推进基本草原划定，落实基本草原保护制度，到2015年基本草原划定面积达到本地草原面积的80%。根据全国主体功能区规划，加快草原功能区划工作。青藏高原中西部（含三江源、青海湖流域）、新疆帕米尔高原和准噶尔盆地、河西走廊、内蒙古西部等地区，坚持生态保护为主，以禁牧为主要措施，促进草原休养生息；青藏高原东部、内蒙古中部、新疆天山南北坡、黄土高原等地区，坚持生态优先、保护和利用并重，严格以水定草、以草定畜，适度发展草原畜牧业；内蒙古东部、东北三省西部、河北坝上、新疆伊犁和阿勒泰山地等地区，坚持保护、建设和利用并重，加大建设力度，全面推行休牧和划区轮牧，实现草

畜平衡。

（八）加大草原生态保护工程建设力度。坚持重点突破与面上治理相结合、工程措施与自然修复相结合，全面加强草原生态建设。加大天然草原退牧还草工程实施力度，完善建设内容，科学合理布局草原围栏，加快重度退化草原的补播改良，提高中央投资补助标准，取消县及县以下资金配套。加强内蒙古中东部、河北坝上等京津风沙源区的草地治理，加大投入力度。启动草原自然保护区建设工程，对具有代表性的草原类型、珍稀濒危野生动植物以及具有重要生态功能和经济科研价值的草原进行重点保护。继续加强三江源、青海湖流域、甘南黄河水源补给区等地区草原生态建设。加快编制实施科尔沁退化草地治理、甘孜高寒草地生态修复、伊犁河谷草地保护等重点草原生态保护建设工程规划，恢复和提高水源涵养、水土保持和防风固沙能力。

（九）建立草原生态保护补助奖励机制。坚持保护草原生态和促进牧民增收相结合，实施禁牧补助和草畜平衡奖励，保障牧民减畜不减收，充分调动牧民保护草原的积极性。从2011年起，在内蒙古、新疆（含新疆生产建设兵团）、西藏、青海、四川、甘肃、宁夏和云南8个主要草原牧区省（区），全面建立草原生态保护补助奖励机制。对生存环境恶劣、草场严重退化、不宜放牧的草原，实行禁牧封育，中央财政按照每亩每年6元的测算标准对牧民给予禁牧补助，5年为一个补助周期；对禁牧区域以外的可利用草原，根据草原载畜能力，确定草畜平衡点，核定合理的载畜量，中央财政对未超载的牧民按照每亩每年1.5元的测算标准给予草畜平衡奖励。补助奖励政策实行目标、任务、责任、资金"四到省"机制，由各省（区）组织实施，补助奖励资金要与草原生态改善目标挂钩，地方可按照便民、高效的原则探索具体发放方式。建立绩效考核和奖励制度，落实地方政府责任。

（十）强化草原监督管理。按照机构设置合理、队伍结构优化、设施装备齐全、执法监督有力的要求，进一步加强草原监管工作。落实草原动态监测和资源调查制度，每年进行动态监测，每5年开展一次草原资源全面调查。加强草原基础设施管护，保护草原生态建设成果。严格草原执法监督，加强草原征占用管理，依法查处非法征占用、乱开滥垦、乱采滥挖及其他侵占破坏草原的案件，及时纠正违反禁牧和草畜平衡管理规定的行为。严格草原植被恢复费征收和管理。在牧区半牧区县（旗、市）健全草原监理机构，加强执法队伍建设，保障工作经费，改善工作条件。

四、加快转变发展方式，积极发展现代草原畜牧业

（十一）促进草原畜牧业从粗放型向质量效益型转变。有步骤地推行草原禁牧休牧

轮牧制度，减少天然草原超载牲畜数量，实现草畜平衡。加强草原围栏和棚圈建设，在具备条件的地区稳步开展牧区水利建设、发展节水高效灌溉饲草基地，促进草原畜牧业由天然放牧向舍饲、半舍饲转变，实现禁牧不禁养。优化生产布局和畜群结构，提高科学饲养和经营水平，加快牲畜周转出栏，增加生产效益。加强农牧结合，形成牧区繁育、农区育肥的生产格局。启动实施内蒙古及周边牧区草原畜牧业提质增效示范工程、新疆牧区草原畜牧业转型示范工程、青藏高原牧区特色畜牧业发展示范工程，支持肉牛（羊）标准化养殖小区（场）等建设，提高生产能力和水平。落实税收优惠和财政补贴等扶持政策，支持发展牧民专业合作组织，推进适度规模经营，提高草原畜牧业组织化程度。

（十二）加强基础能力和服务体系建设。强化科技支撑，完善服务体系，提高草原畜牧业发展水平。加大相关农业科研经费对牧区的支持力度，进一步加强优良畜种和草种选育、草原生态系统恢复与重建等关键技术的研发。加强草原畜牧业、草原生态等学科建设，培养专业技术人才。支持种畜繁育场、牧草良种繁育基地建设，提高优良种畜和牧草供种能力。加强动物疫病防控，落实动物防疫和疫畜扑杀补贴政策，有效控制布病、包虫病、结核病等人畜共患病和口蹄疫等重大传染性疾病。严格全程监管，保障畜产品质量安全。结合乡镇畜牧兽医站续建，提高建设标准，改善牧区基层畜牧业技术推广服务条件。开展科技特派员农村科技创业行动。选择当地符合条件的人员定向培养，充实基层农技推广队伍。开展牧民生产技术培训，加快推广优质饲草生产、牲畜舍饲半舍饲、品种改良、疫病防控等先进适用技术。

（十三）提高防灾减灾能力。抓紧编制牧区防灾减灾工程规划，尽快启动实施。支持雪灾易灾县（旗、市）建设饲草料储备库，建立饲草料储备制度。建设草原火灾应急通信指挥系统、防火物资储备库、防火站和边境防火隔离带，建立专业半专业防扑火队伍，开展技能培训和应急演练，提高草原防扑火能力。加强草原鼠虫害和毒害草防治基础设施建设，扩大防治面积，增加生物防治比例，加强草原外来物种入侵防控工作。完善草原防灾减灾应急预案，健全工作机制，保障工作经费。

（十四）加大生产补贴力度。针对牧区特点，完善草原畜牧业生产补贴政策。继续实施畜牧良种补贴政策，在对牧区肉牛和绵羊进行良种补贴基础上，将牦牛和山羊纳入补贴范围。在实行草原生态保护补助奖励机制的8个省（区），实施人工种植牧草良种补贴，中央财政每亩补贴10元；对牧民生产用柴油等生产资料给予补贴，中央财政每户补贴500元。加大牧区牧业机械购置补贴支持力度。发展多种形式的草原畜牧业保险，对符合条件的畜牧业保险给予保费补贴。

（十五）稳定和完善草原承包经营制度。按照权属明确、管理规范、承包到户的要求，积极稳妥地推进草原确权和承包工作。依法明确草原权属，实现草原承包地块、面积、合同、证书"四到户"，保持草原承包关系稳定并长久不变。建立地方政府草原承包工作目标责任制，落实工作经费，力争用5年的时间基本完成草原确权和承包工作。强化草原承包合同管理，健全草原承包档案。在依法自愿有偿和加强服务的基础上，规范承包经营权流转，防止以流转为名改变草原用途。因建设需要征占用草原的，应当依法进行征地或用地补偿，并做好被征占用地牧民的安置工作。草原上特殊物种资源管理和经营由当地政府制定专门管理办法。

五、促进牧区经济发展，拓宽牧民增收和就业渠道

（十六）积极发展牧区特色优势产业。发展特色农畜产品加工业，培育壮大龙头企业，延长产业链条，提高产品附加值。在保护草原生态的前提下，有序开发矿产资源，整顿开发秩序，提高开发水平。积极发展风电、太阳能发电等清洁能源，有序开发建设水电，因地制宜发展生物质能。大力发展循环经济，提高资源综合利用水平。完善民族医药标准体系和检测体系，合理开发利用药用动植物资源，扶持民族医药产业发展。落实税收优惠政策，继续扶持少数民族特需商品和民族手工艺品生产企业发展。发展现代物流服务业，加强牧区畜产品批发交易市场和商业零售网点建设。进一步发掘民族文化、民俗文化、草原文化和民族民间传统体育，发展以草原风光、民族风情为特色的草原文化产业和旅游业。加强重点旅游景区基础设施建设，打造一批精品旅游线路，形成一批国内外知名的旅游目的地。

（十七）不断提高牧区对内对外开放水平。抓住区域间产业转移的机遇，依托牧区资源优势，积极吸引发达地区企业到牧区投资兴业，促进和提高特色优势产业发展水平。加强牧区与其他地区的经济技术合作与交流，实现互利共赢。利用上海合作组织等区域合作平台，促进与周边国家和地区的经济技术合作。鼓励和支持牧区企业参与对外投资、对外承包工程和对外劳务合作。加强重点边境城镇、口岸基础设施和物流中心建设，规范并促进边民互市贸易区（点）的发展，落实边民互市优惠政策，促进口岸经济发展。

（十八）加大对牧区特色优势产业发展的支持力度。支持有条件在牧区发展的清洁能源和不破坏生态环境的资源开发利用项目优先布局建设并审批核准。现有中小企业发展专项资金、科技型中小企业技术创新基金、企业技改贴息资金和生产补助资金等对牧区符合条件的项目给予适当倾斜。对设在西部地区的鼓励类产业牧区企业减按

15%的税率征收企业所得税。在安排土地利用年度计划指标时适当向牧区倾斜。鼓励外资参与提高矿山尾矿利用率和矿山生态环境恢复治理新技术开发应用项目。鼓励银行业金融机构加大对牧区金融服务力度,探索利用政策性金融手段支持牧区重点产业发展。落实涉农贷款税收优惠、农村金融机构定向费用补贴、县域金融机构涉农贷款增量奖励等优惠政策,进一步落实和完善县域法人金融机构将新增可贷资金主要留在当地使用的政策。引导银行业金融机构增加牧区特别是边远牧区服务网点,消除牧区金融服务空白乡镇。支持融资性担保公司发展牧区业务。

（十九）促进牧民转产转业。实施更加积极的就业政策,按规定为符合条件的转移就业牧民提供免费就业信息和职业介绍等服务,落实职业培训补贴、职业技能鉴定补贴、牧区未继续升学的应届初高中毕业生参加劳动预备制培训补贴等政策,提高牧民素质和转产转业能力,减轻草原人口承载压力。加强劳务品牌培育和推介,有序组织牧民劳务输出,加强公共就业服务体系建设,加强市场监管,规范发展就业中介服务,为牧民提供高效优质的就业服务。鼓励牧区企业积极吸纳牧民就业。做好外出务工牧民社会保险关系转移接续工作。设立毒草治理、围栏管护、减畜监督、防火、鼠虫害测报等草原管护公益岗位,组织牧民开展草原管护。

六、大力发展公共事业,切实保障和改善民生

（二十）加强牧区基础设施建设。加快实施牧区饮水安全工程,尽快解决牧民饮水安全问题,优先解决游牧民定居点供水,进一步提高供水保证率和水质合格率,同步解决牲畜饮水困难问题。加大牧区农村公路和口岸公路建设投入力度,加快实施建制村通油路工程,支持主要转场牧道建设,加强农村公路养护。支持牧区适度建设支线机场和通勤机场。加强牧区铁路建设。进一步推进牧区电网改造升级和无电地区电力建设,因地制宜发展太阳能、风能等新能源,结合实施"金太阳"示范工程支持牧民建设户用太阳能光伏发电系统。加强牧区通信网络建设,逐步消除电信服务空白点。对中央安排的西部牧区公益性基础设施建设项目,取消县及县以下配套资金。

（二十一）加快实施游牧民定居工程。加大游牧民定居工程建设投入力度,将牧民基本生产生活设施纳入建设内容,在高寒高海拔边境地区根据水资源条件,因地制宜建设小型水利设施和饲草基地,在藏区建设青稞基地,力争到2015年基本完成游牧民定居任务。牧区地方政府要积极整合农村饮水安全、农村公路建设等项目资金,确保定居点的水电路和通信等基础设施配套；要落实配套资金,加大对困难游牧民和边境线地区游牧民的补助力度。加快实施牧区危房改造和抗震安居工程,统筹推进新牧区和小城镇建设。

（二十二）大力发展牧区社会事业。巩固提高义务教育质量和水平，推进寄宿制学校标准化建设，逐步提高牧区义务教育阶段家庭经济困难寄宿生生活补助标准。加快普及高中阶段教育，大力发展符合牧区发展需要的中等职业教育，逐步免除中等职业学校牧区学生学费。因地制宜开展双语教育，加强双语师资队伍建设。积极发展学前教育，加快牧区幼儿园建设。提高公共卫生服务能力，加强牧区急救体系和妇幼保健能力建设，加大地方病和重大传染病防治力度。巩固提高新型农村合作医疗参合率，逐步提高政府补助标准和报销比例，提高统筹层次。健全三级医疗卫生服务网络，加强以全科医生为重点的卫生人才队伍建设，开展流动巡回医疗服务，发展远程医疗。继续推进基层人口和计划生育服务体系建设，积极实施少生快富工程，完善农村计划生育家庭奖励扶助和计划生育特别扶助政策。"十二五"期间实现牧区新型农村社会养老保险制度全覆盖。进一步完善牧区社会救助和社会福利体系。继续实施重点文化和体育惠民工程，广泛开展公共文化体育服务和群众体育健身活动。加强少数民族语言文字广播影视节目译制制作播映，增加适合牧民的少数民族文字出版物。加大文化遗产保护力度。加强少数民族传统体育项目保护和推广。

（二十三）加大牧区扶贫开发力度。加大中央及省级财政对牧区半牧区县（旗、市）的转移支付力度，逐步缩小地方标准财政收支缺口。加大财政扶贫资金、以工代赈资金投入，加强项目资金整合。加大牧区信贷扶贫资金投入，大力发展扶贫小额信贷。对牧区贫困乡村实行整村（乡）推进扶贫，对集中连片特殊困难地区实行连片开发、综合治理，重点支持改善基本生产生活条件，扶持特色优势产业发展。对生态环境脆弱、不具备生活条件的地区，积极稳妥推进异地扶贫搬迁工程建设。完善扶贫开发工作机制，把政府支持与社会广泛参与更好地结合起来，引导社会资源投入扶贫开发事业。加大兴边富民行动规划实施力度。加大边境地区专项转移支付力度，支持边境省（区）建立边民补助机制。

（二十四）促进民族团结和社会稳定。全面贯彻党的民族政策，坚持和完善民族区域自治制度，牢牢把握各民族共同团结奋斗、共同繁荣发展的主题，巩固和发展平等团结互助和谐的社会主义民族关系，深入开展民族团结宣传教育工作，大力推进民族团结进步创建和表彰活动。全面贯彻党的宗教工作基本方针，加强对宗教组织和信教群众的服务，提高依法管理宗教事务的水平，维护宗教和睦和社会和谐。健全党委领导、政府负责、社会协同、公众参与的社会管理格局，构建具有牧区特色的社会管理体系。巩固和加强党的基层组织，加强基层党组织带头人队伍和基层政权建设。深化乡镇机构改革，加强基层干部队伍建设，稳定和充实乡村干部队伍，落实基层干部待遇政策。继续加强社会组织建设和管理，培育各类民间服务性组织，发挥其在联系社区、沟通民意等方面的重要作用。加强基层民主管理，健全村级组织运转经费保障机制，加大对村级公益事业建设"一事一议"财政奖补力度，全面清理化解农村义务教育债务，积极稳妥开展其他公益性债务清理化解试点工作。

七、切实加强对牧区工作的组织领导

（二十五）落实地方政府责任。地方各级政府要充分认识牧区发展的紧迫性、艰巨性和长期性，切实把促进牧区又好又快发展工作摆上重要位置，统一思想，加强领导，全面部署，狠抓落实，确保牧区工作不断取得新进展。要根据中央要求，从实际出发，明确发展目标，研究制定本地区促进牧区发展的实施方案和政策措施。省级政府对牧区工作负总责，一级抓一级，逐级落实责任制。要建立工作协调机制，明确各部门工作职责，强化政策实施监督检查。要深入实际调查研究，加强工作指导，及时研究解决牧区发展中出现的新情况、新问题，妥善处理好改革、发展和稳定的关系。

（二十六）加强指导和支持。各有关部门要充分认识促进牧区发展的重要意义，认真履行职责，加强工作指导，加大工作力度，积极落实各项政策措施，支持地方政府做好工作，为促进牧区又好又快发展创造良好条件。国家民委要加强对牧区发展工作的综合协调和督促检查。农业部要认真履行规划指导、监督管理、协调服务职能，做好草原生态保护建设和草原畜牧业发展工作。发展改革委、财政部要落实支持牧区发展的资金。其他有关部门也要根据促进牧区又好又快发展的总体要求，结合各自职能，明确职责和任务，强化工作措施。各部门要加强衔接，细化方案，密切配合，形成合力，把各项政策措施落到实处。承担对口援藏、援疆、援青工作的省（市）及中央企业，在开展对口支援工作中要重点向牧区倾斜。

国务院
二〇一一年六月一日

国务院办公厅关于加强草原保护修复的若干意见

国办发〔2021〕7号

各省、自治区、直辖市人民政府，国务院各部委、各直属机构：

草原是我国重要的生态系统和自然资源，在维护国家生态安全、边疆稳定、民族团结和促进经济社会可持续发展、农牧民增收等方面具有基础性、战略性作用。党的十八大以来，草原保护修复工作取得显著成效，草原生态持续恶化的状况得到初步遏制，部分地区草原生态明显恢复。但当前我国草原生态系统整体仍较脆弱，保护修复力度不够、利用管理水平不高、科技支撑能力不足、草原资源底数不清等问题依然突出，草原生态形势依然严峻。为进一步加强草原保护修复，加快推进生态文明建设，经国务院同意，现提出以下意见。

一、总体要求

（一）指导思想。以习近平新时代中国特色社会主义思想为指导，全面贯彻党的十九大和十九届二中、三中、四中、五中全会精神，深入贯彻习近平生态文明思想，坚持绿水青山就是金山银山、山水林田湖草是一个生命共同体，按照节约优先、保护优先、自然恢复为主的方针，以完善草原保护修复制度、推进草原治理体系和治理能力现代化为主线，加强草原保护管理，推进草原生态修复，促进草原合理利用，改善草原生态状况，推动草原地区绿色发展，为建设生态文明和美丽中国奠定重要基础。

（二）工作原则。

坚持尊重自然，保护优先。遵循顺应生态系统演替规律和内在机理，促进草原休养生息，维护自然生态系统安全稳定。宜林则林、宜草则草，林草有机结合。把保护草原生态放在更加突出的位置，全面维护和提升草原生态功能。

坚持系统治理，分区施策。采取综合措施全面保护、系统修复草原生态系统，同时注重因地制宜、突出重点，增强草原保护修复的系统性、针对性、长效性。

坚持科学利用，绿色发展。正确处理保护与利用的关系，在保护好草原生态的基础上，科学利用草原资源，促进草原地区绿色发展和农牧民增收。

坚持政府主导，全民参与。明确地方各级人民政府保护修复草原的主导地位，落实林（草）长制，充分发挥农牧民的主体作用，积极引导全社会参与草原保护修复。

（三）主要目标。到2025年，草原保护修复制度体系基本建立，草畜矛盾明显缓解，草原退化趋势得到根本遏制，草原综合植被盖度稳定在57%左右，草原生态状况持续改善。到2035年，草原保护修复制度体系更加完善，基本实现草畜平衡，退化草原得到有效治理和修复，草原综合植被盖度稳定在60%左右，草原生态功能和生产功能显著提升，在美丽中国建设中的作用彰显。到本世纪中叶，退化草原得到全面治理和修复，草原生态系统实现良性循环，形成人与自然和谐共生的新格局。

二、工作措施

（四）建立草原调查体系。完善草原调查制度，整合优化草原调查队伍，健全草原调查技术标准体系。在第三次全国国土调查基础上，适时组织开展草原资源专项调查，全面查清草原类型、权属、面积、分布、质量以及利用状况等底数，建立草原管理基本档案。（自然资源部、国家林草局负责）

（五）健全草原监测评价体系。建立完善草原监测评价队伍、技术和标准体系。加强草原监测网络建设，充分利用遥感卫星等数据资源，构建空天地一体化草原监测网络，强化草原动态监测。健全草原监测评价数据汇交、定期发布和信息共享机制。加强草原统计，完善草原统计指标和方法。（国家林草局、自然资源部、生态环境部、国家统计局等按职责分工负责）

（六）编制草原保护修复利用规划。按照因地制宜、分区施策的原则，依据国土空间规划，编制全国草原保护修复利用规划，明确草原功能分区、保护目标和管理措施。合理规划牧民定居点，防止出现定居点周边草原退化问题。地方各级人民政府要依据上一级规划，编制本行政区域草原保护修复利用规划并组织实施。（国家林草局、自然资源部、生态环境部等按职责分工负责）

（七）加大草原保护力度。落实基本草原保护制度，把维护国家生态安全、保障草原畜牧业健康发展所需最基本、最重要的草原划定为基本草原，实施更加严格的保护和管理，确保基本草原面积不减少、质量不下降、用途不改变。严格落实生态保护红线制度和国土空间用途管制制度。加大执法监督力度，建立健全草原联合执法机制，严厉打击、坚决遏制各类非法挤占草原生态空间、乱开滥垦草原等行为。建立健全草原执法责任追究制度，严格落实草原生态环境损害赔偿制度。加强矿藏开采、工程建设等征占用草原审核审批管理，强化源头管控和事中事后监管。依法规范规模化养殖场等设施建设占用草原行为。完善落实禁牧休牧和草畜平衡制度，依法查处超载过牧和禁牧休牧期违规放牧行为。组织开展草畜平衡示范县建设，总结推广实现草畜平衡的经验和模式。（国家林草局、自然资源部、生态环境部、农业农村部等按职责分工负责）

（八）完善草原自然保护地体系。整合优化建立草原类型自然保护地，实行整体保护、差别化管理。开展自然保护地自然资源确权登记，在自然保护地核心保护区，原则上禁止人为活动；在自然保护地一般控制区和草原自然公园，实行负面清单管理，规范生产生活和旅游等活动，增强草原生态系统的完整性和连通性，为野生动植物生存繁衍留下空间，有效保护生物多样性。（国家林草局、自然资源部、生态环境部等按职责分工负责）

（九）加快推进草原生态修复。实施草原生态修复治理，加快退化草原植被和土壤恢复，提升草原生态功能和生产功能。在严重超载过牧地区，采取禁牧封育、免耕补播、松土施肥、鼠虫害防治等措施，促进草原植被恢复。对已垦草原，按照国务院批准的范围和规模，有计划地退耕还草。在水土条件适宜地区，实施退化草原生态修复，鼓励和支持人工草地建设，恢复提升草原生产能力，支持优质储备饲草基地建设，促进草原生态修复与草原畜牧业高质量发展有机融合。强化草原生物灾害监测预警，加强草原有害生物及外来入侵物种防治，不断提高绿色防治水平。完善草原火灾突发事件应急预案，加强草原火情监测预警和火灾防控。健全草原生态保护修复监管制度。（国家林草局、自然资源部、应急部、生态环境部、农业农村部等按职责分工负责）

（十）统筹推进林草生态治理。按照山水林田湖草整体保护、系统修复、综合治理的要求和宜林则林、宜草则草、宜荒则荒的原则，统筹推进森林、草原保护修复和荒漠化治理。在干旱半干旱地区，坚持以水定绿，采取以草灌为主、林草结合方式恢复植被，增强生态系统稳定性。在林草交错地带，营造林草复合植被，避免过分强调集中连片和高密度造林。在森林区，适当保留林间和林缘草地，形成林地、草地镶嵌分布的复合生态系统。在草原区，对生态系统脆弱、生态区位重要的退化草原，加强生态修复和保护管理，巩固生态治理成果。研究设置林草覆盖率指标，用于考核评价各地生态建设成效。（国家林草局负责）

（十一）大力发展草种业。建立健全国家草种质资源保护利用体系，鼓励地方开展草种质资源普查，建立草种质资源库、资源圃及原生境保护为一体的保存体系，完善草种质资源收集保存、评价鉴定、创新利用和信息共享的技术体系。加强优良草种特别是优质乡土草种选育、扩繁、储备和推广利用，不断提高草种自给率，满足草原生

态修复用种需要。完善草品种审定制度，加强草种质量监管。（国家林草局负责）

（十二）合理利用草原资源。牧区要以实现草畜平衡为目标，优化畜群结构，控制放牧牲畜数量，提高科学饲养和放牧管理水平，减轻天然草原放牧压力。半农半牧区要因地制宜建设多年生人工草地，发展适度规模经营。农区要结合退耕还草、草田轮作等工作，大力发展人工草地，提高饲草供给能力，发展规模化、标准化养殖。加快转变传统草原畜牧业生产方式，优化牧区、半农半牧区和农区资源配置，推行"牧区繁育、农区育肥"等生产模式，提高资源利用效率。发展现代草业，支持草产品加工业发展，建立完善草产品质量标准体系。强化农牧民培训，提升科学保护、合理利用草原的能力水平。（农业农村部、国家林草局等按职责分工负责）

（十三）完善草原承包经营制度。加快推进草原确权登记颁证。牧区半牧区要着重解决草原承包地块四至不清、证地不符、交叉重叠等问题。草原面积较小、零星分布地区，要因地制宜采取灵活多样方式落实完善草原承包经营制度，明确责任主体。加强草原承包经营管理，明确所有权、使用权，稳定承包权，放活经营权。规范草原经营权流转，引导鼓励按照放牧系统单元实行合作经营，提高草原合理经营利用水平。在落实草原承包经营制度和规范经营权流转时，要充分考虑草原生态系统的完整性，防止草原碎片化。（国家林草局、自然资源部等按职责分工负责）

（十四）稳妥推进国有草原资源有偿使用制度改革。合理确定国有草原有偿使用范围。由农村集体经济组织成员实行家庭或者联户承包经营使用的国有草原，不纳入有偿使用范围，但需要明确使用者保护草原的义务。应签订协议明确国有草原所有权代理行使主体和使用权人并落实双方权利义务。探索创新国有草原所有者权益的有效实现形式，国有草原所有权代理行使主体以租金、特许经营费、经营收益分红等方式收取有偿使用费，并建立收益分配机制。将有偿使用情况纳入年度国有资产报告。（国家林草局、自然资源部、国家发展改革委、财政部等按职责分工负责）

（十五）推动草原地区绿色发展。科学推进草原资源多功能利用，加快发展绿色低碳产业，努力拓宽农牧民增收渠道。充分发挥草原生态和文化功能，打造一批草原旅游景区、度假地和精品旅游线路，推动草原旅游和生态康养产业发展。引导支持草原地区低收入人口通过参与草原保护修复增加收入。（国家林草局、文化和旅游部、国家乡村振兴局等按职责分工负责）

三、保障措施

（十六）提升科技支撑能力。通过国家科技计划，支持草原科技创新，开展草原保护修复重大问题研究，尽快在退化草原修复治理、生态系统重建、生态服务价值评估、智慧草原建设等方面取得突破，着力解决草原保护修复科技支撑能力不足问题。加强草品种选育、草种生产、退化草原植被恢复、人工草地建设、草原有害生物防治等关键技术和装备研发推广。建立健全草原保护修复技术标准体系。加强草原学科建设和高素质专业人才培养。加强草原重点实验室、长期科研基地、定位观测站、创新联盟等平台建设，构建产学研推用协调机制，提高草原科技成果转化效率。加强草原保护修复国际合作与交流，积极参与全球生态治理。（科技部、教育部、国家林草局等按职责分工负责）

（十七）完善法律法规体系。加快推动草原法修改，研究制定基本草原保护相关规定，推动地方性法规制修订，健全草原保护修复制度体系。加大草原法律法规贯彻实施力度，建立健全违法举报、案件督办等机制，依法打击各类破坏草原的违法行为。完善草原行政执法与刑事司法衔接机制，依法惩治破坏草原的犯罪行为。（国家林草局、自然资源部、生态环境部、司法部、公安部等按职责分工负责）

（十八）加大政策支持力度。建立健全草原保护修复财政投入保障机制，加大中央财政对重点生态功能区转移支付力度。健全草原生态保护补偿机制。地方各级人民政府要把草原保护修复及相关基础设施建设纳入基本建设规划，加大投入力度，完善补助政策。探索开展草原生态价值评估和资产核算。鼓励金融机构创设适合草原特点的金融产品，强化金融支持。鼓励地方探索开展草原政策性保险试点。鼓励社会资本设立草原保护基金，参与草原保护修复。（国家林草局、国家发展改革委、财政部、自然资源部、生态环境部、农业农村部、水利部、人民银行、银保监会等按职责分工负责）

（十九）加强管理队伍建设。进一步整合加强、稳定壮大基层草原管理和技术推广队伍，提升监督管理和公共服务能力。重点草原地区要强化草原监管执法，加强执法人员培训，提升执法监督能力。加强草原管护员队伍建设管理，充分发挥作用。支持社会化服务组织发展，充分发挥草原专业学会、协会等社会组织在政策咨询、信息服务、科技推广、行业自律等方面作用。（国家林草局、自然资源部、人力资源社会保障部、民政部等按职责分工负责）

四、组织领导

（二十）加强对草原保护修复工作的领导。地方各级人民政府要进一步提高认识，切实把草原保护修复工作摆在重要位置，加强组织领导，周密安排部署，确保取得实效。省级人民政府对本行政区域草原保护修复工作负总责，实行市（地、州、盟）、县（市、区、旗）人民政府目标责任制。要把草原承包经营、基本草原保护、草畜平衡、禁牧休牧等制度落实情况纳入地方各级人民政府年度目标考核，细化考核指标，压实地方责任。

（二十一）落实部门责任。各有关部门要根据职责分工，认真做好草原保护修复相关工作。各级林业和草原主管部门要适应生态文明体制改革新形势，进一步转变职能，切实加强对草原保护修复工作的管理、服务和监督，及时研究解决重大问题。

（二十二）引导全社会关心支持草原事业发展。深入开展草原普法宣传和科普活动，广泛宣传草原的重要生态、经济、社会和文化功能，不断增强全社会关心关爱草原和依法保护草原的意识，夯实加强草原保护修复的群众基础。充分发挥种草护草在国土绿化中的重要作用，积极动员社会组织和群众参与草原保护修复。

国务院办公厅
2021年3月12日

五、部门出台的草原政策文件

国家林业和草原局
关于进一步加强草原禁牧休牧工作的通知

林草发〔2020〕40号

各有关省、自治区林业和草原主管部门，新疆生产建设兵团林业和草原主管部门：

草原是我国面积最大的生态系统和自然资源，是生态文明建设的主阵地，对维护国家生态安全、促进草原地区经济社会发展具有重要作用。禁牧休牧制度是草原生态保护的一项基本制度。近年来，各地认真落实草原禁牧休牧制度，取得了明显成效。但一些地方禁牧休牧制度落实不到位，禁而不止、休而不息、监管弱化虚化等问题比较突出。为进一步加强草原禁牧休牧工作，加快草原生态恢复，巩固草原保护成果，现将有关事项通知如下：

一、提高认识，高度重视草原禁牧休牧工作

禁牧是指对草原实行一年以上禁止放牧利用的保护措施；休牧是指在一年内的特定时段禁止放牧的措施，一般在春季牧草返青期和秋季牧草结实期实行休牧。禁牧休牧是加强草原保护修复的重要途径，是促进退化草原休养生息、加快恢复草原植被的主要措施，是山水林田湖草系统治理的必然要求。各地要以习近平生态文明思想为指导，坚持保护优先、自然恢复为主的方针，从维护国家生态安全、建设生态文明的高度，充分认识加强草原禁牧休牧工作的重要意义，切实把禁牧休牧工作放在更加突出的位置，列入重要议事日程，积极推进禁牧休牧工作。

二、建章立制，积极完善草原禁牧休牧制度

《草原法》规定，对严重退化、沙化、盐碱化、石漠化的草原和生态脆弱区的草

原，实行禁牧、休牧制度。各地要加强禁牧休牧制度建设，明确划分禁牧休牧区域的原则、实施禁牧休牧的措施以及加强禁牧休牧监管的办法。对违反禁牧休牧规定行为进行处罚尚无法规依据的地方，要积极协调当地立法部门，加快推进相关法规规章的制定工作，完善相关法规依据，为建立完善和落实禁牧休牧制度提供法律保障。

三、因地制宜，科学组织实施禁牧休牧

草原禁牧休牧是一项必须长期坚持的工作。各地要因地制宜、科学划定禁牧区和休牧区，对严重退化、沙化、盐碱化、石漠化的草原和生态脆弱区的草原，自然保护地和生态红线内禁止生产经营活动的草原要依法实行禁牧封育。禁牧区以外的草原应根据草原保护要求和生产利用方式开展季节性休牧，并结合当地气象条件、牧草物候期科学确定季节性休牧的具体区域和期限，并及时向社会公布。休牧期草原管理要同禁牧期管理执行同等的标准。要编绘县乡两级禁牧休牧草原分布图，明确禁牧休牧草原的四至界线、面积。草原面积较大的县级以上林业和草原主管部门要积极促请当地人民政府，及时发布禁牧休牧令。禁牧休牧草原要设立明显的禁牧区和休牧区标志，明确范围、时间、措施、责任人等事项，便于农牧民知晓，便于社会监督。要做好动员和宣传，并协调相关部门组织农牧民做好饲草料储备工作。

四、强化保障，不断提高禁牧休牧成效

禁牧休牧期间，各地要在机构、人员、车辆和经费等方面给予大力保障。要积极推进草原确权承包，依法赋予农牧民长期稳定的草原承包经营权，为禁牧休牧工作奠定基础。要健全监测体系，为禁牧休牧区域、期限设定提供科学的决策依据，及时掌握禁牧休牧成效，对禁牧休牧工作作出评价。禁牧休牧涉及农牧民的生产生活，要做好草原生态保护补助奖励政策的有效衔接，加强协调，联合相关部门，争取加大饲草料基地、舍饲棚圈等基础设施建设力度，强化技术服务，为顺利开展禁牧休牧工作创造有利条件。要充分调动广大农牧民开展禁牧休牧的自觉性、主动性，引导完善村规民约，将禁牧休牧等草原管理作为牧区村规民约的重要内容，鼓励村民开展自我监督、自我管理。要充分利用各种媒体，采取农牧民喜闻乐见的宣传方式，积极向农牧民和社会各界宣传禁牧休牧政策，引导农牧民自觉配合开展好草原禁牧休牧，营造良好的社会氛围。

五、落实责任，切实加强监督管理

各地要把落实草原禁牧休牧作为林草执法监督的重要内容，整合林草系统执法监督力量，加大执法力度，加强执法巡查，落实执法监督责任；没有设置专业执法机构的地方，要协调相关综合执法机构，争取支持，加强配合，形成执法合力。要加大信息化建设力度，运用智能监控、无人机、大数据等科技手段，加强对草原的监管，弥补专业执法力量的不足。要加强草原管护员队伍建设，落实管护经费，建立与禁牧休牧落实成效密切挂钩的考评奖励机制，调动管护员的工作积极性，充分发挥管护员的监督作用。要向社会公布禁牧休牧举报电话，发挥社会监督作用。要层层压实责任，将禁牧休牧责任落实到乡、村、牧户。对违反禁牧休牧制度者进行警告和教育，及时制止偷牧、滥牧行为，情节严重的要依法予以查处。

当前，草原已进入春季返青期，各地要克服新冠肺炎疫情的影响，扎实做好全年禁牧休牧工作。各专员办要加大监督力度，开展督查检查。

请各省级林业和草原主管部门于 2020 年 11 月 30 日前将当年禁牧休牧工作总结上报我局。

特此通知。

国家林业和草原局
2020 年 4 月 2 日

国家林业和草原局办公室
关于进一步科学规范草原围栏建设的通知

办草字〔2021〕7号

各省、自治区、直辖市、新疆生产建设兵团林业和草原主管部门：

草原围栏是草原精细化管理的必要手段，是退化草原生态修复的重要措施。多年来，我国不断加大草原保护修复力度，草原围栏建设发展迅速，目前全国草原围栏面积已经超过11亿亩。草原围栏在促进草原生态自然恢复、有效开展草原管理、提高牲畜放牧效率等方面发挥了重要作用。同时，草原围栏在建设和使用中也出现了规划不科学、建设不合理、管理不规范等问题，一些地方草原围栏过高过密，阻隔了野生动物迁徙，一定程度影响了草原生态系统的完整性。为进一步科学规范林业和草原主管部门在草原上建设的生态修复、确权承包、放牧利用和监测评价等用途的草原围栏设施建设，更好地发挥其在草原管理和生态修复中的积极作用，现将有关事项通知如下：

一、调整优化已建草原围栏

（一）科学评估已建草原围栏。各地要对已建草原围栏进行摸底调查，掌握草原围栏建设情况。要编制草原围栏建设"一张图"，对草原围栏情况进行全面评估，提出切实可行的草原围栏优化方案。要研究提出适合当地情况的草原围栏使用年限，对已经超过使用年限的草原围栏要进行核减。

（二）适度调整已建草原围栏。各地要充分考虑农牧业生产的实际，积极引导农牧民通过联户、合作社等方式，开展联合放牧合作经营，通过合作经营降低草原围栏密度。对于影响野生动物迁徙的草原围栏，要留出必要的迁徙通道。自然保护区核心保护区、青藏高原野生动物密集区的草原围栏可以适当移除。对丧失功能的围栏要及时调整拆除。

二、科学规划新建草原围栏

（一）合理布局新建草原围栏。各地要因地制宜，充分考虑草原类型特点和功能需要，尊重农牧民意愿，科学划定草原围栏建设区域。要充分考虑生态系统的完整性，整体规划草原围栏建设。在野生动物迁徙的路线上要预留出迁徙通道，在野生动物活动频繁的草原不宜建设围栏设施。在自然保护地的核心保护区，原则上禁止新建草原围栏。

（二）科学开展草原围栏建设。要按照草原管理和放牧利用的需要，合理设计草原围栏建设单元，避免草原围栏出现区域重叠、面积大小不合理、重复建设、碎片化等问题。要修订草原围栏建设规范和标准，降低围栏立柱高度，扩大围栏网片孔径，减少使用刺丝，减轻草原围栏对野生动物栖息繁殖的直接影响。要充分利用草原上的天然屏障，减少草原围栏的实际建设规模。

（三）积极开展新型围栏试点。结合草原生态保护修复工程，尝试利用卫星遥感、地理信息系统和全球定位系统等电子标记方法建设虚拟围栏，解决草场定位、边界标注、面积统计中的问题。在条件成熟的地区，可以在开展划区轮牧中探索使用电子围栏，减少建设传统草原围栏。

三、强化草原围栏后续管理

（一）落实草原围栏管理责任。各地要将草原围栏的规划、建设、使用、管护、核减等事项责任落到实处，做到分工明确、责任到人。对国家生态修复工程项目建设的草原围栏，要根据工程项目管理的有关规定进行登记造册，按照固定资产管理。

（二）强化草原围栏监管手段。各地要将草原围栏监管纳入草原管理的范围，要采取无定期巡视、无人机巡查等多种手段，有效制止围栏建设和使用中的不合规行为，对恶意破坏草原围栏的行为要及时处理。

（三）加强草原围栏科技支撑。各地要强化草原围栏优化改进、合理利用的科技支撑，研发对野生动物友好的新型围栏，加大对围栏新技术、新方法的推广和培训力度。要组织力量研究适度规模化经营的大区放牧模式，为草原围栏建设和使用提供新思路、新方法。

特此通知。

国家林业和草原局办公室
2021年1月14日